公共卫生思政系列

营养与食品卫生学课程思政案例集

王冬亮　杨丽丽　主编

·广州·

版权所有　翻印必究

图书在版编目（CIP）数据

营养与食品卫生学课程思政案例集/王冬亮，杨丽丽主编 . —广州：中山大学出版社，2023.12

（公共卫生思政系列）

ISBN 978 - 7 - 306 - 07964 - 0

Ⅰ. ①营… Ⅱ. ①王… ②杨… Ⅲ. ①高等学校—思想政治教育—教案（教育）—中国 Ⅳ. ①G641

中国国家版本馆 CIP 数据核字（2023）第 253532 号

YINGYANG YU SHIPIN WEISHENGXUE KECHENG SIZHENG ANLI JI

出 版 人：	王天琪
策划编辑：	吕肖剑
责任编辑：	周明恩
封面设计：	曾　斌
责任校对：	陈　颖
责任技编：	靳晓虹
出版发行：	中山大学出版社
电　　话：	编辑部 020 - 84110283，84113349，84111997，84110779，84110776
	发行部 020 - 84111998，84111981，84111160
地　　址：	广州市新港西路 135 号
邮　　编：	510275　　传　真：020 - 84036565
网　　址：	http://www.zsup.com.cn　E-mail:zdcbs@mail.sysu.edu.cn
印　刷　者：	佛山市浩文彩色印刷有限公司
规　　格：	787mm×1092mm　1/16　14.75 印张　273 千字
版次印次：	2023 年 12 月第 1 版　2023 年 12 月第 1 次印刷
定　　价：	55.00 元

如发现本书因印装质量影响阅读，请与出版社发行部联系调换

编 委 会

主编 王冬亮 杨丽丽

编委（按姓氏笔画排序）

冯 丹 朱惠莲 刘兆敏 李 丹

柳 雁 夏 敏

融思政教育于专业培养

——"公共卫生思政系列"丛书序

陈春声

做好课程思想政治(简称"思政")工作,是落实"三全育人"理念具有关键性意义的重要环节。如何在每一位任课教师的专业课程教学过程中,道法自然,润物无声,将思政教育的养分有机融入高层次专业人才培养的土壤之中,有效地达到知识传授、价值塑造和能力培养多元统一的目标,仍是高等教育界各位同仁正在孜孜以求的重大课题。令人高兴的是,中山大学公共卫生学院的教师们在自己的专业领域做了可贵的探索。中山大学出版社出版的"公共卫生思政系列"丛书,为课程思政工作提供了一个可重复、可借鉴的范例。

中山大学公共卫生学院的教师们在教师党支部的引领下,结合各二级学科的特点和资源,胸怀"立德树人",培养德智体美劳全面发展的公共卫生事业年轻一代专业工作者的责任感和使命感,编写了《职业卫生与职业医学课程思政案例集》《流行病学课程思政案例集》《儿童少年卫生学课程思政案例集》《营养与食品卫生学课程思政案例集》《环境卫生学课程思政案例集》《卫生管理学课程思政案例集》《卫生毒理学课程思政案例集》《卫生统计学课程思政案例集》和《百年党史中的公共卫生》9本与专业教学内容密切配合的辅助教材。这些教材以丰富、生动的专业案例,着力让学生从公共卫生与预防医学专业课程中体验和感悟爱国精神、专业精神、求实精神及奉献精神,恪守规范,自成体系,讲求情理融汇,以文化人。这样的努力,真的是难能可贵。

公共卫生与预防医学旨在以多学科融合的方式,组织社会力量共同努力,改善环境卫生条件,培养人们良好的卫生习惯和文明的生活方式,研究疾病的发生与分布规律以及影响健康的各种因素,制定预防对策和措施,预防与控制传染病和其他疾病的流行,提供医疗服务,达到促进人民身体健康、提高生命质量的目的。因此，公共卫生与预防医学学科的专业教学内容，天然地蕴含着关注人群、造福百姓、胸怀家国、服务人类命运共同体的思政教育成分。一代代为人类健康事业做出贡献的公共卫生与预防医学领域的前辈学者，更是后来者接续奋斗的不朽榜样。这些都为本学科课程思政教学奠定了厚重的学术基础，提供了丰富而感人的专业案例。

翻阅这套丛书，其中选录的200多个案例内容涵盖古今中外，既包括古代中国与百姓健康相关的思想和实践，也有近代欧美公共卫生与预防医学发展过程中的经验与教训；既系统讲述了苦难辉煌历程中历代中国共产党人对公共卫生事业的重视，也阐释了近年党和国家正确应对重大公共卫生事件的举措和政策；既有本学科发展历程中重要的科学实验、队列研究、疾患救治等丰富而生动的案例，又有一些因生态恶化、环境污染、劳动保护不足等引发对人群健康问题反思的个案。案例平实且深刻，专业而不造作。

习近平总书记高度关注公共卫生与预防医学事业的发展，重视高素质公共卫生人才的培养，明确提出"要建设一批高水平公共卫生学院，着力培养能解决病原学鉴定、疫情形势研判和传播规律研究、现场流行病学调查、实验室检测等实际问题的人才"[①]。中山大学公共卫生学院的教师们，根据习近平总书记的指示和精神，努力为公共卫生与预防医学高素质人才的自主培养添砖加瓦。相信这套由该学院各二级学科近20位教师合作主编的丛书，对于公共卫生与预防医学专业的教师和学生们来说，都是开卷有益的。

让人印象深刻的是，这套丛书自编写之初就高度重视其运用于专业教学实践的可操作性。丛书各分册的选题和公共卫生与预防医学专业本科教学基础课的体系相衔接，篇章目录与国内大多数公共卫生学院必修课的教学大纲基本一致。尽管这套丛书是集体合作的成果，汇聚了各学科专家和众多工作人员的智慧与辛劳，但保持了体例一致、章节篇幅规整和文字叙述风格相近的特点，较好地达到了专业辅助教材编写的标准。可以说，这是一项在课程思政建设中具有可重复性意义的工作，其经验值得在其他专业的课程思政教学中推广。

---

① 习近平：《构建起强大的公共卫生体系为维护人民健康提供有力保障》，载《求是》2020年第18期，第7页。

中山大学公共卫生与预防医学学科具有优良的办学传统和丰厚的学术积累，在筚路蓝缕、追求卓越的不凡历程中，形成了富有特色的"教学育人为主体、科学研究为先导、服务社会为己任"的办学理念，成绩斐然。尤其令人感佩的是，中山大学公共卫生与预防医学专业师生们的大爱之心和奉献精神。适逢中山大学世纪华诞之际，"公共卫生思政系列"丛书的出版，也可视为献给百年校庆的一份贺礼。

是为序。

目　录

第一章　绪论 ·· 1
　第一节　课程思政教学设计 ·· 1
　　一、案例教学适用范围 ··· 1
　　二、课程教学目标 ·· 1
　　三、教学方法 ··· 1
　第二节　课程思政案例及分析 ··· 2
　　一、健康中国，合理膳食 ·· 2
　　二、在希望的田野上 ··· 4

第二章　蛋白质 ··· 7
　第一节　课程思政教学设计 ·· 7
　　一、案例教学适用范围 ··· 7
　　二、课程教学目标 ·· 7
　　三、教学方法 ··· 8
　第二节　课程思政案例及分析 ··· 8
　　一、中国"双蛋白"工程、国家优质乳工程 ····························· 8
　　二、蛋白质营养价值的评价 ··· 10

第三章　脂类 ·· 14
　第一节　课程思政教学设计 ·· 14
　　一、案例教学适用范围 ··· 14
　　二、课程教学目标 ·· 14
　　三、教学方法 ··· 14

第二节　课程思政案例及分析 ·· 15
　　　　一、Omega-3 带来健康新希望：一项轰动世界的科学发现 ··· 15
　　　　二、追溯"低脂饮食"的源头：需辩证看待 ······························ 17

第四章　碳水化合物 ·· 21
　　第一节　课程思政教学设计 ·· 21
　　　　一、案例教学适用范围 ·· 21
　　　　二、课程教学目标 ·· 21
　　　　三、教学方法 ·· 22
　　第二节　课程思政案例及分析 ·· 22
　　　　一、商业与学术的选择 ·· 22
　　　　二、膳食纤维的兴起与发展 ·· 24

第五章　能量 ··· 28
　　第一节　课程思政教学设计 ·· 28
　　　　一、案例教学适用范围 ·· 28
　　　　二、课程教学目标 ·· 28
　　　　三、教学方法 ·· 29
　　第二节　课程思政案例及分析 ·· 29
　　　　不合理饮食带来的健康问题 ·· 29

第六章　水溶性维生素 ·· 35
　　第一节　课程思政教学设计 ·· 35
　　　　一、案例教学适用范围 ·· 35
　　　　二、课程教学目标 ·· 35
　　　　三、教学方法 ·· 36
　　第二节　课程思政案例及分析 ·· 36
　　　　一、维生素 C 价格战：2 元与 98 元的维生素 C 有何区别······ 36
　　　　二、我国维生素 C 成长轨迹 ·· 38
　　　　三、叶酸预防神经管畸形 ·· 39

第七章　脂溶性维生素 …………………………………………………… 42
第一节　课程思政教学设计 ………………………………………… 42
一、案例教学适用范围 …………………………………………… 42
二、课程教学目标 ………………………………………………… 42
三、教学方法 ……………………………………………………… 43
第二节　课程思政案例及分析 ……………………………………… 43
一、夜盲症克星——助力最可爱的人看清最亮的星 …………… 43
二、有争议的"黄金大米事件"——科研伦理的重要性 ……… 45
三、维生素A——适量和过量的"达摩克利斯之剑" ………… 47

第八章　宏量矿物质 …………………………………………………… 51
第一节　课程思政教学设计 ………………………………………… 51
一、案例教学适用范围 …………………………………………… 51
二、课程教学目标 ………………………………………………… 51
三、教学方法 ……………………………………………………… 52
第二节　课程思政案例及分析 ……………………………………… 52
一、减盐专项活动：创新的力量到底有多牛 …………………… 52
二、中国人钙摄入不足问题及应对 ……………………………… 55

第九章　微量矿物质 …………………………………………………… 59
第一节　课程思政教学设计 ………………………………………… 59
一、案例教学适用范围 …………………………………………… 59
二、课程教学目标 ………………………………………………… 59
三、教学方法 ……………………………………………………… 59
第二节　课程思政案例及分析 ……………………………………… 60
一、硒的故事——克山病与"施瓦茨奖" ……………………… 60
二、全民食盐补碘 ………………………………………………… 62

第十章　食物营养价值 ………………………………………………… 66
第一节　课程思政教学设计 ………………………………………… 66
一、案例教学适用范围 …………………………………………… 66
二、课程教学目标 ………………………………………………… 66

三、教学方法 ………………………………………………………… 66
　第二节　课程思政案例及分析 ………………………………………… 67
　　　一、提高政治站位，确保国家粮食安全 ……………………………… 67
　　　二、我国贫困地区婴幼儿营养改善项目"营养包" ………………… 70
　　　三、国家"学生饮用奶计划" ………………………………………… 75
　　　四、我国首个"植物性食物花色苷等多酚类活性物质食物中
　　　　　含量的数据库" …………………………………………………… 79

第十一章　食物中的生物活性物质 ……………………………………… 83
　第一节　课程思政教学设计 …………………………………………… 83
　　　一、案例教学适用范围 ………………………………………………… 83
　　　二、课程教学目标 ……………………………………………………… 83
　　　三、教学方法 …………………………………………………………… 84
　第二节　课程思政案例及分析 ………………………………………… 84
　　　一、法国悖论：白藜芦醇的发现 ……………………………………… 84
　　　二、给褪黑素使用者的警钟：营养素热潮的兴起和消退 ………… 88

第十二章　公共营养 ……………………………………………………… 92
　第一节　课程思政教学设计 …………………………………………… 92
　　　一、案例教学适用范围 ………………………………………………… 92
　　　二、课程教学目标 ……………………………………………………… 92
　　　三、教学方法 …………………………………………………………… 93
　第二节　课程思政案例及分析 ………………………………………… 93
　　　一、防控碘缺乏病，食盐加碘是长期的国策 ………………………… 93
　　　二、消除百年地方流行病，中国为世界定义"硒" ………………… 97

第十三章　临床营养 ……………………………………………………… 103
　第一节　课程思政教学设计 …………………………………………… 103
　　　一、案例教学适用范围 ………………………………………………… 103
　　　二、课程教学目标 ……………………………………………………… 103
　　　三、教学方法 …………………………………………………………… 104

第二节　课程思政案例及分析·· 104
      世界上活得最久的"无肠人" ·· 104

第十四章　孕妇与乳母的营养与膳食 ··· 109
   第一节　课程思政教学设计·· 109
      一、案例教学适用范围·· 109
      二、课程教学目标·· 109
      三、教学方法·· 109
   第二节　课程思政案例及分析·· 110
      一、缅怀我国妇幼营养奠基人陈学存先生······································ 110
      二、婴儿配方奶粉无法完全复制母乳·· 113

第十五章　特殊环境人群的营养与膳食 ··· 117
   第一节　课程思政教学设计·· 117
      一、案例教学适用范围·· 117
      二、课程教学目标·· 117
      三、教学方法·· 117
   第二节　课程思政案例及分析·· 118
      一、高温环境作业·· 118
      二、"两弹元勋"邓稼先，多次遭受核辐射，临终遗言让人
         潸然泪下·· 121

第十六章　营养与相关疾病 ··· 124
   第一节　课程思政教学设计·· 124
      一、案例教学适用范围·· 124
      二、课程教学目标·· 124
      三、教学方法·· 125
   第二节　课程思政案例及分析·· 125
      一、打破肥胖困境·· 125
      二、大庆研究：30年不断探索，验证糖尿病生活干预
         有效性的重要证据·· 128
      三、简单改吃含钾代盐，高危人群就能减少中风和死亡······ 132

四、"东方健康膳食模式"：适合自己的才是最好的 ……… 135

第十七章　分子营养学与营养流行病学 ……………………… 141
　第一节　课程思政教学设计 …………………………………… 141
　　一、案例教学适用范围 ………………………………………… 141
　　二、课程教学目标 ……………………………………………… 141
　　三、教学方法 …………………………………………………… 142
　第二节　课程思政案例及分析 ………………………………… 142
　　一、营养流行病调查服务于国民营养与健康状况监测…… 142
　　二、TMAO 的分子营养学研究：从红肉摄入到心血管健康 …… 145

第十八章　食品的微生物污染与预防 ………………………… 147
　第一节　课程思政教学设计 …………………………………… 147
　　一、案例教学适用范围 ………………………………………… 147
　　二、课程教学目标 ……………………………………………… 147
　　三、教学方法 …………………………………………………… 147
　第二节　课程思政案例及分析 ………………………………… 148
　　我国古代对食品腐败变质朴素的认识和防腐措施………… 148

第十九章　食物的化学性、物理性污染及其预防 …………… 151
　第一节　课程思政教学设计 …………………………………… 151
　　一、案例教学适用范围 ………………………………………… 151
　　二、课程教学目标 ……………………………………………… 151
　　三、教学方法 …………………………………………………… 152
　第二节　课程思政案例及分析 ………………………………… 152
　　一、"持续性污染物"PFAS（全氟及多氟烷基化合物）…… 152
　　二、频发的"毒奶粉"事件 …………………………………… 155
　　三、天价罚款的背后——有争议的草甘膦农药……………… 157
　　四、核辐射和核辐照食品，傻傻分不清……………………… 160

第二十章　食品添加剂 ………………………………………… 164
　第一节　课程思政教学设计 …………………………………… 164

一、案例教学适用范围 …………………………………… 164
　　二、课程教学目标 ………………………………………… 164
　　三、教学方法 ……………………………………………… 164
　第二节　课程思政案例及分析 ………………………………… 165
　　一、食品添加剂（包括糖精）并非洪水猛兽 …………… 165
　　二、食品添加剂的违规使用 ……………………………… 168

第二十一章　各类食品卫生及其管理 …………………………… 171
　第一节　课程思政教学设计 …………………………………… 171
　　一、案例教学适用范围 …………………………………… 171
　　二、课程教学目标 ………………………………………… 171
　　三、教学方法 ……………………………………………… 172
　第二节　课程思政案例及分析 ………………………………… 172
　　一、"镉大米"事件 ………………………………………… 172
　　二、三鹿奶粉事件敲响了食品安全的警钟 ……………… 176

第二十二章　食源性疾病及预防 ………………………………… 181
　第一节　课程思政教学设计 …………………………………… 181
　　一、案例教学适用范围 …………………………………… 181
　　二、课程教学目标 ………………………………………… 181
　　三、教学方法 ……………………………………………… 182
　第二节　课程思政案例及分析 ………………………………… 183
　　一、食源性疾病——人畜共患病（疯牛病） …………… 183
　　二、细菌性食物中毒的案例分析：一起酒店聚餐引起的
　　　　副溶血性弧菌食物中毒事件 ………………………… 186
　　三、真菌性食物中毒案例分析：一起椰毒假单胞菌酵米面
　　　　亚种污染导致的黑木耳中毒事件 …………………… 191
　　四、细菌性食物中毒案例分析——2006年美国"毒菠菜"
　　　　事件始末（大肠杆菌食物中毒） …………………… 194
　　五、细菌性食物中毒案例分析——美国"哈密瓜李斯特菌
　　　　污染"事件 …………………………………………… 197

六、细菌性食物中毒之沙门氏菌食物中毒及食品安全管理
　　　　——2009年美国"花生酱事件" ················· 200
　　七、细菌性食物中毒——一起肉毒杆菌引起食物中毒事件的
　　　　调查和分析 ································· 202

第二十三章　食品安全性毒理学评价及风险评估 ············ 207
第一节　课程思政教学设计 ···················· 207
　　一、案例教学适用范围 ······················· 207
　　二、课程教学目标 ·························· 207
　　三、教学方法 ···························· 208
第二节　课程思政案例及分析 ··················· 208
　　食品安全无小事 ··························· 208

第二十四章　食品安全监督管理 ····················· 213
第一节　课程思政教学设计 ···················· 213
　　一、案例教学适用范围 ······················· 213
　　二、课程教学目标 ·························· 213
　　三、教学方法 ···························· 214
第二节　课程思政案例及分析 ··················· 214
　　取消茶叶中稀土限量：食品安全标准兼具"科学技术性"
　　及"社会性和经济性" ······················· 214

第一章 绪 论

第一节 课程思政教学设计

一、案例教学适用范围

本案例适用于"营养与食品卫生学"本科生和研究生课程绪论章节的教学。

二、课程教学目标

在营养学和食品卫生学的发展史介绍中穿插思政案例,提高学生对营养与食品卫生学的学习兴趣和科学热情。

三、教学方法

本章课程教学充分结合教师讲授和小组案例讨论等授课形式进行。教师讲授相关背景,讲授应具有启发性,引出思政案例,让学生讨论并分享对课程的认识和想法。努力营造一个有利于学生对该课程进行深入思考的良好的教学环境,积极提高学生对本课程的探索能力,培养学生理论联系实际的意识,激发学生的求知欲望和积极的思维活动。

第二节　课程思政案例及分析

一、健康中国，合理膳食

（一）案例内容

2021年9月13日，习近平总书记前往陕西省榆林市米脂县银州街道高西沟村考察调研。途中，经过一片田地，他叫停了车，走进田间，察看谷子、糜子、玉米的长势，并且与正在干活的乡亲交谈。曾几何时，坐落在米脂县城北20公里处的高西沟村，土地瘠薄、十年九旱，村里老一辈的人都有过吃不饱饭的记忆。

几十年光阴过去，在党的带领下，高西沟村治理水土流失，沟沟岇岇披上了绿装，乡亲们也迎来了好日子。说起现在的生活，乡亲们告诉习近平总书记："日子好了，现在白面、大米、肉都可以吃。"习近平总书记说："现在不是说稀罕吃白面和猪肉了，反而有时候吃五谷杂粮吃得还挺好。""沧桑之变啊，乡亲们今天的日子过得很踏实。"习近平总书记感慨地说。[①]

人民健康，是民族昌盛和国家富强的重要标志，也是广大人民群众的共同追求。党的十八大以来，以习近平同志为核心的党中央把"健康中国"建设上升为国家战略，制定和出台一系列改革举措，推动卫生健康事业长足发展，人民健康水平显著提高。为了深入实施健康中国行动，2019年，国务院印发《国务院关于实施健康中国行动的意见》，提出实施15个专项行动，明确了倡导性、预期性、约束性这三大类指标。其中，实施"合理膳食行动"是主要任务之一：合理膳食是保证健康的基础。针对一般人群、特定人群和家庭，聚焦食堂、餐厅等场所，加强营养和膳食指导。鼓励全社会参与减盐、减油、减糖，研究完善盐、油、糖的包装

---

① 中国青年网. https://t.m.youth.cn/transfer/index/url/news.youth.cn/sz/202209/t20220923_14019134.htm.

标准。修订预包装食品营养标签通则,推进食品营养标准体系建设,实施贫困地区重点人群营养干预。到2022年和2030年,成人肥胖增长率持续减缓,5岁以下儿童生长迟缓率分别低于7%和5%。

我国学者积极开展有助于改善中国人群膳食健康的研究。2022年7月11日,美国心脏协会旗舰期刊、国际心血管病研究领域顶刊《循环》(Circulation)刊发了"中国心脏健康膳食"的研究。该研究的临床效果评价工作由北京大学临床研究所、复旦大学附属上海华东医院、中山大学公共卫生学院和四川大学公共卫生学院共同完成。"中国心脏健康膳食"是以中国饮食为基础,研究人员通过对日常食材进行科学搭配,同时对传统的中式烹饪方法进行改进,从而研发出的一种健康的膳食模式。

在这项多中心的随机对照研究中,接受"中国心脏健康膳食"的干预组研究对象的收缩压平均下降了10 mmHg,舒张压平均下降了3.8 mmHg。从膳食结构上来说,干预组膳食改变也呈现出一个更健康的趋势:碳水化合物供能比平均增加8%,蛋白质供能比平均增加4%,脂肪供能比平均减少11%,纤维素平均增加14 g,钙平均增加413 mg,镁平均增加194 mg,钾平均增加1753 mg,钠减少了2836 mg。为了贴近中国餐饮文化的多元特点,研究人员开发了鲁菜、淮扬菜、粤菜、川菜4个菜系的食谱,可满足不同地区人民的膳食偏好。研究也发现,在不同的菜系之间,"中国心脏健康膳食"的降压效果没有显著的差异。另外,研究对象对"中国心脏健康膳食"的喜好度也较高(9.7分,满分为10分)。同时,"中国心脏健康膳食"也非常经济实惠,具有较高的可推广性,干预组研究对象每人每天所需膳食成本平均仅增加3.6元。

(二)课堂讨论

近年来,我国的心血管疾病负担在迅速增加,心血管病导致的死亡人数占我国总死亡人数的40%以上。不健康的饮食是我国心血管疾病增加的重要危险因素之一。"健康中国"离不开合理膳食。早在20世纪90年代,西方国家就先后开发了多重健康膳食。然而,中西方饮食文化差异较大。来自西方的膳食难以满足中国人的饮食需求,无法在超过世界人口五分之一的中华文化圈推广。"中国心脏健康膳食"的成功开发,让中国人能够吃上符合自己口味的健康膳食,为"健康中国"行动提供了有力的科学手段。这项研究的成果,支持了"食物是良药"的现代营养学观点,同时也体现了"药食同源"的古老中国智慧。

二、在希望的田野上

（一）案例内容

2022年，《求是》杂志第7期刊发了一篇题为《坚持把解决好"三农"问题作为全党工作重中之重，举全党全社会之力推动乡村振兴》的重要文章。这是习近平总书记2020年12月28日在中央农村工作会议上的讲话。习近平总书记说："我反复强调，粮食多一点少一点是战术问题，粮食安全是战略问题。"粮食事关国运民生，粮食安全是国家安全的重要基础，保障粮食安全任何时候都不能放松。

俗话说："民以食为天。"细数中国五千年历史，"稻米流脂粟米白，公私仓廪俱丰实"的日子并不多见，反而关于饥荒的例子在史书中比比皆是。在封建时代，若是无法解决生产力增值和土地问题，大规模的饥荒始终都难以避免。根据《明史稿》和《清史稿》的记载，明清两个朝代544年的历史中，发生"人相食"的年份高达225年。不仅中国，全世界各地都爆发过大量的饥荒事件。中世纪的欧洲，大饥荒伴随着黑死病夺走了数百万人的生命；19世纪的爱尔兰也因为主要粮食作物马铃薯病害及当时的英国统治者救助不力，导致饥荒肆虐，国家的命运也由此改变。

如何让人民吃饱饭？在古代的中国，为了避免饥荒问题，兴修水利、推广农业技术、引进高产作物等都是常见的增加粮食产量的手段。新中国成立后，党中央很快对农业粮食问题进行了认真研判和部署，力求提高中国的粮食产能。新中国成立70多年以来，我国粮食产量不断迈上新台阶，由供给全面短缺转变为供求总量基本平衡，产量提高了约4.81倍，道路虽然曲折，但成就很显著。这与中国共产党和我国政府高度重视粮食生产问题有着紧密的联系，主要的做法包括：持续推进农村改革激发活力，持续推进科技进步增强动力，持续加大投入力度提升能力，以及持续强化惠农政策保护农民积极性。习近平总书记强调，我国粮食安全平衡格局长期不会改变。"仓廪实，天下安。"粮食自古以来就是安天下之本，对粮食安全这个问题不能有丝毫麻痹大意。

2022年3月6日下午，习近平总书记参加全国政协十三届五次会议的农业界、社会福利和社会保障界委员联组会，重点谈到保障粮食安全问题，强调"粮食安全是'国之大者'。悠悠万事，吃饭为大"。

粮食安全是社会稳定的前提，是国家安全战略体系的重要组成部分，与能源安全、金融安全一起被称为当今世界三大经济安全。中国的粮食安全策略经过70多年的发展，到当前这个阶段也进行了适应性的调整。一是由注重"数量"向兼顾"数量、效益、品质"转变。二是由"全面增产"向"谷物基本自给，口粮绝对安全"转变。"对我们这样一个有着14亿人口的大国来说，农业基础地位任何时候都不能忽视和削弱，手中有粮、心中不慌在任何时候都是真理。"习近平总书记始终重视粮食安全，他强调，中国人的饭碗任何时候都要牢牢端在自己手中，饭碗主要装中国粮。

据联合国粮食及农业组织发布的《2022年世界粮食安全和营养状况》报告，2021年全球受饥饿影响的人数已达8.28亿，较2020年增加约4600万，自新冠疫情暴发以来累计增加1.5亿。

此外，2021年全球约23亿人（占比29.3%）面临中度或重度粮食不安全状况，较新冠疫情暴发以来增加3.5亿。全球近9.24亿人（占比11.7%）面临严重粮食不安全状况，两年间增加了2.07亿。《2022年世界粮食安全和营养状况》报告提出的最新证据还表明，全世界正在进一步偏离目标，无法保证到2030年消除饥饿、粮食不安全和一切形式的营养不良。受新冠疫情、俄乌冲突等多种因素影响，国际粮价在大幅度上涨。虽然我国粮价不可避免地受到波及，但涨幅明显低于国际市场，粮食供应保障充分。

（二）课堂讨论

食品卫生学研究食品中可能存在的、威胁人类健康的有害因素，并探究预防措施，提高食品安全质量，守护人民生命健康。结合上述案例，引入对食品卫生学的介绍，讲述食品卫生学主要的学习内容，强调在粮食安全中，食品卫生学的重要作用，如食品污染物的研究、食品安全评价等。此外，随着经济、科技的发展，粮食生产中运用了诸多新兴的科技手段，食品及其加工技术的卫生问题也是食品卫生学的重要范畴，对保障粮食安全有着重要的作用。鼓励学生学好这门课程，掌握相关技能，从"我"做起，为守护中国粮食安全贡献自己的力量。中国的粮食安全问题关乎你我，同样也在于你我。

参考文献

［1］联合国粮食及农业组织. 2022年世界粮食安全和营养状况［EB/OL］. https://www.fao.org/publications/sofi/2022/zh/.

［2］DONG C J, BU X, LIU J, et al. Cardiovascular disease burden attributable to dietary risk factors from 1990 to 2019：a systematic analysis of the global burden of disease study［J］. Nutrition Metabolism and Cardiovascular Diseases，2022，32（4）：897-907.

［3］MAO F, JIANG Y Y, LIU J, et al. Geographic variation in cardiovascular health as analyzed from the China cardiovascular health Index study-31 PLADs, China, 2017-2021［J］. China CDC Weekly，2022，4（13）：265-270.

［4］WANG Y F, FENG L, ZENG G, et al. Effects of cuisine-based Chinese heart-healthy Diet in lowering blood pressure among adults in China：multicenter, single-Blind, randomized, parallel controlled feeding trial［J］. Circulation，2022，146（4）：303-315.

（朱惠莲）

第二章 蛋白质

第一节 课程思政教学设计

一、案例教学适用范围

本案例适用于"营养与食品卫生学"课程蛋白质章节的教学。

二、课程教学目标

1. 知识目标

（1）掌握氨基酸和必需氨基酸的概念，食物蛋白质营养学评价指标，蛋白质营养不良及营养状况评价方法，蛋白质供给量及食物来源。

（2）熟悉蛋白质的生理功能。

（3）了解蛋白质的消化吸收和代谢过程。

2. 能力目标

（1）通过案例讨论，让学生了解蛋白质对人体健康的重要性，能够将抽象的蛋白质营养素与具体的食物联系起来。

（2）配合案例讨论及实验教学，掌握食物蛋白质营养价值的评价方法和标准。

3. 价值目标

（1）通过小组案例讨论，增强学生的学习主动性、成就感和自信心，培养团队协作能力。

（2）通过案例教学，让学生了解营养与食品卫生学在医学研究以及促进人体健康中的重要作用。增强学生的学术道德和规范意识，激发学生的创新精神，培养预防医学专业学生的社会责任感。

三、教学方法

本章课程教学适宜采用翻转课堂教学法，既能够用于慕课中的案例引入，又适合线下传统的理论课程授课，可充分采用教师讲授和小组案例讨论等授课形式。教师提出讨论问题，将课程教学的知识目标、能力目标和价值目标融入案例讨论。实验操作课教学可围绕教学案例的蛋白质营养价值评价方法，让学生进行实际操作对食物蛋白质进行营养学评价，理论联系实际，提高学生学习的积极性和主动性。

第二节　课程思政案例及分析

一、中国"双蛋白"工程、国家优质乳工程

（一）案例内容

从1932年刘长春"单枪匹马"赴洛杉矶奥运会，到刘翔创造"百米飞人"的奇迹，再到苏炳添的亚洲纪录，我国的运动健儿在奥运赛场上的表现，极大地增强了民族自信。同时，这让我们更加关注中国人为何能够站上奥运会短跑、游泳、短道速滑等需要爆发力的项目的最高领奖台。其中，营养均衡（尤其是蛋白质的合理摄入）是一个十分重要的原因。

蛋白质是一切生命的物质基础，是机体细胞的重要组成部分，是人体组织更新和修补的主要原料，不仅构成了多种重要的激素及酶，而且在维持渗透压和酸碱度、调节人体免疫功能、促进生长发育中发挥着非常重要的作用。蛋白质除了能够提供人们日常所需的能量，还能修复在运动过程中造成的骨骼肌损伤。

随着经济的发展、饮食结构的变化，中国人的身体素质日益提升。但是，如何更健康地吃以及更加合理地摄入蛋白质仍是人们需要关注的问题。2017年10月25日，中共中央、国务院印发了《"健康中国2030"规

划纲要》。该纲要从我国国情出发，立足于我国人群营养健康五大现状和需求，明确了今后一段时期内国民营养工作的指导思想、基本原则、实施策略和重大行动，指出要着力发展保健食品、营养强化食品、"双蛋白"食物等新型营养健康食品。其中，"双蛋白"是在2006年5月上海召开的"第二届中国大豆食品产业圆桌峰会"上首次提出的概念。大会还确定了"双蛋白"战略，强调将大豆蛋白与乳清蛋白相结合，满足全面营养补充蛋白质的健康需求。除了"双蛋白"战略以外，2013年，农业部还授权"中国农业科学院北京畜牧兽医研究所奶业创新团队"进行"国家优质乳工程"建设，针对中国奶业实现可持续发展进行专项研究，普及以巴氏工艺加工的巴氏鲜奶，还原牛奶特有的天然活性所带来的营养消费价值。

从我国国情出发，借鉴国际先进经验，实施"中国特色双蛋白工程""国家优质乳工程"，在全民中推广以"优质植物蛋白质为主，优质动物蛋白为辅"的优质双蛋白食品，推进"巴氏鲜奶"发展战略，在全国范围内重点普及巴氏鲜奶，从而实现健康食品大众化。这对于我国现代农业—食品产业—营养健康一体化协同发展具有重要的科学意义和现实意义。

（二）课堂讨论

（1）"双蛋白工程"中"双蛋白"指的是乳清蛋白和大豆蛋白，将这两种蛋白进行结合的营养学原理是什么？

"双蛋白工程"的营养原理，是基于乳清蛋白与大豆蛋白的特点建立的。首先，乳清蛋白被称为"蛋白之王"，其营养价值和消化吸收率优于其他蛋白，具有易吸收、高活性的优点，同时又富含蛋氨酸，是公认的人体优质蛋白质补充剂之一。其次，乳清蛋白还能够提供身体构造新组织所需的氨基酸，延缓人体衰老，在体内制造酶、改善肠胃功能，为免疫系统制造对抗细菌感染的抗体。再次，乳清蛋白还能够调节体内的水分、电解质平衡，增强机体抗疲劳能力，能够向细胞输送氧和各种营养物质，加速机体修复。但是，过量的乳清蛋白会产生饱和脂肪及胆固醇。而大豆蛋白作为唯一植物来源的完全蛋白，精氨酸、脂质、亚油酸、卵磷脂、异黄酮等的含量极为丰富，其精氨酸与赖氨酸的比例也较合理，进入胃内比动物蛋白更易被消化吸收；大豆蛋白成本低、口感好、蛋白含量高、营养丰富,没有乳糖不耐受反应,还可防止成年期心血管疾病的发生;大豆中的异黄酮还有防治骨质疏松、美容养颜等作用;但是大豆中缺乏蛋氨酸,需要相应的食物弥补。

综上所述,由于大豆蛋白相对缺乏蛋氨酸,而乳清蛋白富含蛋氨酸,二者结合可以取长补短,显著提高大豆蛋白的营养价值,同时氨基酸模式非常接近标准模式,能均衡提供人体的必需氨基酸,提高消化率,更易于被人体吸收利用。这不仅可优化我国居民的蛋白质摄入结构,同时还能提高食物的营养价值,改善口感。这种不同食物间相互补充必需氨基酸不足的作用称为"氨基酸的互补作用"。

(2)"双蛋白工程"有何科学意义和现实意义?

1)科学意义:"双蛋白"工程优化蛋白质的摄入,提高消化率,使蛋白质更易于被人体吸收利用,均衡提供人体的必需氨基酸,弥补了单一摄入大豆蛋白及乳清蛋白的营养价值缺陷。

2)现实意义:中国人现阶段的营养问题主要表现为2.5亿青少年存在营养不均衡、营养不良、营养过度等主要问题;而2.3亿中老年人存在食物消化能力下降、营养吸收递减等主要问题,出现肌少症、骨质疏松等多种慢性疾病。针对这些问题,"双蛋白"食物既符合我国居民膳食习惯,又融合了现代科技,利用氨基酸互补的营养学原理,加快人体细胞损伤修复、调控消化与吸收代谢,增强细胞天然免疫的功能,对人体健康具有重要的支撑作用。同时,"双蛋白"食品开发可融合、提升和促进我国大豆产业和乳业的发展。在全民中推广以优质"双蛋白"为代表的新型营养健康食品,宣传平衡膳食和合理营养的新理念,能够解决影响国民健康的双重营养问题,从而走出一条具有中国特色的营养健康之路。

二、蛋白质营养价值的评价

(一)案例内容

《礼记》:"饮食男女,人之大欲存焉。"几千年来,中国饮食文化源远流长,中国人传承自古以来的感性思维,认为饮食是一种享受。然而,随着科技的进步以及对膳食营养要求的提高,有些人则对食物有了更高的追求。在人们的观念中,"物以稀为贵",山珍海味意味着更高的营养价值。实际上,这些所谓的"山珍海味"之所以价格昂贵,一是因为它们难以通过狩猎获得,二是因为捕猎者将其胶原蛋白的成分与蛋白质组成的特殊性大肆宣传,将它们看作地位与金钱的象征。事实上,这些野生动物的蛋白质营养价值,在家养动物身上同样具备。此外,野生动物身上还有各种可能会导致人们感染各类疾病的病毒。

因此,如何正确看待食物来源,对其营养价值进行正确的判断,保障其品质和安全,是人们需要认真思考的问题。

(二)课堂讨论

(1)商家往往对"山珍海味"中的蛋白质营养价值进行大肆宣扬,那么人们应该从哪些方面对蛋白质的营养学价值进行评价?(蛋白质营养价值的评价方法)

1)蛋白质的含量:蛋白质含量是食物蛋白质营养价值的基础。食物中蛋白质含量的测定一般采用凯氏定氮法,先测定食物中的氮含量,再乘以由氮换算成蛋白质的换算系数,就可得到食物蛋白质的含量,一般来说由氮计算蛋白质的换算系数是6.25。

2)蛋白质消化率(digestibility):指吸收入血液循环中的氨基酸占摄入的蛋白质的比例,占的比例越高,食物的营养价值越高,反之越低。蛋白质消化率不仅能够反映蛋白质在消化道内被分解的程度,而且还能反映消化后的氨基酸和多肽被吸收的程度。测定蛋白质消化率时,需要检测试验期间内摄入的食物氮、排出体外的粪氮以及粪代谢氮。

$$蛋白质真消化率(\%) = \frac{食物氮 - (粪氮 - 粪代谢氮)}{食物氮} \times 100\%$$

$$蛋白质表观消化率(\%) = \frac{食物氮 - 粪氮}{食物氮} \times 100\%$$

3)蛋白质利用率:衡量蛋白质利用率的指标有很多,各指标分别从不同角度反映蛋白质被利用的程度。

(a)生物价(biological value,BV):蛋白质生物价是反映食物蛋白质消化吸收后,被机体利用程度的指标。用被机体利用的蛋白质量与消化吸收的食物蛋白质量的比值表示。生物价越高,表明其被机体利用程度越高。

$$生物价(\%) = \frac{储留氮}{吸收氮} \times 100\%$$

$$吸收氮 = 食物氮 - (粪氮 - 粪代谢氮)$$
$$储留氮 = 吸收氮 - (尿氮 - 尿内源性氮)$$

(b) 蛋白质净利用率（net protein utilization，NPU）：蛋白质净利用率反映食物中蛋白质被利用的程度，即机体利用的蛋白质占食物中蛋白质的百分比，它包含了食物蛋白质的消化和利用两个方面，因此更为全面。

$$蛋白质净利用率(\%) = 消化率 \times 生物价 = \frac{储留氮}{食物氮} \times 100\%$$

(c) 蛋白质功效比值（protein efficiency ratio，PER）：蛋白质功效比值是用处于生长阶段中的幼年动物（一般用刚断奶的雄性大白鼠）在实验期内其体重增加和摄入蛋白质的量的比值来反映蛋白质营养价值的指标。

(d) 氨基酸评分（amino acid score，AAS）和经消化率修正的氨基酸评分（protein digestibility corrected amino acid score，PDCAAS）：首先计算出被测蛋白质每一种必需氨基酸的评分值，然后找出最低的必需氨基酸评分值，即为该蛋白质的氨基酸评分。氨基酸评分是被测蛋白每克氮中氨基酸的量与理想模式或参考蛋白中每克氮中氨基酸的量的比值。

（2）我们应该如何实现人与自然的和谐统一？

1）正确认识人与自然的依存关系，科学把握人对自然的改造活动，促进人与自然的和谐发展，自觉珍爱自然，保护生态，不因一己私欲而大肆杀害野生动物。要以科学发展观为指导，牢固树立尊重自然、顺应自然、保护自然的生态文明理念，把生态文明建设摆在突出地位。

2）改革现有的食品行业管理制度，整治市场；推进食品质量监管长效机制，对夸大营养价值的广告进行曝光及管制；严厉打击食用野生动物特别是国家保护动物的行为以及假冒伪劣产品，加强市场监管，对于多次整改不过关的企业、厂商予以取缔。同时研制和开发快速、便携、定量的食品营养物质检测手段和仪器设备。

3）提升全民特别是相关商家、厂家的社会责任心，引导企业在追求利润的同时承担起社会责任，使企业使命与社会效益保持一致。同时应加强民众对假冒伪劣产品的识别能力，鼓励民众及时对不法厂商进行举报。

参考文献

[1] 孙长颢. 营养与食品卫生学 [M]. 8版. 北京：人民卫生出版

社，2017．

［2］叶云贵．实施"双蛋白工程"振兴计划［N］．黑龙江日报，2007-07-18（9）．

［3］尹宗伦，王靖，涂顺明，等．"双蛋白工程"与中华民族的强盛:以"双蛋白工程"振兴计划实现温总理的"梦"［J］．中国食品学报，2007（1）：1-5．

（夏　敏）

第三章 脂 类

第一节 课程思政教学设计

一、案例教学适用范围

本案例适用于本科生和研究生"营养与食品卫生学""社区营养学"等课程中脂类相关章节的教学。

二、课程教学目标

掌握脂类的分类、生理功能、食物来源、营养学价值的评价方法；掌握必需脂肪酸的概念、生理功能、食物来源；熟悉脂类的消化、吸收、代谢和转运，以及每日参考摄入量；了解脂类营养不良与健康，特别是肥胖和心血管病关系研究的前沿进展。

三、教学方法

本章课程教学适宜采用学生提前自学慕课，线下理论课程授课，并充分结合学生讲课、分组讨论等授课形式。教师和学生分别提出讨论问题，将课程教学的目标融入案例讨论，提高学生学习的积极性和主动性。

第二节 课程思政案例及分析

一、Omega-3 带来健康新希望：一项轰动世界的科学发现

（一）案例内容

《中国心血管健康与疾病报告2021》显示，我国心血管疾病现患人数约3.3亿，其中，脑卒中约1300万，冠心病约1139万。每年因心肌梗死、脑溢血、脑卒中等死亡的人数众多。心血管疾病发病机制复杂，至今尚未被完全阐明，因此缺乏有效的防控措施。

近200年，人类膳食结构发生了很大的改变，主要变化体现在动物性食物消费量的上升和植物性食物消费量的下降。这种膳食结构的转变导致了Omega-3脂肪酸摄入的减少和Omega-6脂肪酸的摄入量的增多。与这种不同脂肪酸消费量改变同时发生的事情是，心血管病（脑中风、心肌梗死）的发病率和死亡率均在上升。由此提出一个科学假说：适量Omega-3脂肪酸是心血管健康的保护因素，而过量Omega-6脂肪酸是心血管健康的危险因素。

支持上述科学假说的是一个重大发现——生活在格陵兰岛的因纽特人很少罹患心血管疾病。因纽特人膳食结构的一个典型特征是Omega-3脂肪酸摄入量较多，而Omega-6脂肪酸摄入量较少。后续大量观察性人群研究也发现类似现象，即Omega-3脂肪酸摄入量较高而Omega-6脂肪酸摄入量较少与心血管疾病发病率成负相关关系。干预研究进一步显示，富含Omega-3或Omega-6脂肪酸的食物分别具有保护心血管健康或损害心血管健康的作用。当然，也有报道显示，富含Omega-3或Omega-6脂肪酸的食物不能改变心血管疾病风险。这些研究结果不一致的原因可能是多方面的，其中一个原因是这些干预物均为复合物，不是Omega-3或Omega-6的纯品。因此，不能排除干预物中其他成分对心血管健康的影响。

众所周知，人体和常用的心血管实验的哺乳动物模型缺乏将Omega-6

转化成 Omega-3 脂肪酸的能力。但是，线虫 FAT-1 去饱和酶能把 Omega-6 变为 Omega-3 脂肪酸（如二十碳五烯酸和二十二碳六烯酸）。那么，能否将线虫 FAT-1 去饱和酶在哺乳动物中表达，从而改变机体 Omega-6 和 Omega-3 脂肪酸的含量和比例呢？这种改变能否影响心血管的健康呢？

美国哈佛大学康景轩教授团队在全球首次构建转 Fat-1 基因（来源于线虫）小鼠，该小鼠可以把 Omega-6 脂肪酸转化为 Omega-3 脂肪酸。因此，动物组织和器官富含 Omega-3 脂肪酸，其组织的 Omega-6 和 Omega-3 比例趋于均衡。一般情况只能通过喂养富含 Omega-3 脂肪酸的饮食而获得，而此品系的小鼠则可以不依赖于从饮食中获取 Omega-3。Fat-1 小鼠提供了一种理想的动物模型，能在不改变饮食结构的状态下研究体内 Omega-3 脂肪酸的生物学作用。功能实验进一步发现，转 Fat-1 基因小鼠比普通小鼠（不能将 Omega-6 脂肪酸转化为 Omega-3 脂肪酸）具有更健康的心血管。

康景轩教授的研究成果于 2004 年 2 月 5 日发表在《自然》杂志上。在论文发表后的两周内，就有 13 个国家的 30 多家著名媒体刊发了报道，有媒体称这是"一项轰动世界的科学发现"。

这项技术提供了一种可生产富含 Omega-3 脂肪酸动物食品（如猪肉、牛奶和鸡蛋）的新策略，在不改变人们饮食习惯的前提下，又能更容易获得 Omega-3。这项成果的应用将可能改善人类心血管的健康状况，同时也可能极大影响现代农业的发展和人类营养状况。康景轩教授表示，若运用这项技术，牛排和鸡蛋将成为有益于心脏的美食，这对畜牧业、养殖业和食品业无疑是一场革命性的变革。康景轩教授还表示，到目前为止，他已经收到全世界 20 多个国家超过 100 个生物医学领域实验室使用 Fat-1 小鼠模型的请求。他的实验室现已与不同国家的十几个实验室建立了紧密的合作关系，共同使用 Fat-1 转基因小鼠进行 Omega-3 脂肪酸的生理和病理学研究。大量的研究成果已经发表，再次证明了 Fat-1 小鼠的实用性，而且揭示了 Omega-3 在心血管系统之外的健康效应，比如抑制癌症发生、抑制神经退行性疾病的进展等。国际营养学界纷纷对康景轩教授的研究成果给予高度评价，"有了这种 Omega-3 牛肉，你不必非要吃天然富含 Omega-3 的深海鱼，吃你喜欢的汉堡包，也可以得到和吃鱼一样的营养效果"。届时人们可以随意从自己所喜欢的食品中从容地获得既健康又可口的美食。

基于康教授在Omega-3领域里的原创性贡献,他曾两度获得诺贝尔生理学或医学奖提名。

(二)案例分析

科技立则民族立,科技强则国家强。科技创新是人类社会发展的重要引擎,也是应对疾病和促进健康的有力武器。康景轩教授卓越的成就打破了常规认知,为营养与健康的研究开拓了一个新的研究领域。多年来,康景轩教授一直在脂类科研领域开展研究工作,独树一帜,锐意进取,不断突破,同时也做了很多努力去推广、更新并提高普通大众对Omega-3脂肪酸的认知水平。他还将Fat-1小鼠分享给全球多个实验室,进一步推动了Omega-3脂肪酸与健康的研究。因此,我们应该向他学习,学习他潜心科研、拼搏创新的研究精神,还要学习他乐于奉献的品质,在科技创新和促进人类健康的道路上贡献自己的一分力量。

二、追溯"低脂饮食"的源头:需辩证看待

(一)案例内容

动脉粥样硬化性心血管病是危害人类健康的主要疾病。在追求健康的过程中,人类用了很多策略和措施来探索到底什么才是更有益于抑制动脉粥样硬化的膳食模式。

长久以来,人们对动脉粥样硬化性心血管病的病因并不清楚。19世纪60年代,德国的病理学家Rudolf Virchow第一次在心脏病病人的样本中发现堵塞血管的粥样黄色脂质,后来发现这些脂质主要成分是胆固醇,但胆固醇的来源依然是一个谜。1913年,俄罗斯的年轻科学家尼古拉·阿尼奇科夫(Nikolaj Anitschkow)注意到,吃过鸡蛋的兔子体内出现堵塞人类血管的粥样黄色脂质(胆固醇)。阿尼奇科敏锐地意识到,兔子可能是研究人类心血管疾病的良好动物模型。随后不久,他就发现鸡蛋中的胆固醇是导致动脉发生胆固醇沉积的元凶。于是,阿尼奇科夫提出了最初的"胆固醇假说",即摄取过多的食物胆固醇可促进动脉粥样硬化性心血管病的发生。

遗憾的是,其他实验室的科学家们没能在大鼠和狗这些动物模型中重

复出兔子的实验结果：喂食高胆固醇食物不能导致大鼠和狗的心血管发生脂质沉积病变。虽然这些研究结果的确切原因至今尚未被完全阐明，但是我们现在都知道，与兔子不同的是，大鼠和狗的肝脏可以将胆固醇高效转化为胆汁酸。因此，喂食高胆固醇不容易导致这些动物发生动脉粥样硬化病变。

尽管后来更多的动物实验证明了"胆固醇假说"，但在当时，由于实验手段和人们观念的局限性，阿尼奇科夫的"胆固醇假说"没有得到应有的重视，"胆固醇假说"的验证也因此被延迟了几十年。

为了在人群水平探究动脉粥样硬化的发病原因，20世纪50年代，美国国立心脏研究所启动了延续至今的"弗雷明汉心脏研究"（Framingham Heart Study）。这项研究通过在弗雷明汉小镇附近招募早期健康的人群，收集相关的数据（包括年龄、性别、血压、血脂水平、肥胖和吸烟情况等），然后监测这些人在随后几年甚至几十年中的动脉粥样性心血管病发病和死亡情况，目的是寻找和心血管疾病相关的可能致病因素。弗雷明汉研究结果第一次清楚地表明，当人体的血胆固醇水平含量更高时，他们更有可能罹患心脏病。

与此同时，20世纪50年代明尼苏达州的Ancel Keys博士也开始了一项雄心勃勃的流行病学研究。他没有将眼光局限在一个小镇（弗雷明汉），而是放到了全球。他跟踪并统计7个不同国家人群的饮食习惯、血胆固醇水平和心脏病发病率，试图寻找其中的关系。根据调查结果，他于1970年发表了非常著名的"七国研究"，这里的七国分别是日本、芬兰、美国、意大利、希腊、荷兰和南斯拉夫。"七国研究"结果显示，饮食中脂肪摄入量与高胆固醇血症和心脏病发病率成正相关。

Keys博士的"七国研究"发现被美国政府当作推广"低脂健康饮食"的指导思想或理论依据。而这一思想至今也影响了很多学者和普通大众。Keys博士本人也因此登上了《时代》杂志的封面，成为当时可能最具影响力的营养流行病学家。

然而，20世纪70年代美国推出低脂的膳食指南后，美国的肥胖人口在40年间从15%上升到了50%左右，而罹患心脏病的人群从300万飙升至600万，这与政府推出"低脂健康饮食"的初衷完全背道而驰。

当研究人员重新审视作为政策依据的"七国研究"的时候才发现，这项研究存在问题，可能涉嫌学术造假。研究人员发现，"七国研究"其实涉及 22 个国家，法国、瑞士和智利都是脂肪摄入量高但心脏病发病率较低的国家，而这些国家的数据都被 Keys 的研究排除在外。他从中找了 7 个符合自己科学假想的国家，捏造了这条所谓的相关线（脂肪摄入量和冠心病发病率）。后来的研究者仔细阅读 Keys 的实验记录时还发现，其调查方法也有严重缺陷。此外，这仅仅是一项观察性流行病学研究，主要通过调查问卷的方式来进行，最后通过统计数据来寻找相关性，这样的研究并不等价于因果关系，即膳食脂肪摄入量增多促进冠心病的发生和发展。世界心脏联盟前主席 Salim Yusuf 教授在一次演讲中严肃批判了"七国研究"对整个营养学界的误导和歪曲。

（二）案例分析

做学问要实事求是，尊重原始实验数据的真实性。在诚实做研究的前提下，对具体实验结果的分析、理解有偏差甚至错误是很常见的，这是科学发展的正常过程。事实上，人类曾经还长时间认为太阳是绕地球旋转的。做科研需要完整报道并发表其客观结果，而不是只选取满足自己希望和科学设想的部分结果。必须实事求是，否则可能会导致真理被掩盖，得到谬论。目前，研究发现，适当的脂肪摄入也是有必要的，若摄入过低会出现缺乏症，只需控制摄入量在合理范围内即可。世界卫生组织在 2018 年指出，能量的摄入和消耗应保持平衡，摄入的脂肪总量不应超过总能量的 30%，饱和脂肪的摄入量应少于总能量的 10%，反式脂肪摄入量不应超过总能量的 1%。

科学研究都可能会经历实验失败或者提出本质上错误的科学假设。此时，科学研究人员更应该通过改变假设或建立新方法等途径继续探索和创新，实事求是，坚决反对弄虚作假和急功近利。

参考文献

[1] 杨兰，张齐琪. 创新脂类基因技术 吃出健康的智慧：记美国哈佛大学教授、解放军总医院客座教授康景轩 [J]. 中国科技财富，2011 (11)：98-100.

[2] 余闻. 康景轩：一项轰动世界的发现 [J]. 沪港经济，2004 (4)：32-33.

[3] KANG J X, WANG J D, WU L, et al. Transgenic mice: Fat-1

mice convert n-6 to n-3 fatty acids [J]. Nature, 2004, 427 (6974): 504.

[4] KEYS A, MENOTTI A, ARAVANIS C, et al. The seven countries study: 2, 289 deaths in 15 years [J]. Preventive Medicine, 1984, 13 (2): 141-154.

（王冬亮）

第四章　碳水化合物

第一节　课程思政教学设计

一、案例教学适用范围

本案例适用于本科生和研究生"营养与食品卫生学""社区营养"等课程中实验研究设计相关章节的教学。

二、课程教学目标

1．知识目标
（1）掌握碳水化合物的分类。
（2）掌握碳水化合物不同种类缺乏和过量引起的健康损害。

2．能力目标
（1）具备团队合作、参与讨论、提出问题、分析问题和解决问题的能力。
（2）掌握文献检索、资料查询的基本方法。

3．价值目标
（1）结合党史教育，引导学生树立正确的政治理想和政治道德，培养对党和国家、社会主义事业忠诚可靠的建设者和接班人。
（2）使学生增强中国特色社会主义道路自信、理论自信、制度自信、文化自信，树立学生"筑牢使命担当，戍卫公众健康"的理想信念。
（3）增强学生的国家使命责任感，激发学生的内在动力，引导学生将社会主义核心价值观内化为精神追求、外化为自觉行动。

（4）增强学生对党和国家政策的认同感。

三、教学方法

本章课程适宜采用课堂讨论教学方法，学生提前查阅文献，查阅收集当今社会有关碳水化合物的热点问题，线下理论课程授课可充分结合教师讲授和小组案例讨论等授课形式。学生提出问题与教师共同讨论，将课程教学的知识目标、能力目标和价值目标融入案例讨论。

第二节　课程思政案例及分析

一、商业与学术的选择

（一）案例内容

可口可乐又被年轻一代人称为"肥宅快乐水"，是目前全球销量最高的饮料之一。在营养学上，可口可乐一直是"垃圾食品"的代表，大量研究也发现，可口可乐等含糖饮料中含有的大量糖分在慢性代谢性疾病发病中起关键作用，这些疾病包括肥胖、糖尿病、动脉粥样硬化等。

可口可乐的含糖量在含糖饮料中也位居前列，因其需要高糖来掩盖其他让人不喜欢的风味，其含糖量超过10%，即1瓶500 mL的饮料含糖量超过50 g。近些年来，一直有人怀疑含糖饮料里过高的糖是导致肥胖的重要原因，但饮料公司方面却引导大众将肥胖的原因归结于运动失衡，让人们忽略膳食因素，尤其是糖含量过高的问题。能量失衡是肥胖发生的关键因素，其中糖摄入量过高引起的营养不均衡会导致代谢失衡，这是不容忽视的重要健康问题。因此，科学家在追求商业资助的基础上，是否仍然保持科研的初心，如实报道科研数据而非误导大众，这是一个需要严肃思考的问题。

(二）案例分析

众所周知，体重增加的根本原因是能量摄入和能量消耗之间不平衡，这当中，能量的摄入和消耗这两个因素同样重要。研究人员的报告仅强调其中一个方面，而忽略另一个方面，会对公众产生误导。2018 年，Stuckler 博士等在 Journal of Epidemiology and Community Health 杂志上发表了题为《科学组织和可口可乐公司与公共健康委员会的战争——源自公司内部文件》的文章。文中指出，虽然可口可乐公司提议建立全球能量平衡网络（GEBN）的目标是建立新的合作来减少肥胖，但事实上可口可乐公司资助的研究给出的观点略显偏颇。例如，有研究指出，快餐食品和含糖饮料导致肥胖的证据不足，虽然大量研究数据已经证实了这一点。显然，可口可乐公司想通过科学研究报告将百姓的目光集中在运动上，从而使人们忽视高糖高能量摄入所带来的健康危害。

此外，可口可乐公司赞助的研究项目，其透明度不够，发表的科研论文也不会清楚标注论文受到过可口可乐公司的资助。2016 年 2 月，可口可乐公司的报告指出，昆士兰大学的 Coombe 教授接受 10 万美元资助，用以进行运动强度与代谢综合征效应的研究。然而，在科学网登记的 2014—2016 年发表的 61 篇文章当中，只有 4 篇标记可口可乐公司为资金资助来源。而剩余 57 篇文章是否也有可口可乐公司的资助，读者无从得知，即研究结论是否因商业利益而有所偏颇也无从了解。除此之外，可口可乐公司并没有公布所资助研究活动的完整名单；同时，受资助的研究人员也没有提及是否受其资助。可口可乐公司的大部分研究重点指向运动在肥胖中的作用，忽视了膳食作用。公司虽已加大资助经费的透明度，但仍不清楚其具体参与度。

在商业利益与学术道德面前，研究人员时刻保持清醒的头脑，不受商业利益所左右，如实报道研究结果是至关重要的。机构与科研人员还需提高赞助透明度，让百姓掌握哪些研究是商业赞助的，从而在判断对错时有所考量，这对研究者来说也是必要的约束。

二、膳食纤维的兴起与发展

（一）案例内容

20世纪50年代，美国、欧洲等一些发达国家和地区率先进入"文明病——慢性非传染性疾病时代"。肥胖、心血管疾病、糖尿病、癌症等疾病的患病人数越来越多，令医学界和营养学界的专家十分头疼。膳食纤维是不被人体消化吸收的营养素，它真的有那么重要吗？答案是肯定的，它的确非常重要。

（二）案例分析

膳食纤维是一种多糖，它既不能被胃肠道消化吸收，又不能产生能量。因此，膳食纤维曾被认为是"无营养物质"而长期没有得到重视。然而，随着营养学和相关科学的深入发展，人们逐渐发现，膳食纤维具有相当重要的生理作用。膳食纤维与疾病的相关问题的提出，是由一些假说引起的。20世纪50年代，有学者曾提出，膳食中的粗纤维可能与便秘及孕妇的毒血症有关，粗纤维可能是一种有益的成分；然而此观点并未引起重视。20世纪60年代，"膳食纤维"作为一门全新的营养学科进入了世界科学界，人们对"膳食纤维"的研究越来越广泛和深入。1960年，南非学者Oettle首次发现膳食纤维与人类癌症的联系。此后，经过大量的研究和试验，研究人员认为，高纤维、低脂肪膳食可降低结肠癌的发生率。70年代初，Burkitt鉴于西方人的某些慢性非传染性疾病的发生可能与食物中纤维的摄入量过少有关，提出了膳食纤维的假说。Burkitt提出，膳食纤维可使粪便量增加并稀释肠道中的致癌物质，还可吸收胆汁并使其随粪便排出，同时加快粪便排出的时间，从而减少有害物质在肠内被吸收的机会。

Burkitt的研究引起了西方社会的注意。西方社会认为，西方膳食中因植物纤维或植物细胞壁的成分少，而导致相关疾病的易感性增加，并且考虑到食物加工精细或许也与此有关。这一假说引发了学者们的深入研究，从各种纤维成分的物理特性到其与某些疾病的相关性。1989年，关于膳食纤维的研究在日本有了大突破。这一年，日本东京举办了膳食纤维国际专题研讨会，主要内容包括膳食纤维与肠道功能、脂肪吸收、糖尿病、动脉粥样硬化、大肠癌等的关系，并宣布膳食纤维对这类慢性疾病有预防和控制作用。1990年，美国总统里根患直肠癌的消息传出后，全美乃至整个欧洲共同掀起开发膳食纤维的高潮。以往不受重视的食物纤维，像维生素一样成为人们谈论的重要话题，成为发展最快的保健品。1991年，在日内瓦会议上世界卫生组织营养专家推荐膳食纤维为人类膳食营养必需物质，并将之列为继糖、蛋白质、脂肪、水、矿物质和维生素之后的"第七大营养素"。1994年10月25日，美国食品与药品管理局的《膳食纤维补充剂与教育法》获批通过，此法允许厂商和销售商在广告词中宣传其产品（膳食纤维）具有防病、治病功能。1997年1月，美国食品与药品监督管理局公布《燕麦中含低饱和脂肪和低胆固醇及膳食纤维，可以降低心脏病的发病率》。该研究报告中指出："每天食用5 g可溶性膳食纤维可降低15%罹患心脏病的概率，低膳食纤维饮食者死于冠心病史的概率是高纤维饮食者的4倍。"同年，美国糖尿病协会、肿瘤协会和美国国家肿瘤研究院等卫生行政机构先后发文，建议增加饮食中的纤维成分和减少脂肪含量。膳食纤维成为保护人类健康最重要的秘法之一。大量研究资料已证明，膳食纤维与慢性非传染性疾病的预防或治疗有关，如胃肠道疾病、肥胖病、糖尿病、心血管疾病等。

早在20世纪80年代，膳食纤维饮食已经在发达国家取得了迅猛发展。目前，国内外投入应用的膳食纤维主要有：谷物、竹类、木类、豆类及其他天然纤维和合成、半合成纤维，总计30多个品种。其中，实际应用于生产的有10余种。目前，美国、波兰、英国、德国、法国等国家已形成较大的膳食纤维生产规模。此外，波兰已有专门开发研究膳食纤维的机构和大型公司来制造并销售各类膳食纤维产品。中国膳食纤维的研究生产和应用起步略晚，但其在食品工业中得到应用的趋势被看好。欧美国家的超市或便利店，含膳食纤维的香肠、面包、饮料、饼干、乳制品等，比比皆是。年销售额达160亿美元的方便谷物食品中，约20%是富含膳食纤维的功能食品。日本同欧美一样，也十分盛行膳食纤维食品。1996年，日本的膳食纤维食品销售额达100亿美元，其中含有膳食纤维的功能饮品占比70%以上。全球膳食纤维类食品多达600余种。仅近几年推出的新品，就多达400多种，包括众多添加膳食纤维的肉制品、面包、饼干、纤维饮料、低能量巧克力和营养棒、运动饮料、乳酸菌饮料、奶片、低碳水化合物冰激凌、果伴、酸奶、饼干、低能量速溶咖啡等。这些新品大多由国际著名食品公司如雀巢、达能、卡夫、联合利华等推出。我国的膳食纤维市场仍集中在保健食品上，普通食品所占的份额相对较少。近些年来，我国食品巨头企业如蒙牛、伊利、光明、娃哈哈、农夫山泉等纷纷推出富含膳食纤维的健康食品，但大都集中在饮料领域，还需要加大其他食品领域膳食纤维新品的开发力度。目前，全球食品的结构正朝着纤维食品的方向调整。发达国家食品企业针对"三高"、超重的普遍性，十分重视低碳水化合物、低热量、低脂肪食品的开发。我国食品企业也开始重视膳食纤维类食品的开发。我国超重和血脂异常人群都在急剧上升，膳食纤维摄入的不足成为引起现代疾病的重要原因之一。在这种情势下，我们要更加重视膳食纤维食品的开发。膳食纤维食品不再像人们印象中那样口感粗糙、索然无味，而是能提供良好口味和质感的新一代高品质纤维食品。当前，全球高品质膳食纤维食品逐渐增多，普通膳食纤维食品渐渐淡出了市场。除了改善了口感之外，高品质膳食纤维的加工性能也大大提升：稳定性高、更易溶解。添加到饮料中不会影响饮料的颜色、透明度和保质期；添加到面包中可以带来更优越的质地特性；添加到冰激凌中，能起到替代脂肪、糖类的作用，保持丰厚的脂肪感等。高品质的膳食纤维应易于添加到食品中，不影响食物特性，能为食物带来更优秀的品质。

长期以来，研究人员和公共卫生组织都在积极推广膳食纤维的好处。但人们应该摄入多少纤维呢？针对此问题，世界卫生组织（World Health Organization，WHO）进行了专项研究。这项研究旨在帮助制定膳食纤维摄入的新指南，揭示哪些碳水化合物能够起到预防慢性非传染性疾病并抑制体重增加的效果。相关结果均发表于 *The Lancet* 杂志上。分析略少于1.35亿人年的数据（包含185项前瞻性研究和58项针对4635名成年参与者的临床试验）后得出，有较高膳食纤维摄入量的人群，其体重、收缩压和总胆固醇显著较低。当膳食纤维的每日摄入量为25～29 g时，一系列相关关键结果风险有最大程度的降低。剂量-反应曲线表明，膳食纤维的摄入量越高，可以为防治心血管疾病、2型糖尿病以及结直肠癌和乳腺癌提供越大的益处。

虽然膳食纤维有益于人体健康，但摄入过多时会影响人体吸收维生素和微量元素。因此，需要注重膳食平衡，粗细杂粮合理搭配；多吃蔬菜、水果，适当食用菌藻类。建议人们选择高纤维的食物时，水果优于果汁，全谷类优于精细碾磨的谷物，并根据实际情况调整好膳食结构，以达到促进身体健康的目的。

参考文献

[1] 杜崇旭，牛铭山，刘雪娇. 膳食纤维改性与应用的研究进展[J]. 大连民族学院学报，2005（5）：18-21.

[2] 杨月欣，葛可佑. 中国营养科学全书[M]. 2版. 北京：人民卫生出版，2019.

[3] 张丽，张建辉，常晓途. 膳食纤维与人类健康的研究进展[J]. 食品安全导刊，2017（33）：60.

[4] BARLOW P, SERÔDIO P, RUSKIN G, et al. Science organisations and Coca-Cola's 'war' with the public health community: insights from an internal industry document [J]. Journal of Epidemiology and Community Health, 2018, 72 (9): 761-763.

[5] O'Connor A (2015) Coca-Cola funds scientists who shift blame for obesity away from bad diets [N/OL]. https://well.blogs.nytimes.com/2015/08/09/coca-cola-funds-scientists-who-shift-blame-for-obesity-away-from-bad-diets/.

[6] REYNOLDS A, MANN J, CUMMINGS J H, et al. Carbohydrate quality and human health: a series of systematic reviews and meta-analyses [J]. Lancet, 2019, 393 (10170): 434-445.

[7] SERÔDIE P M, MCKEE M, S D. Coca-Cola—a model of transparency in research partnerships? A network analysis of Coca-Cola's research funding (2008-2016) [J]. Public Health Nutrition, 2018, 21 (9): 1594-1607.

（杨丽丽）

第五章 能 量

第一节 课程思政教学设计

一、案例教学适用范围

本案例适用于本科生和研究生"营养与食品卫生学"课程中"能量"章节的教学。

二、课程教学目标

1. 知识目标

(1) 掌握能量单位，人体能量消耗（包括基础代谢、体力活动、食物特殊动力作用）及供给量；熟悉三大产能营养素的供能比例。

(2) 熟悉三大产能营养素的供能比例。

(3) 了解成人一日能量需要量的确定；与社会发展结合说明改革开放以来居民主要膳食能量来源的改变。

2. 能力目标

(1) 通过案例讨论，让学生能够有针对性地探索并运用理论知识，激发学生学习的兴趣，培养学生发现问题、解决问题的能力。

(2) 通过案例讨论，让学生能够充分发挥学习的主观能动性，培养学生综合运用所学知识解决实际问题的能力。

(3) 通过案例讨论，学生能够实现理论与实践相结合，加强理论知识学习的实践应用。

3. 价值目标

（1）通过小组案例讨论的教学活动，增强学生的学习主动性、成就感和自信心，培养学生的团队协作能力。

（2）通过案例教学，让学生了解能量平衡在营养与食品卫生学研究中的重要作用以及改革开放以来我国居民主要膳食能量来源的改变，培养学生的学术道德和规范意识，树立文化自信，激发学生的创新精神，培养学生的爱国情怀和社会责任感。

（3）通过课程思政案例教学，全面提升学生的综合素质，实现立德树人根本目的。

三、教学方法

本章课程教学适宜采用翻转课堂教学法，学生提前自学慕课和讨论案例，线下理论课程授课可充分结合教师讲授和小组案例讨论等授课形式。教师提出讨论问题，将课程教学的知识目标、能力目标和价值目标融入案例讨论。

第二节　课程思政案例及分析

不合理饮食带来的健康问题

（一）案例内容

吉林延吉的卢某，体重曾达到488斤，是"全国第一胖"。2015年11月4日，决心减肥的她在长春的一家医院做了胃转流手术。卢某说，从小她的胃口就不小，因为不知道什么是饱，所以每次都要吃到撑。她最喜欢吃烤串、喝啤酒，一次可以吃100串烤串，喝两箱啤酒。不正常的饭量让她的体重"直线上升"，直到20岁，她开始决心减肥。针灸、火罐、运动，不但没有减到理想的体重，还把身体"搞坏了"。减肥后的卢某并没有保持住，体重不断反弹，最终让她达到了488斤。数次减肥失败和别人嘲讽的目光让她坚定了减肥的决心。2015年10月，卢某来到长春，决定通过"切胃"来减肥。院方介绍，手术很成功，等卢某康复出院后，院方还会为她制订一个详细的饮食和运动计划。卢某表示，自己最大的愿望就是减肥成功后出去旅游，看看外面的世界。

聪明活泼的13岁深圳女孩小夕（化名），因被同学嘲笑"肥"而盲目节食。上了初一，身高1.59米的小夕，体重已达121斤，整个人都显得胖嘟嘟的。从2012年12月开始，小夕开始控制饮食，中午饭量没有改变，晚餐饭量减少，或者晚上不吃米饭只吃蔬菜，逐渐过渡到晚上只喝汤。小夕下定决心控制饮食后，减肥效果明显。2013年5月，她的体重减到95斤。同学们都说小夕瘦了。为了保持身材，避免反弹，她加大节食幅度，中午和晚上几乎都不吃任何食物。2013年12月，小夕体重锐减至65斤，结果出现停经甚至脑萎缩。2014年1月，小夕告诉妈妈，自己连续3个月没来月经。小夕被带去深圳一家医院检查，结果顿时让父母傻眼了。贫血、低钠血症、低蛋白血症、激素水平低下、停经、严重脑萎缩……所有的指标都紊乱，身体状况达到崩溃边缘。后来，她甚至开始出现"胡言乱语"的情况。中山大学附属第三医院特诊医疗中心组建了包括内分泌科、精神（心理）科、儿童生长发育中心、神经内科、营养科等在内的多学科医疗队对小夕进行诊治。排除脑器质性精神障碍之后，医生们诊断小夕患上了"神经性厌食"。中山大学附属第三医院特诊医疗中心主任陈燕铭介绍，经过几个科室综合治疗，小夕逐渐恢复正常饮食量，生活规律，情绪稳定，与家人、医生逐渐恢复沟通。

（二）案例分析

上述案例中的两位主人公卢某和小夕，因为不科学、不合理的饮食管理导致能量摄入不平衡，进而引起一系列生理功能紊乱，甚至引发疾病。其中，卢某因为不加节制地摄入过多高能量食物而导致肥胖；小夕则是因为盲目节食而导致能量摄入不足，引起一系列疾病。

人体通过摄取食物中的产能营养素（包括碳水化合物、脂肪和蛋白质）来获取能量，以维持机体的各种生理功能和生命活动。人体每日能量消耗主要包括基础代谢、体力活动和食物热效应三方面。机体能量需要量与年龄、性别、生理状态、体重以及身体活动有关；人体能量摄入与能量消耗相等构成能量平衡（energy balance），能量平衡既受到外环境因素如摄食行为、温度变化、体力活动以及精神压力等因素的影响，也受到内环境因素如细胞因子、受体、激素以及神经—体液系统等的影响。任何原因导致的能量失衡均会引起一系列的健康问题。

在我国成年人膳食结构中，以碳水化合物提供的能量占总能量的50%～65%、脂质占20%～30%、蛋白质占10%～15%为宜。年龄越小，脂肪供能占总能量的比重应越大，但成年人脂肪摄入量不宜超过总能量的30%。能量主要来源于食物中的碳水化合物、脂肪和蛋白质，其普遍存在于各种食物中。谷薯类含有丰富的碳水化合物，是最经济、最廉价的膳食能量来源；油脂类富含脂肪；动物性食物则富含蛋白质与脂肪；果蔬类能量含量较少。

案例中的主人公打破了能量平衡，卢某盲目地摄入食物，导致能量过剩，小夕盲目节食导致能量不足，从而引起身体机能紊乱，并最终引起一系列健康问题。

(三) 课堂讨论

(1) 上述案例中卢某和小夕为什么会出现一系列健康问题？

人体利用食物中的碳水化合物、脂肪和蛋白质经生物氧化过程释放能量，约一半的能量是以高能磷酸键的形式储存在体内，用以维持机体代谢、呼吸、循环、神经传导以及肌肉收缩等生理活动；同时，氧化过程中释放的能量还用于维持体温。当能量长期摄入不足时，机体将释放组织和细胞中储存的能量以维持生理活动中的能量消耗。当能量摄入量高于需求量时，多余的能量将以脂肪的形式储存在体内。能量过剩与缺乏均会影响人体健康。卢某和小夕因为不合理的饮食管理导致能量失衡，从而引起一系列健康问题。

(2) 人体的能量消耗都用于哪些方面？

成年人的能量消耗主要用于维持基础代谢、身体活动与食物热效应三方面。对孕妇与乳母而言，能量消耗还用于胎儿生长发育、母体的子宫、胎盘以及乳房等组织增长、合成分泌乳汁和体脂储备等。对于婴幼儿、儿童和青少年，能量消耗还应该包括生长发育所需要的能量。当能量摄入量与能量需求量达到理想的平衡状态时，机体的能量需要等于其能量消耗。

(3) 影响人体基础代谢能量消耗的因素都有哪些？

1) 体型与体质：基础代谢与体表面积的大小成正比，体表面积越大，向外环境散热越快，基础代谢能量消耗亦越高。机体组织（包括肌肉、心脏、肝脏、肾脏及脑等）是代谢活跃的组织，其消耗的能量占基础代谢消耗的能量的70%～80%，脂肪组织消耗的能量明显低于瘦体组织；因此，同等体重情况下，瘦高且肌肉发达者的基础代谢能量消耗高于矮胖者。年龄和体表面积相同时，男性因瘦体组织所占比例一般高于女性，其基础代谢能量消耗比女性高5%～10%。

2）生理与病理状况：婴幼儿和青少年生长发育迅速，基础代谢能量消耗相对较高。成年后基础代谢水平随年龄增长不断下降，30岁以后每10年降低约2%，更年期后下降更多，且能量消耗减少。另外，孕妇和乳母的基础代谢能量消耗也较高，主要因为孕妇的子宫、胎盘、胎儿的发育及体脂储备以及乳母合成与分泌乳汁均需要额外能量的补充。甲状腺素、肾上腺素和去甲肾上腺素等分泌异常、应激状态（发烧、创伤、失眠以及精神心理紧张）时，能量代谢增强，直接或间接影响人体的基础代谢能量消耗。

3）生活和作业环境：寒冷、大量摄食以及体力过度消耗均可提高基础代谢水平；而禁食、饥饿或少食时，基础代谢能量消耗相应降低。

（4）人体如何调节能量摄入？

目前研究认为，食欲行为与能量平衡的调节是生理因素（感官刺激、胃肠信号、内分泌、神经与体液等）和非生理因素（环境、摄食行为等）相互作用的复杂过程。

1）神经生理对摄食的调节。食欲和摄食行为主要是通过摄食系统和饱食系统来调节摄食启动和终止，是一个短期的生理调节过程。当人体感觉器官（嗅觉、视觉、触觉和味觉）受到食物色、香、味的感觉刺激时，摄食信号迅速通过自主神经系统传递到下丘脑摄食中枢，启动了消化过程（包括唾液、胃酸、胆汁和胰岛素等分泌增加、胃蠕动或牵拉增强），从而引起饥饿感和食欲，表现为启动摄食过程。当食物作用于口腔、食管和胃肠壁上的机械性刺激感受器和化学感受器时，通过传入神经和激素（如胰高血糖素、胆囊收缩素和生长激素抑制素）将信号传递给下丘脑饱食中枢，产生饱腹感，食欲得到满足，机体终止摄食过程。

2）营养素及其代谢产物对摄食的调节。食物经消化、吸收后，血液中营养素及其代谢产物对摄食信号因子和饱食信号因子也具有调控作用。当血糖低于某一阈值时，会导致机体饥饿感和食欲增加，并激发摄食行为；而高血糖水平又会产生饱腹信号，则摄食停止。葡萄糖是通过葡萄糖受体调节系统或者通过血液葡萄糖的水平及其对脑组织葡萄糖水平的调节发挥摄食调节作用的。脂肪酸及其代谢产物的水平对食物摄入具有负反馈的调节作用；当体内脂肪储存增加时，过多的脂肪作为饱腹信号反馈作用于中枢神经系统，通过调节饱腹感，终止摄食行为。同时，三大产能营养素的食物热效应引起体温增高，也可抑制摄食行为。

3）蛋白和肽类因子对摄食的调节。①组织细胞蛋白和肽类因子。组织和细胞中多种蛋白和肽类因子能够调节食欲和能量代谢，如生长素释放肽和胰多肽能够促进食欲和能量代谢，瘦素和胆囊收缩素能够抑制食欲和能量代谢。②中枢神经系统蛋白和肽类因子。中枢神经系统能够分泌多种蛋白和肽类因子，从而调节食欲和能量代谢，如分布于下丘脑的神经肽Y和下丘脑外侧区、穹隆周围核分泌的食欲肽A和B能够促进食欲和调节能量代谢，而饱腹因子和促肾上腺皮质激素释放激素则可抑制摄食行为。

4）蛋白因子对能量消耗的影响。①解耦联蛋白（uncoupling protein, UCP）是一组存在于脂肪细胞、骨骼肌和脑细胞等细胞线粒体内膜上的跨膜蛋白质，能通过产热与能量消耗来调节机体的能量平衡。②β3-肾上腺素受体（β3-adrenalin receptor，β3-AR）主要分布于脂肪细胞上，受到交感神经介质儿茶酚胺类物质的调控作用。主要参与脂肪组织的产热、脂肪分解、提高机体基础代谢率、调节体脂恒定等过程。

5）非生理因素对能量摄入的影响。人们的摄食行为部分也依赖于非生理和生物因素的作用，如进食环境和食物特性（食物品种、包装和体积）、饮食习惯（食物喜好和选择等）、食物信念和态度（食物的益处、食物消耗量等）以及社会文化因素等。

因此，维持机体能量平衡是通过调节有关的各种生理信号、环境与社会因素之间相互作用以及协调膳食摄取和能量消耗来实现的。

参考文献

[1] 孙长颢. 营养与食品卫生学［M］. 8版. 北京：人民卫生出版社，2017.

[2] ALOOKARAN J, REHMAN A. Weight Gain Prevention Strategies [M/OL]. In: StatPearls [Internet]. Treasure Island (FL): StatPearls Publishing, 2023.

[3] FAN X, YUAN W S, HUANG W D, et al. Recent progress in leptin signaling from a structural perspective and its implications for diseases [J]. Biochimie, 2023 (212): 60-75.

[4] MOTA C M D, MADDEN C J. High fat diet suppresses energy expenditure via neurons in the brainstem [J]. Neuroscience, 2023 (520): 84-94.

(冯　丹)

第六章 水溶性维生素

第一节 课程思政教学设计

一、案例教学适用范围

本案例适用于本科生和研究生"营养与食品卫生学""社区营养"等课程中实验研究设计相关章节的教学。

二、课程教学目标

1. 知识目标
（1）掌握各水溶性维生素的生理功能。
（2）掌握各水溶性维生素缺乏或过量引起的健康损害。
2. 能力目标
（1）具备根据工作生活实践提出问题、分析问题和解决问题的能力。
（2）掌握文献检索、资料查询的基本方法。
3. 价值目标
（1）结合党史教育，引导学生树立正确的政治理想和政治道德，培养对党和国家、社会主义事业忠诚可靠的建设者和接班人。
（2）增强学生对党和国家政策的认同感。
（3）增强学生的国家使命责任感，激发学生的内在动力，将社会主义核心价值观内化为精神追求、外化为自觉行动。
（4）使学生增强中国特色社会主义道路自信、理论自信、制度自信、文化自信，树立学生"筑牢使命担当，成卫公众健康"的理想信念。

三、教学方法

本章课程适宜采用翻转课堂教学法，学生提前自学慕课和讨论案例，线下理论课程授课可充分结合教师讲授和小组案例讨论等授课形式。教师提出问题，将课程教学的知识目标、能力目标和价值目标融入案例讨论。

第二节　课程思政案例及分析

一、维生素 C 价格战：2 元与 98 元的维生素 C 有何区别

（一）案例内容

维生素 C 补充剂种类繁多，包括泡腾片、咀嚼片，甚至还有软糖形式的维生素 C，价格相差也很大，从 1 瓶数十元到上百元不等。药店出售的维生素 C 款式也很多，价格有 2 元的，也有 98 元的，价格相差近 50 倍。

维生素 C 能促进铁的吸收、转运和贮备，具有解毒、提高免疫力等功效，对人体健康有很大作用。那么，2 元与 98 元的维生素 C 到底差别在哪里呢？首先，在成分上，2 元左右的维生素 C 一般为药用，是纯维生素 C；而价格较高的维生素 C 大多属于保健品，部分添加了色素、甜味剂、食用香精、淀粉等辅料。其次，在口感上，2 元左右的维生素 C 口感较差，容易受潮。而经特殊工艺加工、添加了不同辅料的维生素 C 片，便于携带、口味多元，能够满足不同人群的需求。而在营养补充方面，不同价格的维生素 C 除了提纯和添加的辅料不一样外，在维生素 C 的含量相同的情况下，功效并没有区别。价位较高的维生素 C 有的被做成各种水果口味，提高了适口性，很多孩子也喜欢吃。再次，天然的和合成的维生素 C 化学结构完全一样，功效相差不多。但因生产方式的不同，导致两种维生素 C 的成本也不同。天然维生素 C 在提取过程中，含有一些其

他的天然成分，提炼程序复杂，增加了生产成本，所以价格往往较高。最后，保健品类维生素 C 里还会添加其他的成分，同时还存在一些保健品企业炒作概念和广告、公关等渠道的宣传花销，所以为了平衡成本，不得不提高单价。此外，单纯就保健品类维生素 C 产品而言，因剂量和原料的不同，其产品价格和质量也有差别。

（二）案例分析

维生素 C 是一种生物活性很强的物质，在体内具有多种生理功能，如抗氧化，构成胶原蛋白，改善铁、钙和叶酸的利用，促进类固醇代谢，清除自由基，参与合成神经递质，等等。维生素 C 是我们保持健康必不可少的营养素，从身体所需到美白保健，其功能也被传得越发强大。市场上销售的维生素 C 也"花样百出"，在面对不同花样、不同价格的维生素 C 时，消费者应该如何做出购买选择？

首先，《中国居民膳食指南（2022）》指出"会烹会选，会看标签"，可以通过看营养标签科学选择维生素。营养标签相当于食品的"身份证"，从中不仅可以了解到食物的安全信息，如生产日期、保质期、储存方式等，同时也可以从营养成分表、营养声称或功能声称中了解其营养信息。

其次，了解维生素 C 的理化性质。维生素 C 又称抗坏血酸（ascorbic acid），是一种含有 6 个碳原子的酸性多羟基化合物。天然存在的维生素 C 有 L-型和 D-型两种形式，其中 L-型有生物活性，D-型无生物活性。维生素 C 为无色无臭的片状晶体，易溶于水，稍溶于丙酮与低级醇类，不溶于脂溶性溶剂，0.5% 的维生素 C 水溶液，即呈强酸性（pH<3）。维生素 C 是一种强还原剂，有较强的抗氧化活性。结晶维生素 C 稳定，其水溶液极易氧化，遇空气、热、光、碱性物质、氧化酶及微量铜、铁等重金属离子，可促进其氧化进程。另外，营养成分表是每一种食品都必须标明的营养标签内容。维生素 C 保健品添加了大量辅料，从它的成分表中可以了解到原料和添加辅料的信息，同时也会给出功效成分及含量，这时人们要根据自身需求合理选择。除此以外，也可查看保健品的资质证书以了解更多的信息。

总之，选择购买维生素 C 时要从科学的角度出发，摒弃"越贵越好"的消费理念，同时，保健品的使用也不是越多越好。民以食为天，维生素

C 也可以从日常饮食中获得，天然维生素 C 来自蔬果，取材方便。且人体在摄入的过程中，不仅摄入了维生素 C，还补充了类胡萝卜素、花青素、膳食纤维等物质，能更好地促进吸收，提高免疫力。

二、我国维生素 C 成长轨迹

（一）案例内容

1928 年，Szent–Gyorgyi 在橘子及卷心菜中获得维生素 C；1932 年，King 在柠檬中分离出维生素 C；1933 年，Karrer 和 Hirst 等人确定了维生素 C 的结构式，同年 Reichstein 成功合成维生素 C。1934 年，国外开始工业化生产维生素 C，当年产量仅为 50 kg。之后维生素 C 产业迅速发展，目前，全球维生素 C 的年产量已达到 18 万吨。

我国最早开始小批量生产维生素 C 是在 1943 年。新中国成立后不久，我国就开始研制维生素 C。1957 年，东北制药总厂自行设计建造了一套年产 30 吨的维生素 C 生产装置，该装置采用"莱氏法工艺"生产，于 1958 年正式投入运行，从此结束了中国维生素 C 完全依赖进口的局面。

中国科技人员并未被国外工艺思路束缚，从 1969 年起，中国科学院微生物研究所、北京制药厂、东北制药总厂、上海二药厂等联合进行攻关，终于研发出维生素 C 生产的"二步发酵法"，并从 70 年代后期开始正式将该法投入工业化生产。二步发酵工艺的特点是以生物氧化代替化学氧化。这简化了工艺，节省了丙酮、硫酸等大量化工原料，原料单耗低，有利于环保安全生产，"三废"和污染较小。经过长期的生产实践，我国自行研制开发的二步发酵工艺的总收率已经由大生产初期的平均 40%，逐步增加到平均 65% 以上。二步发酵法生产维生素 C 的新工艺，于 1980 年获得国家科技进步二等奖，还在中国、欧洲、日本和美国等申请了专利。该工艺使中国维生素 C 生产技术跃居世界先进水平，罗氏公司的生产技术也是购买了中国专利后改进的。

改革开放以后，我国维生素 C 产业走上了快速发展之路，产能、产量及出口量连年攀升。自 21 世纪起，维生素 C 产业继续高歌猛进，产能和产量不断上升，出口量继续大幅增长。从 20 世纪 90 年代中期到 21 世纪初期是中国维生素产业成长并确立全球地位的时期，中国维生素企业在生产、营销、市场等方面积累了宝贵的经验和充足的资本，规模从小到大，经历了发展过程中的挑战，已经形成完整的配套产业区域优势。如今，全球80%左右的维生素C来自中国，国产80%以上的维生素C用于出口。

（二）案例分析

2020年9月11日，习近平总书记主持召开科学家座谈会并发表重要讲话。他指出："科学家精神是科技工作者在长期科学实践中积累的宝贵精神财富。"他强调大力弘扬科学家精神。爱国精神、牺牲精神、创新精神，是中国科学家的科学家精神一以贯之的三大时代特质。在维生素C的生产方法研发的漫长道路中，中国的科学技术人员刻苦钻研，敢于提出新理论、开辟新领域、探索新路径。在新时代，广大科技工作者一定能够不断攀登科学高峰，弘扬科学家精神，不惧流俗、敢为人先，为实现中华民族伟大复兴做出新的更大贡献。

三、叶酸预防神经管畸形

（一）案例内容

出生缺陷是婴幼儿死亡的主要原因之一，其中，神经管畸形（neural tube defects）至今仍然是世界上许多国家发生率最高的出生缺陷，全球每年大约30万新生儿因患有神经管畸形而死亡或终身残疾。

20世纪八九十年代左右，生出"怪胎"一样的孩子在中国一些贫苦的农村地区时有发生，有的孩子是眼睛看不见，有的孩子是耳朵听不到。那时，受条件所限，中国农村地区没有规范的产前检查和住院分娩制度，此外，孕产妇受教育程度低，没有保健意识，婴幼儿出生有缺陷的例子可谓屡见不鲜。1996年，中国围产儿出生缺陷的发生率是87.67/万，相当于每114个婴儿中就有一个存在出生缺陷。其中，神经管畸形是最常见、最严重的出生缺陷类型之一。20世纪80年代初，中国每年因神经管畸形瘫痪和死亡的病例超过10万。

过去的半个世纪，科学家们在神经管畸形的研究与诊断方面均有突破，尤其是叶酸预防神经管畸形的发现，有效降低了其发病率。

(二)课堂讨论

(1) 案例中的神经管畸形是如何发生的?

神经管畸形,又称神经管缺陷,是一种严重的畸形疾病,神经管即胎儿的中枢神经系统。神经系统自胚胎的第15～17日开始发育;至胚胎22日左右时,神经褶的两侧开始互相靠拢,形成1个管道,称为神经管,其前端称为神经管前孔,尾端称为神经管后孔;胚胎在第24、25日及26日时,前后孔相继关闭。神经管畸形指胚胎发育到第三周至第四周时,由于某些因素的影响致使神经管发育不良、闭合不全而造成的畸形。胎儿神经管畸形主要表现为无脑儿、脑膨出、脑脊髓膜膨出、脊柱裂/隐性脊柱裂、唇裂及腭裂等。

(2) 叶酸的功效体现在哪些方面?

叶酸是一种水溶性维生素,因在绿叶中的含量十分丰富而得名,又名蝶酰谷氨酸。叶酸对生物体的作用主要表现在以下方面:参与遗传物质和蛋白质的代谢、影响动物繁殖性能、影响动物胰腺的分泌、促进动物的生长、提高机体免疫力。叶酸缺乏的可能原因包括:摄入量不足、需要量增加、肠道吸收障碍、维生素C缺乏、使用叶酸拮抗药、肝脏疾病等。案例中,服用叶酸可以有效预防新生儿神经管畸形,叶酸作为一碳单位的载体,主要携带"一碳基团"(甲酰基、亚甲基及甲基等)参与嘌呤和嘧啶核苷酸的合成,在细胞分裂和增殖中发挥作用。

(3) 根据案例,什么时间应该补充叶酸?

叶酸补充的最佳时间应该在怀孕前3个月至整个孕早期。叶酸的补充应该延续到孕期结束。在孕中、后期,胎儿DNA的合成,胎盘、母体组织和红细胞增加都使母体对叶酸的需要量大大增加,所以即使胎儿的神经系统在孕早期已经发育完成,但孕中、后期叶酸的缺乏仍然会导致巨幼红细胞性贫血、先兆子痫、胎盘早剥的发生。

参考文献

[1] 李竹,陈新,赵平,等. 妇女增补叶酸预防神经管畸形推广研究五年成果和工作总结[J]. 中国公共卫生, 2001 (8): 53-55.

[2] 米卓琳,唐文佩. 妇幼保健史上的一项重要进展:叶酸预防神经管畸形[J]. 中国性科学, 2020, 29 (4): 157-160.

［3］孙长颢. 营养与食品卫生学［M］. 8 版. 北京：人民卫生出版社，2017.

［4］张伦. 产能增长近 30 倍：一文了解我国维生素 C 成长轨迹［EB/OL］. https://m.sohu.com/a/363183160_806277?_trans_ = 010004_pcwzy.

［5］CZEIZEL A E AND DUDÁS I. Prevention of the first occurrence of neural-tube defects by periconceptional vitamin supplementation. ［J］. New England Journal of Medicine，1992，327（26）：1832 – 1835.

（杨丽丽）

第七章 脂溶性维生素

第一节 课程思政教学设计

一、案例教学适用范围

本案例适用于本科生和研究生"营养与食品卫生学""社区营养与食品安全"等课程中的营养学基础、维生素相关章节教学。

二、课程教学目标

1. 知识目标

（1）掌握维生素 A 的特点和生理功能、膳食来源、缺乏及过量的对应病症。

（2）熟悉维生素 A 的消化、吸收和转运以及参考摄入量的制定。

2. 能力目标

（1）通过将历史事件作为案例进行探讨，让学生掌握维生素 A 的生理功能，以及维生素 A 缺乏的对应病症。

（2）通过对与维生素 A 有关的社会事件进行案例探讨，让学生明确科学研究中的伦理和知情同意的重要性，以及通过合理膳食来预防维生素 A 缺乏的可行性。

（3）通过案例讨论，让学生掌握维生素 A 的参考摄入量，以及制定依据。

3. 价值目标

（1）通过小组案例讨论的教学活动，增强学生的学习主动性、成就感和自信心，培养团队协作能力。

（?）通过案例教学，让学生了解维生素 A 在人体中发挥着重要的作用，并培养学生的学术道德、规范意识和思辨能力，激发学生的创新精神，让学生敬畏科学，带着社会责任感进行每一项科学研究。

三、教学方法

本章课程教学，可通过以教师讲授和小组案例讨论为主的授课形式进行。教师讲授相关背景，引出思政案例，让学生掌握维生素 A 缺乏症的相关知识点。进而通过分享对课程的认识和想法，介绍社会热点事件，让学生了解科学研究的相关流程和学术道德。通过历史事件、社会热点的讨论，让学生明确维生素 A 的历史沿革和在人体中发挥的重要作用，可帮助学生掌握维生素 A 的生理功能、参考摄入量、缺乏或过量的相关病症，有利于提升学生的思辨能力，做出不盲目跟随权威的是非判断，同时也可激发学生的求知欲及活跃的思维能力。

第二节 课程思政案例及分析

一、夜盲症克星——助力最可爱的人看清最亮的星

（一）案例内容

维生素 A 的经典生理作用在于其能防治夜盲症。抗日战争时期，我国著名营养学家万昕主持军医学校营养研究所，对华南地区 21 个连队的 7966 名士兵和 18 家军医院中 4733 名伤病兵开展了 6 次膳食调查。调查发现，战地士兵们每日获取的能量中，96% 来自碳水化合物，仅 4% 来自脂肪。饮食结构失衡致使士兵们因缺乏维生素 A 而患夜盲症的比例高达 12.9%，进而对夜间的军事行动造成不良影响。

万昕等人为扭转上述情况，对士兵们的营养不良现状予以分类分级，

考虑到中国士兵的体质和欧美士兵大不相同,以及战地士兵和城市居民营养需求的不同,万昕等人通过参考美国营养学权威学者亨利·谢尔曼(Henry C. Sherman)制定的热量标准,结合吴宪教授在中华医学会营养委员会制定的关于中国城市居民的"最低限度之营养需要",制定出了适合中国士兵的最低营养标准,见表 7-1。

表 7-1 战时士兵营养调查与最低标准对照表

	蛋白质/g	脂肪/g	糖/g	热量/cal	钙/g	磷/g	铁/g
实际状况	61	17	578	2867	0.440	2.4444	0.022
最低标准	69	47	515	2750	0.534	1.037	0.012

资料来源:王公、杨舰:《抗战营养保障体系的建立与中国营养学的兴起(上)》,《自然辩证通讯》,2019 年第 8 期。

1942 年,万昕的调查报告和相关提案上报之后,军政部将每名士兵战时营养的大米供应标准从之前的每天 687 g 提升至 782 g,同时提升了蔬菜、黄豆和油脂的供应标准。在此提案的推行下,士兵们的夜盲症患病率显著降低。此外,针对抗战相持阶段伤病士兵数量激增这一突出问题,万昕等人还制订了不同的营养康复方案,用于不同类型伤病士兵的营养康复。这些方案被纳入军医署下发给战地的实用手册《军医提挈》中,对战地伤病士兵的救助发挥了指导作用。

抗美援朝时期,中国援助朝鲜的主要通道鸭绿江大桥屡遭敌机轰炸,军事物资不能及时调补,肉类、蔬果等食材无法及时供应,致使志愿军的维生素 A 膳食摄入量严重减少,不少士兵患上夜盲症。因夜盲症的困扰,志愿军们夜间作战能力受到严重的影响。应志愿军后勤部的邀请,著名营养学家杨恩孚率领助理研究员于树玉、杨光圻、向良迪到朝鲜实地考察。在炮火纷飞的险恶环境中,他们和防疫队一起下乡走访。在朝鲜人民的帮助下,杨恩孚发现田野和山坡上生长着许多较小的绿色植物,他通过广泛采集、试吃,进行营养成分的分析测定,最终确认了 76 种常见的富含维生素 A 的野菜,例如,豆科的鸡眼草、蔷薇科的龙芽草,每 100 g 可食部位维生素 A 的含量分别为 12.6 mg、11.2 mg。每天吃 50 g 这一类野菜,即可有效地预防夜盲症(成年人每日需要胡萝卜素 4 mg)。为了让志愿军能在战场上迅速识别这一类野菜,杨恩孚编制了中国第一部"野菜图谱"——《野菜与营养》。他建议将这些野菜作为供给部队的维生素来源，从而拓展志愿军所需维生素的补充途径。这为保障战士的健康、提高部队的战斗力做出了重大贡献。为此，他荣获朝鲜民主主义人民共和国政府的嘉奖。

（二）案例分析

我国营养学家万昕和杨恩孚，不盲目照搬已有的营养标准，不畏时局动荡和环境艰险，通过一系列的营养调查、实验室检测、实践以及科学的推测，因地制宜，制定出适合中国士兵的维生素A补充方案，并将研究结果以简明扼要的文字、形象生动的图片呈现。这为中国士兵在战争期间的营养补充、疾病预防以及抗日战争、抗美援朝战争的胜利做出了巨大的贡献。这说明实验研究不盲从，理论与实践的结合有利于发挥最优效果。

二、有争议的"黄金大米事件"——科研伦理的重要性

（一）案例内容

青少年儿童作为祖国的未来，保障其健康成长无疑是推进中国在社会主义道路上前进的重要条件。习近平总书记更是对我国青少年儿童提出了"中国梦靠你们来实现"的关切与期许。维生素A作为必需营养素，不仅是夜盲症克星，而且是儿童健康成长的重要营养素。然而，维生素A缺乏依旧是世界上三大微量营养缺乏性疾病之一。其中原因在于，全世界约26亿以上人口以大米为主食，而大米中的维生素A、铁等微量元素及蛋白质十分缺乏，尤其容易导致维生素A的缺乏。1992年，联合国儿童基金会估计，全球约有1.24亿儿童严重缺乏维生素A，导致每年约50万名儿童眼盲，甚至因为缺乏维生素A而死。我国是维生素A中度缺乏的国家，缺乏情况也存在年龄与地域差异。学龄前儿童维生素A缺乏率可达到9%～11%，6个月以下的婴儿维生素A缺乏率可高达33.4%。

维生素A缺乏症已经被列入联合国千年发展目标重点消灭的疾病之一。为降低维生素A缺乏症的患病率，来自瑞士苏黎世理工大学的植物科学家Ingo Potrykus和德国弗莱堡大学的Peter Beyer开展了维生素A缺

的相关研究，成功研发出了富含类胡萝卜素的大米，此种大米的外观特征是胚乳呈现黄色，这就是第一代"黄金大米"。2005年，英国布拉克内尔的Jealotts Hill国际研究中心，Syngenta生物技术公司的研究小组进一步在大米基因中转入了玉米相关的基因，使得β-胡萝卜素的含量比第一代"黄金大米"高了23倍。

黄金大米最早进入中国公众视野，是在2012年8月。汤光文等在《美国临床营养杂志》发表了题为《"黄金大米"中的β-胡萝卜素与油胶囊中β-胡萝卜素对儿童补充维生素A同样有效》的研究论文。该论文的主要作者为美国塔夫茨大学汤光文、湖南省疾病预防控制中心胡余明、中国疾病预防控制中心营养与食品安全所荫士安和浙江省医学科学院王茵。

美国塔夫茨大学汤光文的"儿童植物类胡萝卜素维生素A当量研究"项目，于2002年12月被美国国立卫生研究院（National Institutes of Health，NIH）糖尿病消化道和肾病研究所批准。2003—2006年，塔夫茨大学伦理审查委员会在该项目的英文版知情同意书中，均有"黄金大米"是"转基因水稻"的描述。2008年6月2日，塔夫茨大学伦理审查委员会通过了该项目的中文版知情同意书的审查，但该版的知情书中并未描述"黄金大米"是"转基因水稻"。且2008年5月22日，项目负责人未按规定，提前开展了受试对象知情同意工作。课题组虽然召开了学生家长和监护人知情通报会，但没有说明试验将使用转基因的"黄金大米"。通报会现场未发放完整的知情同意书，仅发放了知情同意书的最后一页，该页上没有提及"黄金大米"，更未告知该研究用于食用的是"转基因水稻"。用于研究的"黄金大米"米饭，系由汤光文在美国直接将"黄金大米"米饭与白米饭混合后加热，于2008年5月29日携带入境，入境过程亦未按规定向国内相关机构申报。在2008年5月30日至6月23日，"黄金大米"试验在湖南省衡南县江口镇中心小学实施。试验对象为80名儿童，随机分为3组。其中1组25名儿童，于6月2日随午餐每人食用60 g"黄金大米"米饭。其余时间试验组儿童和其他组儿童均食用当地采购的食品。项目在实施时，汤光文、荫士安和王茵作为项目负责人，未在现场履行告知义务。在试验期间，项目负责人也未告知当地相关部门开展的是"黄金大米"试验。

2008年7月，有关部门人员通过对该项目主要研究人员进行询问调查，发现研究者隐瞒事实，谎称"黄金大米"试验研究工作还没有进行，但实际上现场工作当时已经结束。在后续的调查中，有关部门人员也发现学生家长签署的知情同意书上仅有"富含类胡萝卜素的大米"这一表述，刻意隐瞒了使用"黄金大米"的事实。2015年8月5日，媒体报道称《美国临床营养学杂志》在对"黄金大米"在中国的实验规范与合法性进行漫长的调查后，在其网站发布了撤回有关"黄金大米"论文的公告。

(二) 案例分析

尽管"黄金大米"的论文相关数据和结论得到了业内学者们的认同，但知情同意这一伦理问题不可忽视。项目所用"黄金大米"从境外带入时未经申报批准，违反了国务院农业转基因生物安全管理有关规定。项目在伦理审批和知情同意告知过程中，刻意隐瞒了试验中使用的是转基因大米，没有向学生家长提供完整的知情同意书，违反了原卫生部《涉及人的生物医学研究伦理审查办法（试行）》规定以及科研伦理原则，存在学术不端行为。项目主要当事人在接受有关部门调查项目实施情况时，隐瞒事实并提供虚假信息，严重违反科研诚信原则。"黄金大米"撤稿事件为中国科学界敲响了警钟，尽管转基因技术目前已被列入国家战略，国家也允许转基因食品在通过安全评价后上市销售，但科学研究一定要在法律法规的框架内向前推进。

三、维生素A——适量和过量的"达摩克利斯之剑"

(一) 案例内容

尽管维生素A在人体中起着重要作用，其缺乏也会导致重要的健康问题，但是它的安全剂量范围却十分局限。1597年，北极探险家Gerrit de Veer和他的船员吃了大量的北极熊肝脏，导致维生素A中毒。1995年，《新英格兰医学杂志》发表了一项研究，该研究通过评估22000多位孕妇维生素A的摄入量，以及其后代的健康状况，得出了"高维生素A摄入致畸"的结论。《纽约时报》率先报道了"过多维生素A致畸"的结论。紧接着，《华盛顿邮报》也发表了"高剂量维生素A与婴幼儿大脑缺陷有关"的评述。媒体的过度报道让公众对维生素A的态度从推崇转向担忧。

1995年爆发的"抗维生素A"运动，更是让维生素A成为众矢之的。

在一段冷静期之后，科学家们发现，"高维生素A摄入致畸"的研究结论依旧存在许多漏洞。首先，该研究的数据获取方式不够严谨，研究对象的召回方式存在选择偏倚，问卷调查的方法并不规范，且未应用客观的生化指标来确定孕妇的实际可用维生素A状况。因此，研究结果不能真实反映母亲维生素A摄入量与其后代大脑发育缺陷之间的关联。其次，研究人员没有根据后代大脑发育缺陷的严重程度进行加权，因此，不知道与服用少量维生素A的母亲相比，服用高剂量维生素A的母亲，所生婴儿的缺陷是严重还是轻微。再次，研究人员没有区分，到底孕妇的维生素A来自天然食源，还是商业维生素A制剂。商业维生素A制剂可能被添加到很多人造食物中去，比如人造黄油、早餐谷物、比萨等，这些食物中可能含有导致先天性缺陷的其他因素。当科学家们将维生素A的来源限制为天然食源后，发现颅神经嵴缺损与维生素A剂量的增加之间就没有显著的关联了。因此，对公众而言，担心维生素A中毒而盲目地拒绝食用动物肝脏，甚至是所有肉类是不理智的。

那么，怎样才能安全且有效地补充维生素呢？根据维生素A的化学性质和体内的吸收、代谢、排泄的特点，以及中国居民的体质，在基于一系列营养调查的基础上，我国制定出适合我国居民的维生素A膳食推荐量。对于婴幼儿，0～6月龄婴儿适宜摄入量为300 μgRAE/d，即1000 IU，6～12月龄婴儿适宜摄入量为350 μgRAE/d，即1200IU。这意味着维生素A摄入并不是越高越好，每天最高不要超过2000 IU。维生素A缺乏的预防量为4岁以下每天1333 IU，所以3岁内的婴幼儿不能单纯以适宜摄入量看参考摄入范围，若宝宝摄入超过适宜摄入量，也不必紧张，建议每日摄入量达到1333 IU，既在安全范围内，又能起到预防的作用。

我国成年人维生素A的推荐摄入量为男性800 μgRAE/d、女性700 μgRAE/d。但目前我国居民维生素A的实际摄入量尚未达到标准推荐量。2010—2012年中国居民营养与健康状况监测结果显示，中国内地居民有77.0%的人群膳食维生素A的摄入量低于参考摄入量。

维生素A的膳食来源广泛，且容易获得。动物肝脏是维生素A含量最高的膳食来源，而我国居民最易获取的动物肝脏就是猪，16 g猪肝即可满足成年男性一日维生素A的需要。健康成年人每月食用1～2次猪肝，每次50～100 g左右，即可轻松满足维生素A的需要量。鸡蛋中也

人群	维生素A (μgRAE/d) 推荐摄入量 (RNI)	可耐受最高摄入量 (UL)	来源
0岁~	300 (1000IU)	600 (2000IU)	母乳(不稳定)、配方奶、AD制剂
0.5岁~	350	600	母乳(不稳定)、配方奶、AD制剂、辅食
1岁~	310	700	母乳(不稳定)、配方奶、AD制剂、饮食
4岁~	360	900	饮食(奶类、富含β-胡萝卜素的食物转化)
7岁~	500	1500	饮食(奶类、富含β-胡萝卜素的食物转化)

图7-1 0~7岁儿童维生素A的需求

富含维生素A，由于蛋黄中胆固醇较高，推荐健康成人每周吃4~7个鸡蛋。蔬菜、水果当中含有的类胡萝卜素，可以在体内转化为维生素A，尤其是深绿色和红黄色的蔬菜，如西兰花、胡萝卜、菠菜等含类胡萝卜素比较多，也可以起到补充维生素A的作用。

(二) 案例分析

实验研究是对各种变量的操纵、控制、观察和比较等的过程，变量是实验研究最基本的问题。多因变量实验能增加实验结果的普遍性，有利于使得出的结论与实际情况更为接近，结果的推论性也相应提高。实验研究需要合理的假设严谨的操作和理性的评估。"抗维生素A"运动之所以发起，就是因为科学研究缺乏严谨的多变量的考虑，并缺乏正确的结果分析，从而得出与实际情况不太相符的结论。营养工作者在制定合理的营养补充的标准时，就必须了解不同的人群的特点，再基于这些特点，进行大量的人群和实验研究，从理论、方法和实践层面，判断这个结果的好、坏、真、伪，最终得出一个合理而切合实际情况的研究结论。

参考文献

[1] 王公，杨舰. 抗战营养保障体系的建立与中国营养学的建制化 [J]. 自然辩证法通讯，2019，41 (8)：62-70.

[2] 王亚莉，耿越. 维生素A的毒理学研究进展 [J]. 食品安全质量检测学报，2019，10 (15)：5019-5023.

［3］汪之顼. 维生素 A［A］. 中国营养学会第二次膳食营养素参考摄入量研讨会汇编［C］. 中国营养学会，2011：91-116.

［4］孙长颢. 营养与食品卫生学［M］. 8 版. 北京：人民卫生出版社，2017.

［5］张董敏，齐振宏，李欣蕊，等. 转基因稻米的社会风险剖析：基于"黄金大米事件"案例分析［J］. 科技管理研究，2014，34（15）：234-238.

（朱惠莲）

第八章 宏量矿物质

第一节 课程思政教学设计

一、案例教学适用范围

本案例适用于本科生和研究生"营养与食品卫生学""社区营养"等课程中实验研究设计相关章节的教学。

二、课程教学目标

1. **知识目标**
(1) 掌握矿物质的分类。
(2) 掌握必需微量元素的种类及缺乏或过量引起的健康损害。
2. **能力目标**
(1) 具备提出问题、分析问题和解决问题的能力。
(2) 掌握文献检索、资料查询的基本方法。
3. **价值目标**
(1) 结合党史教育,引导学生树立正确的政治理想和政治道德,培养对党和国家、社会主义事业忠诚可靠的建设者和接班人。
(2) 使学生增强中国特色社会主义道路自信、理论自信、制度自信、文化自信,树立学生"筑牢使命担当,成卫公众健康"的理想信念。
(3) 增强学生的国家使命责任感,激发学生的内在动力,将社会主义核心价值观内化为精神追求、外化为自觉行动。
(4) 增强学生对党和国家政策的认同感。

三、教学方法

本章课程适宜采用翻转课堂教学法，学生提前自学慕课和讨论案例，线下理论课程授课可充分结合教师讲授和小组案例讨论等授课形式。教师提出问题，将课程教学的知识目标、能力目标和价值目标融入案例讨论。

第二节　课程思政案例及分析

一、减盐专项活动：创新的力量到底有多牛

（一）案例内容

2022 年版《中国居民膳食指南》更新了每日盐摄入量的规定，将每日盐推荐摄入量降为 5 g。这是营养学家基于多年营养学研究给出的健康建议。人体盐摄入越多，体内钠含量越高，就需要保存更多的水分来稀释摄入的盐，会导致血容量升高，血压也随之升高。因此，减少食盐摄入对于减少高血压发病至关重要。

目前，减盐的技术可谓百花争艳，精彩纷呈。Rama 发现，食盐颗粒大小，即在食物中的空间分布会影响人们对咸度的感知。他将盐研磨后用镍筛将其分成 3 种不同大小颗粒：< 106 μm、106 ~ 425 μm、425 ~ 710 μm，并分别定义为 S1、S2、S3（如图 8-1 所示）。接着将盐撒入从超市购买的同一批次薯片里，用微波加热 20 s，轻轻摇晃，确保盐在薯片包装内分布均匀。由受试者按照严格咀嚼方案测试，并对唾液中钠浓度进行测量，重复多次，结果显示，咸度感知呈现 S1 > S2 > S3，这与盐晶体在唾液中的扩散运动有关，因为颗粒尺寸会限制扩散过程，晶体尺寸分数较小的盐颗粒可以较快地达到扩散平衡，从而在进食过程中呈现出更高的咸度。

在电子显微镜下观察不同粒径盐晶体的物理形态可以发现，S3 盐晶体具有金刚石或立方体形状，而 S1 和 S2 具有更不规则的形状，这可能是

研磨过程中物理破坏导致的。晶体在表面的吸附主要依靠范德华力，随着表面积、质量的增加，范德华力变得更强。较小的颗粒相对于较大的颗粒，在单位质量上，表面积增加，在薯片表面上分布得更广。此外，形状也可以在黏合中起作用，片状盐具有更大的表面积和更强的粘合力。

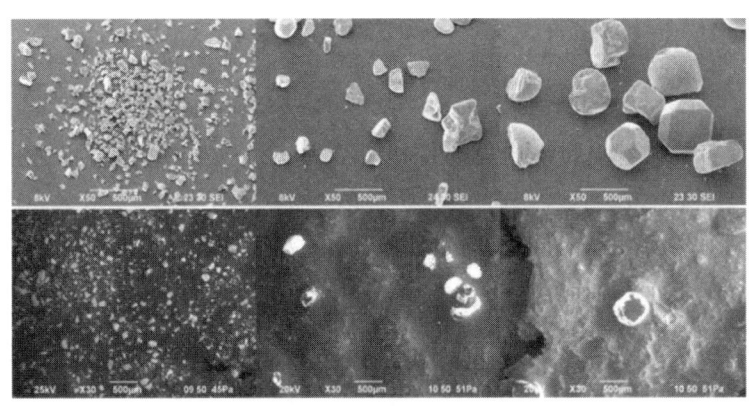

图8-1　电镜下不同粒径盐晶体的物理形态

注：扫描S1（a, d），S2（b, e），S3（c, f）盐晶体分数的扫描电子显微镜图像，作为游离晶体（a-c）和添加到薯片表面（d-f）之后，样品从左上角到右上角（a-c）和从左下角到右下角（d-f）进行标记。

类似的研究还有很多，比如，四川科技职工大学公共安全研究中心在综述中的总结（见表8-1），可利用复配替代盐、风味增强剂等在不改变风味的同时，减少盐的用量。对于肉制品腌制，还可以采用超声技术破坏细胞膜，在灭菌的同时，还可以加速成熟和腌制过程，高压和盐在制作香肠的时候具有协同作用，高压处理能在不改变食品含盐量的情况下，增加食品的咸味，延长保质期。电渗析、纳滤、旋转蒸发等在减盐调味品的研发中同样起到重要的作用。

表8-1　各种减盐途径及特点汇总

减盐途径	主要应用	特点
直接逐步减盐	工业加工食品	无须引入新的添加剂；耗时较长、减盐幅度受到一定的限制

续表 8-1

减盐途径	主要应用	特点
改变食盐粒径、形态	酥脆食品（如薯片、薯条、锅巴等）	钠传质速率高、咸味感知强；成本高、应用范围窄
改变盐在食品内的空间分布	烘焙食品（如面包等）	无须使用钠替代品、增味剂、增香剂等添加剂；应用范围较窄
复配替代盐	谷物加工食品（如面包、饼干、比萨等）；肉制品（如猪肉、牛肉、鸡肉、鸭肉、鱼肉等）	改善钾/钙/镁离子的摄入、成本较低；特定人群不能过多摄入替代盐中的钾等离子，应用受到限制，无法推广至普通人群
风味增强剂	肉制品（如猪肉、牛肉、火鸡肉等）；汤类（如牛肉汤等）；乳制品（如奶酪等）	掩盖不良风味、弥补减盐造成的风味损失和感官缺陷；成本较高、某些特定人群对风味增强剂的接受度低
超声、高压	肉制品（如牛肉、鸡肉、猪肉等）	加速成熟和传质过程、改善灭菌效果、延长肉制品的货架期；目前应用范围局限在肉制品领域
电渗析、纳滤、旋转蒸发等	调味品（如酱油、虾油、鱼露等）	改善调味品的香气特性；盐分降低的同时往往会损失氨基酸及其他风味物质，目前应用范围局限在调味品领域，成本较高

（二）案例分析

改变健康离不开国家和个人的努力。国家为提高居民的健康采取了一系列行动，其中"科学三减"是重要一环。"科学三减"即减盐、减油、减糖。目前，支持"科学三减"的技术愈加完善，活动愈加丰富。当代学生应当积极响应国家政策，科学减盐，同时，也要好好学习知识，多看文献，开拓思维，用科技改变生活。本案例通过讨论盐颗粒大小对于咸度感知的影响，让学生体会到医学领域的创新突破对于人类健康的促进作用，培养学生的创新精神和社会责任感。

二、中国人钙摄入不足问题及应对

(一) 案例内容

2015—2017年中国居民营养与健康状况监测中,成人慢性病与营养监测(2015年)采用多阶段整群随机抽样的方法。调查对象为18岁及以上的成人。在全国31个省、直辖市、自治区、新疆生产建设兵团的605个中国死因监测系统的监测县(区)中选取302个监测点,结果具有全国、城乡和省级代表性。监测结果显示:2015—2017年中国居民平均每标准人日能量摄入量为2007.4 kcal,城市居民为1940.0 kcal,农村居民为2054.3 kcal,农村高于城市。相对于充足的能量摄入,居民每标准人日钙摄入量为356.3 mg,全国有97.2%的居民存在膳食钙摄入不足的风险。

(二) 案例分析

如何补钙已经成为中国老百姓尤其关注的问题。提高全民机体钙营养状况水平,必须从合理膳食开始。中国营养学会在2022年公布的《中国居民膳食指南》中推荐奶和奶制品的摄入量为每天300～500 g。因为奶类中钙含量丰富且吸收率高,而我国居民于2015年实际摄入的奶量仅25 g左右(如图8-2所示)。因此,通过合理膳食提高钙的摄入量,在中国居民中应该是首选方式。

对于某些人群,如果无法从膳食中获得充足的钙,钙补充剂也是一种替代方式。但正确选择钙补充剂,需要充分了解相关知识。钙补充剂有不同的存在形式,其中碳酸钙和柠檬酸钙是最常见的两种。碳酸钙是最经济的钙补充形式,需要与食物一起摄入以保证吸收率。而柠檬酸钙则不需要与食物同时摄入,适用于一些用药人群,比如胃酸缺乏症病人或使用组胺阻断剂或蛋白泵抑制剂的病人,都可以通过柠檬酸钙来达到钙补充的目的。多项研究结果证明,在维生素D充足的情况下,碳酸钙和柠檬酸钙在绝经后妇女中的吸收率在血中离子钙、血清总钙、PTH水平及尿钙水平等多方面都是相似的,而碳酸钙在价格上具有优势。人群研究结果显示,柠檬酸钙的生物利用度高于碳酸钙,这可能与柠檬酸钙的吸收不需要

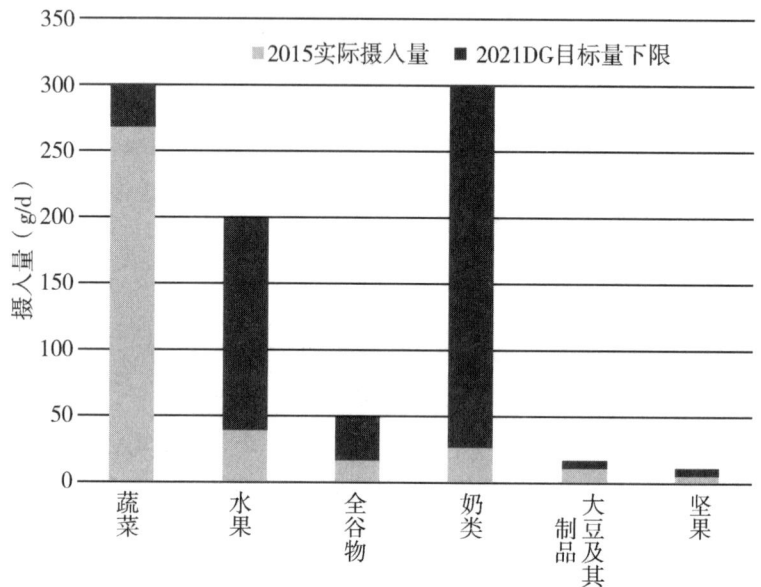

图8-2 中国居民目前部分种类食物摄入量现状

酸性环境相关。此外，碳酸钙的含钙量为40%，是所有钙剂中含量最高的一类；柠檬酸钙的含钙量相对较低，为21%。如果从成本效应方面考虑，对于没有应用禁忌证的人群，碳酸钙是补充钙更经济、有效的选择。

除此之外，市面上其他钙补充剂及其各自的优缺点如下。

葡萄糖酸钙：含钙量为9%，一般以液体制剂较为常见。葡萄糖酸钙口服溶液，口服易吸收，口味较好，适宜婴幼儿服用，但含钙量低。

乳酸钙：钙含量为13%，吸收时不消耗胃酸，适用于胃酸缺乏人群，吸收过程受体内维生素D的影响。长期服用乳酸钙，在体内蓄积后易产生疲劳感。

枸橼酸钙：钙含量低，仅为7%，但其可溶性强，不会产生消化道不良反应，尤其适用于肾结石患者和预防结石的产生。

氨基酸螯合钙：稳定性高，不受消化道pH和胃酸影响，生物利用度高。与氨基酸螯合后能被人体主动吸收，对消化道无刺激，不会引起血液钙离子浓度迅速升高而带来肾脏压力。

天然钙制剂：由海洋生物的贝壳、动物骨骼等经煅烧后所得，主要成分为氧化钙，含钙量高。但其水溶液呈碱性，对消化道刺激大，长期服用易导致恶心、呕吐、消化不良、厌食、便秘、腹泻、胃痛、胃穿孔等不良反应；同时还应注意，有体内重金属蓄积的可能性。代表药物为牡蛎碳酸钙颗粒。

选择钙剂应参考以下几点：

（1）钙含量高的钙剂不一定最好，还应考虑吸收率。

（2）胃酸正常人群可优先选择碳酸钙，胃酸缺乏者选择有机酸钙或螯合钙。

（3）针对不同年龄阶段人群给予不同的钙剂。如对于婴幼儿及儿童，可以推荐适口性较好的葡萄糖酸钙；而老年人吸收能力较差，推荐易于吸收的有机酸钙或螯合钙。

（4）此外还需要考虑是否有其他疾病，比如肾结石患者可选择柠檬酸钙或枸橼酸钙。

（5）一般情况下应同时补充维生素 D。

钙补充最大剂量一次不超过 500 mg，研究结果显示，一次性补充剂量在 500 mg 及以下时，钙的吸收率最高。一天四次小剂量使用钙补充剂对降低甲状旁腺素水平和减少骨吸收具有较好的功效。

钙剂补充适用于无法通过食物达到推荐摄入量的人群，包括骨质疏松人群、围绝经期和绝经后女性、哺乳期母亲、素食人群、乳糖不耐症和长期使用皮质激素治疗的病人。此外，炎症性肠病病人或乳糜泻的病人也需要补充钙。

目前，中国面临着营养不良与营养过剩的双重挑战。为了贯彻落实《健康中国行动（2019—2030 年）》和《国民营养计划（2017—2030 年）》，政府各部门应密切协作、全社会共同努力，继续加强不同地区全年龄人群的营养与健康状况监测；加强方法学研究，完善食物成分表，以提高个体能量、营养素的准确评价能力；深入推进营养教育和膳食分类指导；继续倡导并深入开展"三减三健"（减盐、减油、减糖，健康口腔、健康体重、健康骨骼），从政府、社会、个人（家庭）三个层面协同推进，促进居民健康。

参考文献

[1] 郭嘉吻，冯明会，马慧，等. 食品减盐研究进展［J］. 食品与发酵工业，2022，48（15）：341 - 350.

[2] 健康中国行动推进委员会. 健康中国行动（2019—2030 年）[EB/OL]. http://www.gov.cn/xinwen/2019 - 07/15/content_5409694.htm.

[3] 孙长颢. 营养与食品卫生学[M]. 8 版. 北京：人民卫生出版社，2017.

[4] 中国营养学会. 中国居民膳食指南（2022）[M]. 北京：人民卫生出版社，2022.

[5] 中华人民共和国中央人民政府. 国务院办公厅印发《国民营养计划（2017—2030 年）》[EB/OL]. http://www.gov.cn/xinwen/2017 - 07/13/content_5210199.htm.

[6] STRAUB D A. Calcium supplementation in clinical practice：a review of forms, doses, and indications [J]. Nutrition in Clinical Practice, 2007, 22 (3)：286 - 296.

[7] VINITHA K, SETHUPATHY P, MOSES J A, et al. Conventional and emerging approaches for reducing dietary intake of salt [J]. Food Research International, 2022, 152 (110933)：1 - 17.

（杨丽丽）

第九章　微量矿物质

第一节　课程思政教学设计

一、案例教学适用范围

本案例适用于本科生和研究生"营养与食品卫生学""社区营养学"等课程中微量矿物质相关章节的教学。

二、课程教学目标

（1）掌握钙、铁、锌和硒等微量元素的分布、生理功能、缺乏症及其食物来源。

（2）熟悉微量元素的营养状况评价和每日参考摄入量。

（3）了解微量元素的吸收、代谢过程及其过量的健康危害。

三、教学方法

本章课程教学适宜采用学生提前慕课自学加线下理论课程授课的方式，并充分结合课堂自测、分组讨论等授课形式。针对学生未能充分掌握的知识点提出讨论，将课程教学的目标融入案例讨论，提高学生学习的积极性和主动性。

第二节 课程思政案例及分析

一、硒的故事——克山病与"施瓦茨奖"

(一) 案例内容

人是自然界的一部分。地壳中存在的无机元素全部能在人体中被找到。随着科学的发展,大家越来越认定,当体内无机元素的含量或分布发生异常时,正常的生理功能会受到影响。因此,无机元素至关重要,其营养水平已经成为衡量人体健康状况的重要标志。

含量较多的无机元素,譬如钠、钾、钙等都比较容易分析,可含量极低的无机元素,由于分析仪器灵敏度的限制,在过去相当长的一段时间里,人们仅知道它们的存在,而不能确定它们的实际含量,这些无机元素往往用"微量"或"痕量"这个词来表达。目前,低于机体重量 0.01% 的无机元素,人们称之为微量元素。而这一大类的微量元素到底对人体有什么作用,在过去还是一个谜。

1817 年,瑞典化学家琼斯·雅各布·贝采里乌斯 (Jons Jakob Berzelius) 发现了硒元素,并认为它是像古希腊神话中月亮女神 (Selene) 一样的元素,就将其命名为硒 (Selenium),元素符号为 Se。1957 年,美国科学家克劳斯·施瓦茨 (Klaus Schwarz) 发现硒化合物能保护肝脏。这是人类第一次发现硒是防止营养性肝坏死的重要保护因子,也是人类第一次证明了硒有动物营养作用,自此拉开了研究硒与健康关系的序幕。随后,包括我国科学家在内的多国科学家经过研究证实了硒是人体必需微量元素。1983—1996 年,美国亚利桑那大学"亚利桑那癌症中心"的拉里·克拉克 (Larry C. Clark) 教授进行了为期 13 年的补硒双盲干预实验。结果表明,每日补充 200 μg 硒,总癌的发病率和死亡率分别降低了 37% 和 50%,其中,前列腺癌、肺癌和直肠癌的发病率更是分别降低了 63%、46% 和 58%。同期,1996 年,我国医学专家于树玉教授专家团队的硒与肝癌研究成果表明,补硒可使肝癌发生率下降 35%,使有肝癌家族史者发病率下降50%，该成果荣获原卫生部"医药卫生科学进步奖"。下文简要概述我国在硒与克山病方面的贡献。

1935年，克山病首次在黑龙江省克山县被发现，因此得名。克山病患者主要表现为急性和慢性心功能不全、心脏扩大、心律失常以及脑、肺和肾等脏器的栓塞。急性患者起病突然，病情进展迅速。表现为胸闷、恶心、呕吐、顽固、头晕、气急、咳嗽、心悸、不安、口渴、浮肿等，严重者可出现昏厥、抽搐或心源性休克。体格检查可见四肢厥冷、体温下降、脉搏微弱、血压下降并有冷汗，但意识清醒。可见心脏扩大，听诊可闻及一系列改变，下肢可有凹陷性水肿。慢性患者起病缓慢。常表现为呼吸困难、咳嗽、心悸、下肢浮肿。体格检查可见呼吸急促，患者多采取端坐位，心脏明显扩大，听诊可闻及一系列改变。

克山病不仅限于克山县，其他多个地区也有发病病例报告，如黑龙江省克东、德都、北安、依安、富裕、甘南、龙江、安达、青冈、兰西、绥棱、铁力、木兰和五常，吉林省汪清、抚松、辉南、靖宇和通化，辽宁省清源、新宾和桓仁，内蒙古、陕西、甘肃、山西的一些区域也有报告。据统计，克山病肆虐全国6省区309个县，病区覆盖人口1.24亿。1949—1978年的30年间，急性和亚急性克山病暴发事件在各地此起彼伏。北方11个省先后出现3次发病高峰年（1959年、1964年和1970年）。

面对如此肆虐的流行态势，党和各级政府高度重视。1953年冬，黑、吉、辽、陕等省的高等医学院校抽调一批经验丰富的研究员、教师和医务人员，深入克山病病区开展了流行病学、病理学、病因学及症状学研究，探寻有效治疗办法。这些研究人员中就包括于维汉，他赶赴病区进行防治救助与研究工作。初到病区，于维汉就在黑龙江克山县农村目睹了一个小女孩因克山病在短短两小时里去世。此后，他和救治组的医生们又接连收治了许多类似的病例，这些患者几乎都在诊断后的数小时里去世。医院里人们在痛苦挣扎，一名14岁的小男孩用微弱的声音对他说道："我死了，把我埋在妈妈脚下吧。"这个幼小生命的逝去，给了于维汉很大的触动。1961年，于维汉提出了克山病病因假说，指出克山病与单一膳食情况有关，是一种与营养因子有关的地方性心肌病。因此，他提倡居民们丰富饮食结构，达到了很好的防治效果。这些工作为克山病病因研究开拓了新的途径，也为防治克山病探索出了一条新路。

1965年，西安医学院研究组给陕西病区的居民服用亚硒酸钠和维生素 E 片，发现有针对克山病的预防效果。1969—1972 年，中国预防医学科学院的克山病防治小分队在黑龙江发现，单独服用亚硒酸钠片，也有一定效果。小分队进一步分析发现，克山病病区普遍缺硒，居民日硒摄入量平均在 17 μg 以下，头发硒含量低于 0.12 mg/kg，血液硒低于 20 μg/L。正是这一发现，明确了硒与克山病的关系，解决了困扰病区居民近 40 年的难题。中国预防医学科学院的小分队也因这项研究荣获了国际"施瓦茨奖"，以表彰他们为硒和人类健康所做出的杰出贡献。现在，科学家们除了给急性克山病病人服用硒片外，更提倡病区居民通过食用富硒食品来预防克山病的发生。资料显示，1980 年急性克山病已基本消失，这是我国科技工作者对微量营养素缺乏病诊断和干预的经典案例。

（二）案例分析

硒元素从首次被发现到如今被科学家深入了解，经历了足足两百多年的时间。我国对硒的研究起始于 20 世纪 60 年代末期，至今已有 60 多年。在诸多微量元素中，没有哪一个元素能像硒那样引起人们如此长期的关注，也没有哪一个元素能像硒那样对人类健康产生如此深刻的影响。中国的硒研究，独具一格，成绩突出，全球瞩目。

国际生物无机化学家协会为了纪念施瓦茨，在 1979 年设立了"施瓦茨奖"，奖励在硒研究领域做出杰出贡献的科学家。1984 年，为了表彰中国在硒研究方面做出的突出贡献，国际生物无机化学家协会将"施瓦茨奖"颁给了中国医学科学院防治克山病研究组和西安医学院克山病研究室，这是中国人第一次获得"施瓦茨奖"。在这条向"克山病"宣战的布满荆棘的崎岖之路上，很多科研工作者在为我国克山病防治事业默默奉献。我们应当学习他们这种面对未知不断追索的科研精神和毅力。

二、全民食盐补碘

（一）案例内容

机体因环境缺碘（iodine）导致的一系列疾病被称为"地方性甲状腺肿和地方性克汀病"，现统称为"碘缺乏病"。碘缺乏病早期无明显临床症状，可有甲状腺轻、中度弥漫性肿大、质软，无压痛。极少数明显肿大者可出现压迫症状，如呼吸困难、吞咽困难、声音嘶哑、刺激性咳嗽等。胸骨后甲状腺肿可有食管或上腔静脉受压症状。早期碘缺乏病患者的甲状腺功能基本正常，但有的患者由于甲状腺代偿功能不足出现甲状腺功能减弱，智力及生长发育受到影响。少数地方性甲状腺肿病人由于长期血清促甲状腺激素水平增高，补充碘后，甲状腺素合成过多，形成碘甲亢。地方性克汀病可分神经型、黏液水肿型及混合型3种，多数患者为混合型。

地方性甲状腺肿和地方性克汀病的主要病因是环境缺碘导致人体从食物中摄取碘不足。该病在全球各国均有分布，但多见于远离沿海的内陆或海拔高的山区，因为其土壤、水和食物中含碘量较少。

中国曾是世界上碘缺乏病分布最广泛、病情最严重的国家之一。在20世纪70年代，中国绝大部分省份均有不同程度的碘缺乏病流行，地方性甲状腺肿患者近3500万人，地方性克汀病患者25万人。为消除碘缺乏症，从1965年至1985年，全国18个省份的病区陆续普及了碘盐。1993年，在国务院召集下，盐业、计委、财政、卫生、工商、质监、交通等部门联合启动了"中国加碘盐工程"。为保证碘盐的生产供应，1994年《食盐加碘消除碘缺乏危害管理条例》颁布，全国食盐加碘正式拉开序幕。到2000年，中国基本实现消除碘缺乏病的目标，至今保持持续消除碘缺乏病状态。此外，我国也是第一个对贫困人口实行碘盐价格补贴的国家。放眼全球，我国食用盐加碘工程效果显著，碘盐覆盖率已较为充足。

目前，碘缺乏病病情和碘盐监测系统已经确立。人民群众对碘缺乏病的认识越来越清晰，食用碘盐的自觉性也逐步提高。全民的碘营养水平已得到明显改善，碘缺乏所造成的危害明显降低。

（二）案例分析

2002年全国碘缺乏情况调查显示，我国合格碘盐覆盖率已达人口的90%。2003年，世界卫生组织评估我国为碘营养适宜国家。食用盐加碘项目工程使困扰中国达数千年之久的碘缺乏问题得到根本解决。食用盐加碘项目工程在我国消除碘缺乏病取得的成绩，说明我国政府在应对公共卫生问题方面的务实和高效。

走好可持续发展之路，需要不断调整防治策略。碘缺乏病防治策略根据不同地区环境及人群碘营养状况确定，在碘缺乏地区采取以食盐加碘为主的综合防治措施，在适碘地区采取加碘食盐和不加碘食盐同时供应的措施,而在高碘地区仅供应不加碘食盐。虽然中国普及食盐加碘的20多年来保持了消除碘缺乏病的状态,但进一步建立健全可持续机制还有很长的路要走。在这方面,要始终秉持科学的态度,认真思考如何在新形势下调整防治措施,贯彻落实"因地制宜、分类指导、科学补碘"的碘缺乏病防治策略。

走好可持续发展之路,还要继续坚持政府主导、部门协同、全社会参与的方针。在法治建设的基础上,工信、发改委、市场监管、卫生健康、水利、教育等各部门要密切协同。此外,要加大宣传力度,让公众认识到碘缺乏病的严重危害,在宣教时精准施策,加强对孕妇、哺乳妇女、儿童等重点人群的健康教育。

值得一提的是,甲状腺癌已经成为世界范围内广受关注的肿瘤之一。国际癌症研究机构(The International Agency for Research on Cancer,IARC)报告显示,近十年来甲状腺癌发病率的增长幅度居所有恶性肿瘤的第3位。甲状腺癌主要包括4种类型:乳头状癌、滤泡状癌、未分化癌和髓样癌。其中,乳头状癌是甲状腺恶性肿瘤中发病率最高的一种类型,约占80%。事实上,我国居民甲状腺癌发病率在过去10年间也呈现快速增长的趋势。这种变化与加碘盐的使用呈现相关性。因此,有学者提出加碘盐可能促进甲状腺癌的发生。目前,学界对于甲状腺癌发病率快速增长的原因尚不统一。一种观点认为,甲状腺癌发病率的快速增长是体检普及导致的检出率增加,在某些人群中可观察到碘摄入量的增加与甲状腺癌发生率的增长相关。但这种研究属于观察性研究,不能直接说明因果关系,仍需要更多研究来阐明加碘盐食用和甲状腺癌两者之间的关系。

参考文献

[1] 崔慧莹. 全民加碘25年,中国人还需要碘盐吗?[J]. 中国盐业,2019(9):19-21.

[2] 秦俊法. 中国硒研究历史回顾(上)[J]. 广东微量元素科学,2014,21(11):44-57.

[3] 杨光圻,王光亚,殷泰安,等. 我国克山病的分布和硒营养状态的关系[J]. 营养学报,1982(3):191-200.

[4] 张磊,苏晓辉. 防治碘缺乏病,重在科学[N]. 健康报,2022-05-16(4).

[5] YANG G Q, CHEN J S, WEN Z M, et al. The Role of Selenium in Keshan Disease [J]. Advances in Nutritional Research, 1984 (6): 203-231.

[6] ZIMMERMANNN M B, ANDERSSON M. Global perspectives in endocrinology: coverage of iodized salt programs and iodine status in 2020 [J]. European Journal of Endocrinology, 2021, 185 (1): R13-R21.

（王冬亮）

第十章 食物营养价值

第一节 课程思政教学设计

一、案例教学适用范围

本案例适用于本科生和研究生"营养与食品卫生学"等课程中各类食物的营养价值章节的教学。

二、课程教学目标

（1）掌握谷类、大豆、奶类的营养价值特点。
（2）掌握《中国居民膳食指南（2022）》和"中国居民平衡膳食宝塔（2022）"中有关此三类食物的推荐量。
（3）熟悉中国食物成分数据库的使用，了解代表性植物化学物及其良好食物来源。

三、教学方法

本章课程教学适宜采用学生提前慕课自学加线下理论课程授课的方式，可充分结合教师讲授和小组讨论等授课形式。教师提出讨论问题，将课程教学的目标融入案例讨论。

第二节 课程思政案例及分析

一、提高政治站位，确保国家粮食安全

（一）案例内容

1. 习近平总书记关于保障粮食安全的系列重要论述

粮食安全，是党中央反复强调的"国之大者"。党的十八大以来，以习近平同志为核心的党中央深刻分析新时代、新形势、新挑战，提出新的国家粮食安全观，统一全党重农抓粮的思想，引领并推动粮食安全的理论创新和实践创新，为防范并化解粮食安全面临的风险挑战提供了基本依据。做好新时代粮食安全工作，既要维护国家安全，增强忧患意识，做到居安思危，也要有系统思维，讲求统筹谋划。保障粮食安全，关键是要保粮食生产能力，确保需要时能产得出、用得上。粮食生产的根本在耕地，命脉在水利，出路在科技，动力在政策。这些关键点要一个一个抓落实、抓到位，努力在高基点上实现粮食生产新突破。

习近平总书记强调："粮食问题不能只从经济上看，必须从政治上看，保障国家粮食安全是实现经济发展、社会稳定、国家安全的重要基础。"他还提出："解决好十几亿人口的吃饭问题，始终是我们党治国理政的头等大事""中国人的饭碗任何时候都要牢牢端在自己手中，饭碗主要装中国粮""保障好初级产品供给是一个重大战略性问题""决不能在吃饭这一基本生存问题上让别人卡住我们的脖子""要坚持农业农村优先发展，推动实施乡村振兴战略""要扛稳粮食安全这个重任，确保重要农产品特别是粮食供给，是实施乡村振兴战略的首要任务""国家粮食安全这根弦什么时候都要绷紧，一刻也不能放松""应对各种风险挑战，必须着眼国家战略需要，稳住农业基本盘、做好'三农'工作，措施要硬，

执行力要强，确保稳产保供，确保农业农村稳定发展"。①

2. 2022 年中央一号文件要点

做好 2022 年"三农"工作，要以习近平新时代中国特色社会主义思想为指导，全面贯彻党的十九大和十九届历次全会精神，深入贯彻中央经济工作会议精神，坚持稳中求进工作总基调，立足新发展阶段、贯彻新发展理念、构建新发展格局、推动高质量发展，促进共同富裕，坚持和加强党对"三农"工作的全面领导。

两条底线、三项重点：2022 年中央一号文件把抓好粮食生产和重要农产品供给摆在首要位置，目的就是把 14 亿中国人的饭碗端得更稳更牢固，饭碗主要装中国粮。牢牢守住保障国家粮食安全和不发生规模性返贫这两条底线。重点做好三方面工作：稳产量、调结构、保耕地。

3. 开展粮食节约行动、保障国家粮食安全

习近平总书记一直高度重视粮食安全和提倡"厉行节约、反对浪费"的社会风尚，多次强调要制止餐饮浪费行为。他强调："要加强立法，强化监管，采取有效措施，建立长效机制，坚决制止餐饮浪费行为。"要进一步加强宣传教育，切实培养节约习惯，在全社会营造浪费可耻、节约为荣的氛围。2021 年 4 月 29 日，第十三届全国人民代表大会常务委员会第二十八次会议表决通过《中华人民共和国反食品浪费法》。防止食品浪费，自此有法可依。防止食品浪费，既涉及食品生产、流通、销售，又直接关系百姓日常生活。反食品浪费是全社会的责任，厉行节约必然任重道远。

2021 年 10 月 31 日，中共中央办公厅、国务院办公厅印发《粮食节约行动方案》（以下简称《方案》），对进一步保障国家粮食安全做出重大部署。这成为提高粮食安全保障水平，坚持开源与节流并重、增产与减损并行的行动指南。《方案》聚焦全链条、多环节开展节粮减损行动，不仅可以节地节水、节肥节药，还能保护生态、减排降碳，助力碳达峰、碳中和，实现绿色发展、可持续发展。《方案》在《中华人民共和国反食品浪费法》的基础上，有针对性地部署相关措施。加强餐饮行业经营行为管理，完善餐饮行业反食品浪费制度，鼓励引导餐饮服务经营者主动提示消

---

① 中华人民共和国农业农村部：《提高政治站位　确保国家粮食安全（人民日报 2 月 25 日第 9 版）》，moa.gov.cn/ztzl/ymksn/rmrbbd/202202/t20220225_6389643.htm.

费者适量点餐，主动提供"小份菜""小份饭"等服务；落实单位食堂反食品浪费管理责任，鼓励采取预约用餐、按量配餐、小份供餐、按需补餐等方式，科学采购和使用食材，抓好机关食堂用餐节约，实施机关食堂反食品浪费工作成效评估和通报制度；加强公务活动用餐节约，切实加强公务接待、会议、培训等公务活动用餐管理，科学合理安排饭菜数量，原则上实行自助餐；建立健全学校餐饮节约管理长效机制，落实中小学、幼儿园集中用餐陪餐制度，培养学生勤俭节约、杜绝浪费的良好饮食习惯；减少家庭和个人食品浪费，加强公众营养膳食科普知识宣传，倡导营养均衡、科学文明的饮食习惯；推进厨余垃圾资源化利用，通过中央预算内投资、企业发行绿色债券等方式，支持厨余垃圾资源化利用和无害化处理，并引导社会资本积极参与。

"居安思危，戒奢以俭。"在中华民族的精神文脉中，勤俭节约既是个人修身养性的美德，更与国家、民族的命运紧密相连。经济社会快速发展、生活水平稳步提升，但勤俭节约依然是中国人的"传家宝"。"传家宝"要"传家"，永远不能丢，永远不过时。"一粥一饭，当思来处不易。"节粮减损不仅对传承中华民族的勤俭节约美德具有重要意义，而且对践行社会主义核心价值观具有重要导向作用。节粮减损，重在行动。认真贯彻落实方案，推动节粮减损取得更加明显成效，"光盘行动"深入开展，节约粮食、反对浪费在全社会蔚然成风。

（二）课堂讨论

（1）有关粮食的重要性，《中国居民膳食指南（2022）》和"中国居民平衡膳食宝塔（2022）"是如何建议和体现的？

"中国居民平衡膳食宝塔（2022）"共分为五层，其中谷类、杂豆和薯类占据最底层，体现出粮食在平衡膳食中的基础地位。"平衡膳食八准则"中有关此部分内容有两个准则，分别为：准则一，食物多样，合理搭配；准则二，多吃蔬果、奶类、全谷、大豆。其中，准则一中的相关核心推荐是：坚持谷类为主的平衡膳食模式；每天摄入谷类食物 200～300 g，其中包含全谷物和杂豆类 50～150 g。准则二中的相关核心推荐是：蔬菜、水果、全谷物和奶制品是平衡膳食的重要组成部分；经常吃全谷物、大豆制品，适量吃坚果。

（2）请从食物的营养价值方面论述谷物的重要性。

谷类食物主要包括小麦、大米、玉米、小米及高粱等。我国居民膳食中，谷类食物占膳食的构成比例较大，谷类具有重要的营养价值。谷类蛋白质含量一般在7.5%~15.0%。谷类含碳水化合物高，是碳水化合物最经济的来源，主要成分为淀粉。谷皮中含有丰富的膳食纤维，加工越精细，膳食纤维丢失越多，故全谷类食物是膳食纤维的重要来源。谷类脂肪含量普遍较低，为1%~4%，但燕麦脂肪含量为7%，主要集中在糊粉层和胚芽，在加工时，易转入糠麸中。谷类矿物质含量为1.5%~3.0%，主要是磷和钙，多以植酸盐形式存在，消化吸收较差，主要存在于谷皮和糊粉层中，加工容易损失。谷类是B族维生素摄入重要来源，如维生素B1、维生素B2、烟酸、泛酸和维生素B6等，这些B族维生素主要存在于糊粉层和胚芽中，谷物胚芽还富含维生素E，玉米和小米还含有一定量的类胡萝卜素，因此，精加工的谷物维生素大量损失。谷类含有多种植物化学物，它们主要存在于谷皮部位，包括黄酮类化合物、酚酸类物质、植物固醇、类胡萝卜素、植酸、蛋白酶抑制剂等，这些植物化学物的含量因谷物品种不同和加工精度不同而存在较大差异，在杂粮和全谷中的含量处于较高水平，这类活性物质对慢性病具有重要防治功效。

（3）上述案例中有关"开展粮食节约行动、保障国家粮食安全"的内容，在《中国居民膳食指南（2022）》"平衡膳食八准则"哪一条目中有所建议和体现？如何践行？

准则八，公筷分餐，杜绝浪费。不浪费食物，涉及多个环节。对于家庭和个人来说，应做到以下4点：①按需选购，合理储存；②小分量、光盘行动；③合理利用剩饭剩菜；④外出就餐，按需点菜不铺张。

二、我国贫困地区婴幼儿营养改善项目"营养包"

（一）案例内容

1. 我国贫困地区婴幼儿营养改善项目和"营养包"

"贫困地区儿童营养改善项目"是国家卫健委改善贫困地区早期儿童营养状况所实施的国家行动，该项目旨在为我国贫困地区6~14月龄婴幼儿免费提供营养包，并同时在民众中普及婴幼儿科学喂养知识与技能。

我国"贫困地区儿童营养改善项目"于2012年启动，于2019年实现国家级贫困县全覆盖。该项目依托我国妇幼保健服务体系，可充分发挥村医作用，进行营养包发放。

"营养包"是一种适用于断奶以后儿童（6～24月龄）的辅助食品，以处理过的大豆粉为基础，添加了中国婴幼儿普遍缺乏的8种维生素与矿物质，如维生素A、叶酸、铁等。"营养包"仅需掺入水状或糊状食物（大米粥、面糊、玉米糊等）中，一天一包即可保证多种营养素摄入，改变营养缺乏状况。随着人们认知的不断提升，营养包的复配原料已由豆粉、乳粉等扩展到谷物类粉末基料。同时，添加DHA或益生元等功能性强化婴幼儿营养包也相继出现。

2. 项目背景及国家、党中央的重视

20世纪90年代，我国发展进入初级小康阶段，解决了温饱这个首要的营养问题，但也凸显了微量营养素缺乏导致营养不良的问题。从能吃饱到要吃好的生活转变，深刻地影响到我国营养政策和营养科学的发展方向，国家先后颁布《九十年代中国食物结构改革与发展纲要》《中国营养改善行动计划》等文件，发布《营养强化剂使用卫生标准（GB 14880—1994）》及系列营养食品标准，启动"大豆行动计划"等营养改善项目。另一些营养工作也在这一时期萌芽，其中就包括对早期儿童营养问题的研究和改善策略的提出。这些工作经过不断的探索与实践，逐渐发展成为以营养包为主要改善工具的"贫困地区儿童营养改善项目"。

婴幼儿营养问题的确定主要是基于"中国食物营养监测系统"的监测数据分析，该系统由中国预防医学科学院建立，始于1989年，至2009年为止，共进行了8轮监测，加上1992和2002年全国营养监测数据，20年间总共收集了10次我国5岁以下儿童的营养状况数据。系统分析表明，导致我国儿童营养问题的原因主要包括四个方面：孕妇营养不良高发、母乳喂养率低下、辅食营养不足和贫困。其中辅食营养不足最为突出，表现为进入辅食喂养期的儿童生长迟缓率和贫血发生率均大幅上升，形成了6～36月龄儿童营养不良的高峰，且贫困农村儿童的营养不良问题大幅高于城市和一般农村。在当时资源难以支持4个方面同时全面改善的情况下，贫困农村婴幼儿辅食营养改善被列为优先项。

2016年8月，习近平总书记在全国卫生与健康大会讲话中指出："要有针对性地实施贫困地区学生营养餐或营养包行动，保障生长发育；要重视妇幼、老年人等重点人群健康，解决好营养性疾病等威胁妇女和婴幼儿健康的突出公共卫生问题。"婴幼儿等人群的营养问题得到空前的关注。习近平总书记还指出，让贫困地区的孩子们接受良好教育，是扶贫开发的重要任务，也是阻断贫困代际传递的重要途径，要对农村贫困家庭幼儿特别是留守儿童给予特殊关爱，探索建立贫困地区学前教育公共服务体系。2018年12月19日至21日我国举行了中央经济工作会议，会议明确将"增加对学前教育、农村贫困地区儿童早期发展、职业教育等的投入"确定为2019年度的重点工作任务。2019年1月，中央一号文件《中共中央国务院关于坚持农村优先发展做好"三农"工作的若干意见》颁布，明确指出，要提升农村公共服务水平，加强农村儿童健康改善和早期教育、学前教育。2019年5月，国务院办公厅印发《关于促进3岁以下婴幼儿照护服务发展的指导意见》，强调要"加大对农村和贫困地区婴幼儿照护服务的支持，推广婴幼儿早期发展项目"。《"健康中国2030"规划纲要》、中国《国民营养计划（2017—2030年）》，都将儿童营养不良作为重点攻克对象。

3. 我国儿童营养改善项目的实施和成效

通过一系列的婴幼儿营养干预项目，我国完善了以妇幼保健体系和基层医疗卫生机构为主的、面向婴幼儿和其看护人的辅食营养补充品发放和健康教育体系。在国家卫生健康委员会（简称"国家卫健委"）的统一领导下，来自妇幼保健、儿童营养、食品强化、食品工业和健康教育等领域的专家制定了项目方案、实施方案和管理流程，设计了项目培训教材、村级人员手册、培训课件、家长手册、项目海报等一系列用于培训及宣传的材料。省、市、县、乡4级均建立了项目领导和专家小组，分别负责项目的组织协调和技术指导。省级负责省（自治区、直辖市）内项目方案的具体制订和营养包采购，市级负责协调指导，县级负责具体实施。采购的营养包通过县—乡—村3级网络下发，最终由村医发放到每个婴幼儿家中。同时，每年的项目培训工作不仅强化了儿童保健工作者的知识和技能，而且提高了各级人员对于儿童保健工作的重视。

项目的实施，有力促进了项目地区婴幼儿营养水平的提高。各地评估结果显示，6～24月龄婴幼儿的体格生长水平有了显著提高，贫血患病率显著降低。项目初期的国家级监测结果表明，2012—2013年，6～24月龄婴幼儿的贫血患病率由32.9%降至26.0%，生长迟缓率由10.1%降至8.4%，两周腹泻患病率由14.2%降至9.4%，儿童看护人对于婴幼儿营养喂养的认知水平有明显提高。自2012年项目开展至2019年，已有947万名儿童及其家庭从项目中获益。2013—2018年间，对项目地区0～3岁婴幼儿进行了测试，发现儿童的低体重率保持在5%以下。联合国儿童基金会发布的《2012年世界儿童状况报告》显示，中国5岁以下儿童的低体重率和生长迟缓率低于多数发展中国家，明显低于东南亚国家，与美国等发达国家的差距逐渐缩小。

4. 中国"营养包"的实践得到国际社会的广泛支持和关注

"营养包"的汉语拼音首字母——YYB，已经成为专有名词。一些国际组织认为，中国"营养包"的经验，可以为非洲和亚洲贫困地区婴幼儿的营养改善提供有意义的参考。2017年8月18日，"一带一路"暨"健康丝绸之路"高级别研讨会"妇幼健康和营养推动全球健康可持续发展分论坛"上，来自世界卫生组织、联合国儿童基金会等国际组织，以及"一带一路"沿线的印度尼西亚、缅甸、柬埔寨等国嘉宾汇聚一堂，一同探讨以"营养包"为例的"中国智慧"给世界妇幼健康发展带来的启发。"营养包"的成功故事，让"一带一路"沿线国家的外国朋友看到复制"中国经验"的可能性。他们纷纷表示，要进一步了解中国的实践，让"一带一路"沿线的宝宝未来吃上中国的"营养包"。

5. 营养包质量控制关键之一：防止脂质过氧化和哈喇味形成

"营养包"组分依据《食品安全国家标准 辅食营养补充品（GB 22570—2014）》规定，由不少于70%的速溶豆粉，添加多种微量营养素，添加或不添加全脂乳粉构成。为防止脂质过氧化和哈喇味形成等，"营养包"多采用充氮包装的方法来减少氧气含量，从而减缓氧化酸败进程。目前，有关如何提高营养强化剂在婴幼儿营养包中的氧化稳定性的研究较少，但有研究显示可采取"微胶囊包埋法"来提高营养素及脂肪的稳定性。

（二）课堂讨论

（1）营养包为什么主要选择大豆粉为基础？

大豆是营养素较全面、营养价值极高的食物。大豆的蛋白质含量高达35%～40%，并且是入选优质蛋白食物中唯一的植物性食物；大豆脂质含量为15%～20%，大豆油不饱和脂肪酸约占85%，其中油酸含量为

32%～36%，亚油酸含量为52%～57%，亚麻酸含量为2%～10%，还含有1.64%的磷脂。大豆中，碳水化合物的含量为25%～30%，而且有益于健康的膳食纤维占据绝大多数比例。大豆含有丰富的钙、维生素B1和维生素B2，还富含维生素E及多种食物活性成分等。

（2）营养包除以大豆粉为基础外，为什么还需强化铁、钙和维生素A等？

首先，虽然大豆综合性营养价值较高，并且是包括钙在内的多种营养素的良好食物来源，但是它却并不是铁和维生素A的良好食物来源。对于健康、足月产的婴儿，世界卫生组织建议在其0～6月龄内采取完全母乳喂养，因为对于该阶段的婴儿，母乳中的营养成分几乎能够满足其全部营养所需。但6月龄后，完全母乳喂养已不能满足其营养所需，必须科学喂养和合理添加辅食。在全球范围内（包括我国），6～24月龄婴幼儿喂养极易出现多种营养素缺乏，包括铁、钙和维生素A等。虽然大豆富含钙，但1份"营养包"分量有限，在此基础上进一步强化钙才能更适宜此阶段婴幼儿的生长发育。另外，断奶过渡期辅食添加首要考虑的营养素就是铁，而铁的良好食物来源是富含血红素铁的动物性食物。贫穷落后地区动物性食物的摄入尚有一定局限性。此外，该地区普通百姓营养专业知识欠缺，婴儿辅食添加时更多选择谷物、鸡蛋等，这些均不是铁的良好食物来源。维生素A的良好食物来源包括动物肝脏、奶类及深色蔬果，在常规婴幼儿喂养中同样容易出现缺乏。因此，"营养包"除以大豆为基质外，还对铁、维生素A及钙等进一步强化。

（3）大豆营养价值的重要性在《中国居民膳食指南（2022）》和"中国居民平衡膳食宝塔（2022）"中如何建议和体现？

"平衡膳食八准则"有关大豆的内容是：准则三，多吃蔬果、奶类、全谷、大豆；相关核心推荐：经常吃全谷物、大豆制品，适量吃坚果。"中国居民平衡膳食宝塔（2022）"中大豆位于第二层，其推荐摄入量为大豆及坚果类平均每天摄入25～35 g。

（4）营养包为什么易于脂质过氧化和形成哈喇味？

原料豆粉和全脂乳粉中富含多不饱和脂肪酸（亚油酸、亚麻酸等），而不饱和脂肪酸易被氧化，产生的过氧化物进而分解产生小分子的醛、酮类物质，最终可导致过氧化值（peroxide value，POV）升高，这也是食品腐败变质中重要的化学鉴定指标之一。哈喇味是脂肪酸败后形成易于挥发的小分子的醛、酮类等产生的令人不愉悦的异味。它将严重影响婴幼儿辅食营养包的风味，是脂肪酸败最重要的感官鉴定指标。豆粉中多不饱和脂肪酸易于酸败的特性还会大大缩短产品保质期。脂肪酸败不仅会降低食品的营养价值，还会产生有害的过氧化物。

三、国家"学生饮用奶计划"

（一）案例内容

1. 国家"学生饮用奶计划"的启动与实施

经国务院领导批准，由农业部、中共中央宣传部、国家发展计划委员会、财政部、教育部、卫生部、国家轻工业局、国家质量技术监督局和国家食物与营养咨询委员会等九部门联合宣布国家"学生饮用奶计划"于2000年11月15日起在全国分步启动。国家"学生饮用奶计划"是一项利国利民、造福后代的大事，充分体现了党中央、国务院对我国青少年营养健康的高度重视和关怀。该计划采取政府引导、政策扶持的方式，通过专项计划向在校中小学生提供由定点企业按国家统一质量标准生产的学生饮用奶。《关于实施国家"学生饮用奶计划"的通知》（以下简称《通知》）指出，实施国家"学生饮用奶计划"必须坚持"安全、营养、方便、价廉"的原则和"统一部署、规范管理、严格把关、确保质量"的工作方针。《通知》还明确指出：各有关行政部门不能凭借这项工作牟取经济利益，不得向企业收取资格审批和标志使用费用。学校也不得在核定的奶价和劳务费用之外任意加价或收取其他费用。按照有关法律法规，各有关行政管理部门要依法加强管理和监督，切实保障饮用奶的卫生和安全。

2. 国家"学生饮用奶计划"产生的背景和党政府的重视

（1）党和国家领导人对我国青少年营养健康的高度重视，是国家"学生饮用奶计划"决策和实施的决定性因素。1993年，国务院第220次总理办公会议审议通过《九十年代中国食物结构改革与发展纲要》（以下简称《纲要》）。这是我国政府制定的第一部关于食物与营养发展的纲领性文件。《纲要》针对我国在食物消费中动物性蛋白质食物消费水平较低且结构不合理的情况，把奶类列为食物消费和营养的基本目标之一。1997

年，国务院批准实施《中国营养改善行动计划》，并将儿童列为应特别注重改善营养状况的人群之一，奶类被列为食物消费和营养的具体目标之一。1999年3月5日，朱镕基总理在《政府工作报告》中，提出"逐步改善国民营养水平和健康素质"的要求。同年3月31日，国务院副总理李岚清主持召开的"幼儿教育和青少年营养健康问题座谈会"上，提出"实施奶类行动计划"问题。他指出："青少年营养健康问题，是关系到贯彻党的教育方针，培养德、智、体、美全面发展的建设者和接班人的重大根本性问题，各级政府有关部门、学校和家长都要予以重视，采取有力措施，共同把这项工作做好。"2000年，党中央、国务院全面研判国际国内大势，充分借鉴国际通行做法，做出启动实施国家"学生饮用奶计划"的重大决策。在该计划实施约六年后，温家宝总理题词："我有一个梦，让每个中国人，首先是孩子每天能够喝上一斤奶。"2011年，我国开始实施农村义务教育学生营养改善计划，"学生饮用奶"不仅进入政府实施的农村义务教育学生营养改善计划中的学校，而且还走进了"中国小康牛奶行动D20牛奶助学"公益活动、中国扶贫基金会的"爱加餐"项目、实事助学基金会面向贫困学生的资助项目、地方政府组织实施的学生营养餐工程等。

2016年，中共中央、国务院印发《"健康中国2030"规划纲要》，明确提出，要加强对学校、幼儿园、养老机构等重点区域、重点人群实施营养干预。同年，国家卫健委制定《学生营养餐指南》，明确要求6～17岁学龄人群每天应摄入牛奶及奶制品200～250 g。2020年，中国奶业协会发布《国家"学生饮用奶计划"推广规划（2021—2025年）》。

（2）我国生产力的快速发展，为实施"学生饮用奶计划"奠定了物质基础。改革开放以来，我国工农业生产迅速发展，生产力水平大幅度提高，特别是农业和农村经济的快速稳定发展，结束了农产品长期短缺的局面，解决了十四亿多人口的吃饭问题。而且我国农产品的品种越来越丰富，产品质量越来越高，较好地满足了人民生活不断增长的需求。以奶类生产为例，1998年我国牛奶总产量达744.5万吨，比1978年的97万吨增加6.67倍。

（3）引导我国食物发展和食物结构调整已是刻不容缓。20世纪90年代是我国人民消费水平向小康迈进的重要发展阶段。改革开放后，我国食物发展速度加快，食物结构显著改善。随着生产和需求的进一步发展，食物结构和食物消费中的不合理状况日益显露出来。由于我国人民的食物消费水平刚刚跨越温饱线，食物消费基本上属于"高谷物膳食"类型，总体营养水平还较低。特别是动物性蛋白质所占比重明显低于世界平均水平，也低于亚洲和发展中国家的平均水平。

（4）人民生活水平的提高、人们对下一代营养健康问题的普遍关注，为"学生饮用奶计划"的实施提供了广泛的群众基础。

（5）科学工作者的积极倡导和参与，也是国家"学生饮用奶计划"得以实施的重要因素。

3. 国家"学生饮用奶计划"实施要点

三个主要方面是：政府、企业、学校。政府是实施计划的组织者和引导者，承担着制定政策和规划、组织、协调、监管、指导等责任，主要是通过国家"学生饮用奶计划"部际协调小组和它的成员单位按照各自职责分工来行使。企业是学生饮用奶这一特殊产品的生产者和供应者，承担着按国家统一规定的质量标准生产和配送学生饮用奶的责任。学校是学生饮用奶消费的组织者，承担着组织学生饮奶的繁重工作，起到了联结生产与消费的桥梁和纽带作用。两个工作重点是监督管理和宣传教育。

4. 国家"学生饮用奶计划"的重要意义

该计划有利于提高人民群众尤其是青少年的营养和健康水平；对引导广大青少年乃至全社会建立科学的营养观念具有十分重要的意义；有利于农业结构的战略性调整，促进农业和农村经济的持续健康稳定发展等。

5. 国家"学生饮用奶计划"目前所取得的主要成就

20多年来，在农业农村部、教育部等有关部门的支持下，各地方工作机构、实施学校、学生饮用奶生产企业以及社会各界的共同努力下，国家"学生饮用奶计划"积极稳妥推进，取得骄人成绩。一是生产能力跃上新台阶。学生饮用奶生产企业从首批认定的7家，增加到目前的123家，隶属于73家集团公司，日处理生鲜乳总能力为5万多吨。备案的学生饮用奶奶源基地有354个，泌乳牛总存栏40多万头，日均供应生鲜乳12000多吨。二是供应水平得到新提升。全国学生饮用奶在校日均供应量从2001年的50万份，增长到2019—2020学年的2130万份，惠及2600万名中小学生，从最初的京、津、沪、穗、沈5个试点城市覆盖到全国31个省、自治区、直辖市的63000多所学校。三是推广管理迈出新步伐。健全推广管理规章制度，不断完善在推广运行、专用标志、生产企业、注册程序、质量管理、实施学校等方面的规定，强化准入门槛，对接国际标准，全面提升管理服务水平。国家"学生饮用奶计划"的顺利实施，对改善和提高我国中小学生营养健康水平、促进乳品消费和奶业振兴起到了积极作用。

(二) 课堂讨论

(1) 从营养学专业角度阐述国家"学生饮用奶计划"的依据。

乳包括牛乳、羊乳和马乳等，其中人们食用最多的是牛乳。乳能满足初生幼仔迅速生长发育的全部需要，是营养素齐全、容易消化吸收的一种优质食品，也是各年龄组健康人群及特殊人群（如婴幼儿、老年人、病人等）的理想食品。牛乳中蛋白质含量为2.8%~3.3%，主要由酪蛋白（79.6%）、乳清蛋白（11.5%）和乳球蛋白（3.3%）组成，它们均为优质蛋白，而后两者为具有特定功能的活性蛋白。乳中脂肪含量一般为3.0%~5.0%，主要成分为甘油三酯，还有少量的磷脂和胆固醇。乳脂肪呈高度乳化状态，以微粒分散在乳浆中，吸收率高达97%。乳脂肪中脂肪酸组成复杂，油酸、亚油酸和亚麻酸分别占30%、5.3%和2.1%，短链脂肪酸（如丁酸、己酸、辛酸）含量也较高，这是乳脂肪风味良好及易于消化的原因。乳中碳水化合物主要为乳糖，含量为3.4%~7.4%，乳糖有调节胃酸、促进胃肠蠕动和促进消化液分泌的作用，还能促进钙的吸收和促进肠道乳酸杆菌繁殖，对肠道健康具有重要意义。乳中矿物质含量丰富，富含钙、磷、钾、镁、锌等，钙含量为 104 mg/100 mL，且吸收率高，是钙的良好来源。牛乳还是多种B族维生素的良好来源，富含维生素A，但其维生素D含量受季节和喂养方式影响较大。乳类还含有多种酶类、有机酸、生理活性物质等。综上所述，乳类是营养素齐全、营养价值极高的食物，对促进生长发育、增强免疫力、促进健康、防治慢病等具有重要作用。

(2) 登录"国家学生饮用奶计划"官网（https://www.schoolmilk.cn）或通过其他途径，查阅2022年中国奶业协会新颁布的团体标准《学生饮用奶　巴氏杀菌乳》（T/DACS 003—2022），与我国现行相关国标中营养素对比后，请列举出在哪些营养素含量方面前者的标准要求更为严格和优化。

《学生饮用奶　巴氏杀菌乳》与《食品安全国家标准　巴氏杀菌乳》

的营养素含量标准的对比见表 10-1。

表 10-1 《学生饮用奶　巴氏杀菌乳》与《食品安全国家标准　巴氏杀菌乳》的营养素含量标准的对比

项目	《学生饮用奶 巴氏杀菌乳》 (T/DACS 003—2022)	《食品安全国家标准 巴氏杀菌乳》 (GB 19645—2010)
脂肪/(g/100 g)	≥3.6	≥3.1
蛋白质/(g/100 g)	≥3.0	≥2.9（牛乳） ≥2.8（牛乳）

四、我国首个"植物性食物花色苷等多酚类活性物质食物中含量的数据库"

（一）案例内容

食物多酚类活性物质主要包括花色苷、槲皮素、黄酮、异黄酮、茶多酚、白藜芦醇等。数十年以来，《中国食物成分表》中此方面的数据一直缺失，全球范围内该领域亦存在诸多空白，因此限制了我国人群实际膳食多酚类的摄入量及其与健康和疾病关联的相关研究开展及膳食指导建议的制定。为弥补该项空白，凌文华教授团队在国家"十三五"科技支撑计划"食物中主要植物化学物含量、人群摄入量及健康效应的研究"的支持下，于2009年在新疆、北京、天津、武汉、重庆、广州六个地区，分别于春夏、秋冬两个时期，按照统一标准收集了130多种常见或特色的植物性食物，建立了利用HPLC测定主要植物化学物的标准化方法，对食物中的主要生物活性成分（花色苷、白藜芦醇、槲皮素、坎二菲醇、玉米黄酮、杨梅黄酮、芹菜配基、大豆异黄酮、葛根素、酚酸、番茄红素、类胡萝卜素等）的含量进行了测定和分析，从而建立了我国首个植物性食物中花色苷等多酚和其他植物化学物含量的数据库。该数据库于2018年收录于我国新修订的最新版《中国食物成分表》。由于此领域的工作成果,中山大学作为独立完成单位,凌文华教授作为第一完成人,荣获2020年"教育部自然科学奖一等奖"。

此项研究的创新点和科学意义在于:《中国食物成分表》是我国最专业、最权威的官方食物成分含量数据库,凌教授建立的收录于其中的"我国植物性食物花色苷等多酚类活性物质含量数据库",填补了我国该领域的空白。该数据库不仅是我国科学界用以评估我国居民膳食多酚类物质摄入量及其与疾病关联的重要研究工具,也是制定《中国居民膳食指南》和《中国居民膳食营养素参考摄入量》的重要科学依据,具有重大的实践指导意义。

(二) 课堂讨论

(1) 请查阅《中国食物成分表》,分析总结植物化学物花色苷的主要食物来源,对比《中国居民膳食指南2022》,找出相关建议。

查阅《中国食物成分表》后发现,花色苷的主要食物来源是深色植物性食物,包括黑、蓝、紫、红等,涵盖的食物类别包括蔬果、谷物、杂豆等多种食物,譬如黑米、葡萄、蓝莓、黑豆、红豆、紫甘蓝、紫茄子等。《中国居民膳食指南2022》推荐中国居民平均每天应摄入300～500 g蔬菜,并强调其中深色的蔬菜应占1/2以上。

(2)《中国食物成分表》中的食物是生食物还是熟食物?其给出的是多少分量食物中能量和营养素的供给?

《中国食物成分表》中既有生食物也有熟食物,除特别说明外,如米饭、酱排骨等,一般主要为生食物。给出的是100 g可食部位该食物的能量和营养素含量。

(3) 评价食物的营养价值时,植物化学物亦是一个重要方面,据此我们需要考虑哪几点?

需要考虑植物化学物的种类、含量、加工烹调储存等影响、生物利用率等。

参考文献

[1] 高云才,王浩,李晓晴. 保障国家粮食安全的重大制度安排:中央农办负责人就《粮食节约行动方案》答记者问 [N]. 人民日报,2021-11-01 (4).

[2] 国家"学生饮用奶计划"的由来 [J]. 中国畜牧业, 2014 (15): 18-19.

[3] 霍军生. 营养包:从科学研究到贫困地区婴幼儿营养干预 [J]. 卫生研究, 2021, 50 (3): 357-359.

[4] 开展粮食节约行动 保障国家粮食安全 [J]. 中国财政, 2022, (1): 21.

[5] 廖文科. 实施国家"学生饮用奶计划"的现实意义与政策措施 [J]. 中国学校卫生, 2007 (7): 577-578+583.

[6] 刘莉, 杨志, 韩涌, 等.《学生饮用奶》团体标准与食品安全国家标准的对比分析 [J]. 中国奶牛, 2021 (2): 52-55.

[7] 祁立波, 吴超, 钟利敏, 等. 婴幼儿营养包组成及质量控制现状分析 [J]. 食品与发酵工业, 2021, 47 (1): 293-302.

[8] 秦中春. 完整、准确和全面保障国家粮食安全 [J]. 重庆理工大学学报 (社会科学), 2022, 36 (5): 1-8.

[9] 邱小风, 朱春燕, 袁鹏. 婴幼儿辅食营养包及速溶豆粉中过氧化值的检测方法及限值研究 [J]. 食品安全质量检测学报, 2022, 13 (4): 1210-1215.

[10] 任沁沁, 罗沙. 从道德到法律,反食品浪费是件大事! [J]. 公民与法 (综合版), 2021, (5): 11.

[11] 实施国家"学生饮用奶计划"新闻发布会在人民大会堂举行 [J]. 中国学校卫生, 2001 (1): 2.

[12] 唐鹤, 徐韬, 张悦, 等. 我国贫困地区婴幼儿营养改善项目的发展历程与思考 [J]. 中国妇幼卫生杂志, 2020, 11 (5): 1-4.

[13] 王宪魁. 提高政治站位 确保国家粮食安全 [N]. 人民日报, 2022-02-25 (9).

[14] 杨晓晶. 学生饮用奶新规发布 [N]. 中国食品报, 2022-05-11 (5).

[15] 杨月欣, 中国疾病预防控制中心营养与健康所. 中国食物成分表:标准版 [M]. 6版. 北京:北京大学医学出版社, 2018.

[16] 岳爱, 蔡建华, 白钰, 等. 中国农村贫困地区 0-3 岁婴幼儿面临的挑战及可能的解决方案 [J]. 华东师范大学学报 (教育科学版), 2019, 37 (3): 1-16.

［17］张宝文. 实施国家"学生饮用奶计划"造福后代利国利民［J］. 农牧产品开发，2001（3）：38-39.

［18］张宝文. 学生饮用奶计划产生背景及实施要点［J］. 中国牧业通讯，2000（11）：4-5.

［19］左娜."一带一路"沿线的宝宝，能不能吃上中国的"营养包"？［J］. 国际人才交流，2017（10）：42-44.

（李　丹）

第十一章　食物中的生物活性物质

第一节　课程思政教学设计

一、案例教学适用范围

本案例适用于"营养与食品卫生学"课程中食物中的生物活性物质相关章节的教学。

二、课程教学目标

1. 知识目标
(1) 掌握食物中的生物活性成分的主要种类和来源及其生物活性。
(2) 熟悉植物化学物的吸收、代谢和排泄过程。
2. 能力目标
(1) 通过案例讨论，让学生能够明确食物生物活性成分的生理活性及其与经典营养素的作用有何差异。
(2) 配合电脑多媒体教学，学生能够实现生活中常见食物生物活性成分来源的分类及其生物活性作用的合理应用。
3. 价值目标
(1) 通过小组案例讨论的教学活动，增强学生的学习主动性、成就感和自信心，培养团队协作能力。
(2) 通过案例教学，让学生了解食物中的生物活性成分在慢性病预防和维持机体健康中的重要作用，培养学生的学术道德和规范意识，激发学生的创新精神，培养学生的科学家精神、爱国情怀和社会责任感。

三、教学方法

本章课程既可以结合慕课进行教学，又适合线下教学，以帮助学生加深认知、巩固知识点。本章课程的线下理论课程，适宜采用翻转课堂教学法。学生可提前自学教材、讨论案例，再充分结合教师讲授和小组案例讨论等形式。教师提出讨论问题，将课程教学的知识目标、能力目标和价值目标融入案例讨论。电脑多媒体教学可围绕生活中常见的食品生物活性成分，让学生通过实际操作，了解食品生物活性成分的主要来源及生物活性作用等教学内容，理论联系实际，提高学生学习的积极性和主动性。

第二节　课程思政案例及分析

一、法国悖论：白藜芦醇的发现

（一）案例内容

长期以来，英国社会一直关注法国女性及其整个民族的身体形态与饮食习惯之间的关系。有一种现象被归纳为"法国悖论"（French Paradox），即法国人群体虽然普遍食用高脂、高热量的奶油、黄油和奶酪等食物，但其身体质量指数普遍较低，肥胖率相对较低，其原因仍未完全明确。值得一提的是，一位名叫赛木耳·布莱尔的爱尔兰医生在1819年发表的一篇学术论文中指出，基于生活习惯及气候条件，法国患有心绞痛的人数比例低于爱尔兰。但这份报告在当时并未引起学术界的重视。直到1991年，一档名为《60分钟》的节目在美国报道了这一实验结果，人们才开始注意到这种现象，并开始研究其原因。

1990年，美国《健康》杂志的记者爱德华·多尼克（Edward Dolnick）指出：由于法国人习惯喝红酒，因此他们患心血管疾病的风险远远低于美国人。接下来，哥伦比亚广播公司（Columbia Broadcasting System，CBS）著名的电视节目《60分钟》报道了法国国家卫生研究院研究员塞尔日·雷诺（Serge Renaud）在这方面的研究成果。这个发现引起了人们的强烈兴趣。世界卫生组织在1980年发起了一项关于心血管疾病的全球协作研究计划，在人群中对心血管病的发生趋势及决定因素进行监测。研究表明，在血胆固醇相同的人群中，地中海人和日耳曼人得心血管病的概率要小。这一现象更可能归因于地中海地区的饮食习惯，而不仅仅是法国食物的功劳。营养学家普遍推崇地中海饮食习惯，这种饮食方式注重多食用植物油，尤其是橄榄油，同时也多摄入富含不饱和脂肪酸Omega-3的鱼类、水果和蔬菜等食物，以及适量饮用葡萄酒。这些食物成分的摄入可能对身体形态和健康水平的保持发挥了积极作用。

相关研究指出，葡萄酒中的单宁具有强有力的抗氧化作用，而白藜芦醇则是红葡萄酒中最活跃的多酚类成分。它可在葡萄叶及葡萄皮中合成，是一种非黄酮类多酚有机化合物。许多植物在受到刺激时，也会产生白藜芦醇。这种化合物具有抗毒素的作用，容易被口服吸收，代谢后通过尿液及粪便排出。值得注意的是，白藜芦醇具有防止血液凝块、消炎、促进血管扩张和抑制细菌繁殖的作用，体外实验及动物实验更是验证了白藜芦醇的抗氧化、抗炎、抗癌及心血管保护等作用，掀起了当时抢购红酒的高潮。

然而，也有一些人持反对观点，并提出了其他解释。例如，2006年有科学家用含有白藜芦醇的饲料喂养肥胖的老鼠，结果发现，摄入白藜芦醇的老鼠在衰老过程中更少患病，相对来说更加健康，因此，很多人认为白藜芦醇具有抗衰老的作用。但是，这个实验中，研究者每天给小鼠的白藜芦醇的含量是22.4 mg/kg，对于一个体重为60 kg的成年人来说，要想达到这个剂量的作用，每天需要服用1344 mg的白藜芦醇——而一瓶500 mL的葡萄酒里，白藜芦醇的含量最多也只有5 mg，相当于每天要喝260多瓶葡萄酒。

科学家分析发现，绝大多数动物和细胞实验都存在"抛开剂量谈作用"的问题——人类根本不可能通过喝葡萄酒达到有效作用量。退一万步说，在葡萄酒中以酒精和白藜芦醇相对的浓度而言，酒精对健康的负面影响相比于白藜芦醇对健康的益处来说也大得多。因此，通过喝葡萄酒补充白藜芦醇，从而得到健康益处的想法，也非常不切实际。

此外，也有科学家用白藜芦醇进行了一些人体实验。但由于样本数量很少，而且鲜有能证明白藜芦醇有益于健康的积极证据，因此，绝大多数临床研究并没有发现白藜芦醇对人体健康有明显作用，也没有人体实验发现白藜芦醇对人有长期、稳定的健康益处。2014年，科学家对人体摄入白藜芦醇的水平及各种慢性病导致的总死亡率进行研究分析。结果发现，膳食摄入白藜芦醇和长寿、炎症、癌症和心血管健康并没有明显相关性。所以，综合来看，目前并没有足够证据认为白藜芦醇对人体有好处。

（二）案例分析

以"法国悖论"为案例，通过案例讨论让学生了解人群研究和动物及细胞的机制实验在预防医学研究中的重要作用，并清晰地认识到将动物与细胞实验的结果结论外推到人群时的局限性。

案例中的"白藜芦醇"是一种存在潜在有益价值的食物生物活性成分，并且在大量的动物和细胞实验中得到了研究证明。然而，由于生物活性物质的吸收率以及生物利用度往往比较低，在自然界中的天然含量也不高，所以不能像经典营养素那样，通过日常的膳食摄入对机体产生显著的有益作用。这就导致在自然条件下，白藜芦醇对人产生的影响并不能达到动物实验中的效果，这也是"法国悖论"——特别是红酒的作用——在之后的研究中遭受一系列质疑的原因。

通过案例讨论，介绍案例背景以及白藜芦醇生物活性作用的信息，围绕"从人群出发，最后回归人群"的预防医学特色研究设计思路，设置案例讨论题目。让学生明白：研究不应脱离大众，要善于从人群中发现现象，解民之所惑，解民之所困，最终将研究结果应用于大众。同时，也要以科学、严谨的态度看待问题，谨慎对待科学结论。因为任何一个新颖的结论，都可能在舆论的作用下，引起新一轮的"热潮"。并且让学生体会医学领域的创新突破对人类健康的促进作用，培养学生的创新理念、辩证意识和社会责任感，以及对待问题时抽丝剥茧的科学家精神。

（三）课堂讨论

1. 植物化学物的生物活性包括哪些

（1）抑制肿瘤作用：蔬菜和水果中富含的植物化学物多有预防人类癌症发生的潜在作用。

（2）抗氧化作用：癌症和心血管疾病的发生，与过量反应性氧分子及自由基的存在有关。现已发现多种植物化学物，如类胡萝卜素、多酚、黄酮类、植物雌激素、蛋白酶抑制剂和有机硫化物等也具有明显的抗氧化作用。

（3）免疫调节作用：许多动物实验结果均表明，类胡萝卜素对免疫功能有调节作用，部分黄酮类化合物具有免疫抑制作用，而皂苷、有机硫化物和植酸具有增强免疫功能的作用。

（4）抑制微生物作用：早期研究已证实，球根状植物中的有机硫化物具有抗微生物作用。

（5）抗胆固醇作用：以多酚、皂苷、植物固醇和有机硫化物为代表的植物化学物，具有降低胆固醇水平的作用。

（6）其他促进健康的作用：包括调节血压、血糖、血小板和凝血以及抑制炎症等。此外，部分植物化学物还有一些特殊功能。如叶黄素在维持视网膜黄斑功能方面发挥重要作用；植酸和金属离子具有较强的螯合能力等。

2. 从"法国悖论"到"红酒中的白藜芦醇"，我们可以得到什么启发

该问题为开放性问题，可引导学生感受"从人群出发，最后回归人群"的研究设计思路，培养学生的科学家精神。

例如，心血管事件具有高发病率和高死亡风险，一直作为危害全球健康的重大公共卫生问题。由于法国拥有高脂饮食文化背景，却能够始终保持着低心血管事件发生率，因此，"法国悖论"在提出时备受社会各界关注。在不断探索其原因的过程中，人们发现，低心血管事件发生率与红酒的饮用有关，这一结果为人们找到了研究的突破口。随即科学家们开展了越来越多的动物实验、细胞实验、以及体外实验，发现并证明了白藜芦醇作为植物化学物，拥有生物活性作用。这一过程，体现了科学家们抽丝剥茧、寻找真相的探索精神。任何科学研究都将注定为人类服务，最后应该"回归人群"，将动物实验结果外推、应用于人类。

"法国悖论"从最初的提出，到白藜芦醇的发现，前后经历了100多年的时间，现在人群应用研究仍旧在继续，公共卫生学子也应该培养科学家精神、匠人精神，在研究中抽丝剥茧、坚持不懈、专一做好一件事，为改善民众健康贡献自己的一分力量。

二、给褪黑素使用者的警钟：营养素热潮的兴起和消退

（一）案例内容

近年来，越来越多的人开始认识到，褪黑素是一种助眠的保健品。它的作用是在晚上提醒你的身体"已经是夜间了，该去睡觉了"。因此，褪黑素最为人们所熟知的功能是：缩短入睡时间，减少夜间醒来次数，缩短浅睡眠时间，延长深度睡眠时间，并降低次日早晨醒来的门槛，改善睡眠质量。此外，褪黑素还具有较强的调整时差功能。

褪黑素是迄今发现的最强的内源性自由基清除剂，其基本功能是参与抗氧化系统，防止细胞产生氧化损伤。在这方面，它的功效超过了已知的所有体内物质。最新研究表明，褪黑素是内分泌的总司令，能够控制体内各种内分泌腺的活动，从而间接地控制人体全身的机能。除此以外，它还能有效预防癌症，调整昼夜节律，推迟细胞衰老，镇静中枢神经系统，调节细胞免疫、体液免疫、心血管功能。此外，褪黑素还对人体的呼吸系统、消化系统、泌尿系统有调节作用。

1953 年，美国耶鲁大学皮肤病学专家 Aaronb Lerner 通过重新试验，将牛的松果体碾碎，倒入装有蝌蚪的玻璃养殖缸中，发现并合成了褪黑素。随后，在 1985 年和 1990 年的一系列针对小白鼠的实验中，逐步证明了褪黑素不仅能延长寿命，而且对性功能也有一定的作用。

20 世纪 70 年代中期，在发明放射免疫疗法之后，研究者发现，松果体就是人体的生物钟，褪黑素就是它的"传令官"，其分泌量决定着人体的衰老程度。美国食品药品监督管理局（Food and Drug Administration，FDA）通过严格的实验，以及 5000 万人食用褪黑素的临床研究宣布：褪黑素是纯天然食品，没有任何副作用！1993 年 6 月 4 日，在第三届"老化与癌症"会议上，来自世界各地的 50 多位学者一致认同褪黑素能延缓衰老，把褪黑素推到大众面前。1995 年，服用褪黑素的热潮由美国波及全球。1997 年，瑞士科学家罗期勒在"老化与癌症"高级会议上，分享了自己的研究：老年人每天补充 3～8 mg 褪黑素，能让许多病症消失，使老年人充满青春活力。

然而，褪黑素真的就是这样一种"神药"般的存在吗？事实上，与草本植物、维生素或者矿物质不同，褪黑素是一种人体能够自行产生的激素，人体很少会出现褪黑素缺乏的情况。医学专家指出，在瑞杰森（William Regelson）和华特（Walter Pierpaoli）等人在《细胞》杂志上发表的文章中，有关松果体素的一系列实验存在严重缺陷，这些研究者通过将幼鼠的松果体组织移植到老年老鼠身上来延长老年老鼠的寿命。他们假设，移植后的组织对松果体素更为敏感，年老的老鼠由于某种原因"获得了新生"。但实际上，实验所用的老鼠有一种不能生产松果体素的基因缺陷。1999 年 11 月 6 日，美国《休斯敦日报》发表了一篇题为《给松果体素使用者的警钟》的报道。文章中，哈佛医学院查理士·加斯勒博士指出，健康的老年人和年轻人体内，能够产生同样水平的松果体素，这一结果打破了传统观念。还有研究者认为，服用高剂量松果体素可能促进大脑血管收缩，增加中风的危险。

褪黑素曾经在一些国家和地区盛行，但由于其功能并不确切，这股浪潮很快就消退了。在全世界范围内，除美国等国家和地区把褪黑素视为保健食品外，加拿大、英国、法国、意大利、爱尔兰等绝大多数国家（地区）对褪黑素的使用均持谨慎态度。

（二）案例分析

基于褪黑素的"潮起潮落"，通过案例分析让学生明白：任何"抛开剂量谈效果"的做法都是不可取的。同时，在学术研究中，我们需要以辩证的眼光看待问题，以严谨的科学态度，抽丝剥茧，探索真理。

（三）课堂讨论

（1）为什么我们在研究中，需要探讨剂量问题？

无论何时，"抛开剂量谈论效果"的做法，都是不可取的。即使是经典宏观营养素，过量使用都是有百害而无一利的。例如，碳水化合物虽然是必需供能营养素，但摄入过量会导致肥胖；脂溶性维生素摄入过量，则会在体内蓄积，产生毒性作用；水溶性维生素在摄入过量后，也会对机体造成一系列的伤害。因此，在讨论物质的时候，我们都需要考虑剂量的问题。而所谓的"安全剂量"也并不是绝对的，现有的"安全"界限，可能在不同人群中存在异质性。学生必须清楚，即使某些食物活性成分对人体是有利的,但也应该关注适宜剂量,过犹不及,任何事情都需要讲究一个"度"。

(2) 上述案例对我们有什么启发?

该问题为开放性问题,可引导学生从科学家精神、抽丝剥茧、坚守真理等角度进行讨论。对于符合预期的实验结果,我们在如实给出结论的同时,应该尽可能地继续深挖,顺藤摸瓜,找到问题的本质;对于不符合预期的实验结果,我们在溯源、检查研究设计是否有纰漏的同时,也应该实事求是地对结果进行合理的解读,而非为了得到想要的结果而篡改数据,或"断章取义"地歪曲解读。要想真正将研究结果应用于实际、造福人类,必须经过严谨的科学求证和临床试验,以证明其安全性和有效性,同时应避免虚假夸大。

可引用华特和瑞杰森的事件作为反面案例,他们歪曲解读实验结果,在《细胞》上发表的文章已被撤稿。为了商业利益,他们还出版了一本《褪黑素的奇迹》的小册子,过度夸大了褪黑素的效果,严重违反了学术道德规范和科研诚信。因此,教师需要向学生强调学术道德规范和科研诚信的重要性。研究者应该实事求是,对问题抽丝剥茧,找到问题的核心,得到正确的结论。同时,研究者必须以严谨的科学态度来面对所有研究,反对弄虚作假和急功近利。

参考文献

[1] 李潭溪. 世纪的轰动:谈松果体素 [J]. 开卷有益(求医问药), 1998 (8): 40-41.

[2] 林平青, 吕青. 神奇的褪黑素 [M]. 北京:中国中医药出版社, 1998.

[3] 孙长颢. 营养与食品卫生学 [M]. 8版. 北京:人民卫生出版社, 2017.

[4] 赵瑛, 刘志民, 周晖. 松果体及褪黑素 [M]. 上海:上海科学技术文献出版社, 2004.

[5] 知味君. 什么是法国悖论(French Paradox)? [EB/OL]. https://tastespint.com/p/2316.html.

[6] BAUR J A, SINCLAIR D A. Therapeutic potential of resveratrol: the in vivo evidence [J]. Nature Reviews Drug Discovery, 2006, 5 (6): 493-506.

[7] PIERPAOLI W, DALLI'ARA A, PEDRINIS E, et al. The pineal control of aging. The effects of melatonin and pineal grafting on the survival of older mice [J]. Annals of the New York Academy of Sciences, 1991 (621): 291-313.

(柳　雁)

第十二章 公共营养

第一节 课程思政教学设计

一、案例教学适用范围

本案例适用于本科生和研究生"营养与食品卫生学""社区营养与食品安全""营养科学进展"等课程中公共营养相关章节的教学。

二、课程教学目标

1. **知识目标**
（1）掌握营养调查与评价的内容和步骤以及食品营养强化的目的和要求。
（2）熟悉公共营养的特点及内容。
（3）掌握硒元素的生理功能、体内代谢关键过程、营养状态评估关键指标，以及克山病主要的症状和危害。

2. **能力目标**
（1）通过案例讨论，让学生能够根据研究目的和假设，进行合理开展营养监测和人群营养干预的设计。
（2）通过案例讨论，让学生能够对营养调查、营养监测、人群营养改善措施（营养教育、食品营养强化等）进行综合应用。

3. **价值目标**
（1）通过小组案例讨论的教学活动，增强学生的学习主动性、成就感和自信心，培养学生的团队协作能力。

（2）通过案例教学，让学生了解公共营养在人群营养状况改善中的重要作用，培养学生开展营养监测和人群营养干预的思维，激发学生的创新精神，培养学生的爱国情怀和社会责任感。

三、教学方法

本章课程教学适宜采用翻转课堂教学法，学生提前自学和讨论案例。线下理论课程授课，可充分结合教师讲授和小组案例讨论等授课形式。教师提出讨论问题，将课程教学的知识目标、能力目标和价值目标融入案例讨论，理论联系实际，提高学生学习的积极性和主动性。教师讲授克山病的相关背景，引出思政案例，让学生掌握克山病主要的症状和危害、硒元素的生理功能、体内代谢关键过程、营养状态评估关键指标等相关知识点。再通过小组案例讨论，加强学生对"四个自信"的深刻理解，鼓励学生在今后的学习和工作中，不畏艰辛，勇于开辟具中国特色的原创性研究。

第二节 课程思政案例及分析

一、防控碘缺乏病，食盐加碘是长期的国策

（一）案例内容

碘（iodine）是新陈代谢和生长发育必需的微量营养素，是人体合成甲状腺激素（thyroid hormone，TH）的主要原料。甲状腺激素参与身体新陈代谢，维持所有器官的正常功能，促进人体尤其是大脑的生长发育。这里可以做个类比，如果把甲状腺比作一个"工厂"，它所生产的产品就是甲状腺激素，而生产产品所需要的原料就是"碘"。因此，碘和甲状腺激素是密不可分的。碘缺乏不仅影响TH的合成及分泌，且与各种甲状腺疾病密切相关。

人类在长期探索饮食与健康关系的过程中，很早就观察到甲状腺肿大

与某些食物的关系。早在公元前 7 世纪，我国的《山海经》就有关于"瘿病"（即现在的碘缺乏病）的记载。公元前 3 世纪出现的《吕氏春秋·尽数》，也提出瘿病与地理环境密切相关；《三国志·魏书》则记载了手术治疗瘿病。晋代葛洪（公元 4 世纪）在《肘后方》提出昆布和海带浸酒治疗瘿病；隋朝巢元方（公元 7 世纪）提出瘿病与水、土有关的学说。经过几个世纪的生活实践，1811 年，法国科学家 Courtois 首次发现单质碘，并于 1813 年从海藻灰中分离出碘；其后法国著名化学家 Gay-Lus-sac 将其命名为"碘"。1820 年，瑞士医生 Coindet 建议用碘制剂防治甲状腺肿；1851 年，法国化学家 Chatin 提出碘缺乏与甲状腺肿有关的假说；19 世纪末，碘从甲状腺中分离出来。20 世纪 70 年代，研究表明，碘缺乏对人的损害是一条由轻到重的疾病谱带，而在 20 世纪 80 年代，碘缺乏被确认不仅会引起甲状腺肿和克汀病，还可引起亚临床克汀病和儿童智力低下，故 Basil Hetzel 于 1983 年提出用"碘缺乏病（iodine deficiency disorders，IDD）"代替过去的"地方性甲状腺肿"。

碘缺乏病，是自然环境碘缺乏造成的机体碘摄入不足引起的危害人类健康（特别是影响智力发育）的有关疾病的总称。它包括地方性甲状腺肿、克汀病和亚克汀病、单纯性聋哑、胎儿流产、早产、死产和先天畸形等。碘缺乏病是世界性疾病，全球有 110 个国家共 16 亿人生活在缺碘地区，每年因缺碘导致死胎 3 万，新生儿智力和身体发育障碍患者达 12 万人，地方性甲状腺肿患者达 5.66 亿人，克汀病患者达 600 万人以上，脑功能受损患者高达 3 亿人。1990 年，联合国召开"世界儿童问题 71 国首脑会议"，通过《儿童生存、保护和发展世界宣言》及其《行动计划》，明确提出要在 2000 年全球范围消除碘缺乏病的目标。1991 年 3 月，时任国务院总理的李鹏代表中国政府在此文件上签字，承诺到 2000 年中国基本实现消除碘缺乏病的目标。我国是世界上碘缺乏病分布最广泛的国家，原病区人口达 4.25 亿，约占世界病区人口的 40%，亚洲病区人口的 60%。在中国大陆除上海市外，全国 30 个省、区、市以及新疆生产建设兵团都有不同程度的碘缺乏病流行，沿用 1993 年报表数据，我国碘缺乏病病区县数为 1778 个，病区县人口数为 71667.61 万，全国接近 7.2 亿人口受到碘缺乏的健康威胁。在此期间，云南省实验处防疫部队通过 19 万人的调查数据得出：在云南，当地甲状腺肿发病率为 15% 左右。1944 年，《新疆日报》指出：阿克苏、莎车、喀什的 80 万人口中，约 1/3 人口患有甲状腺肿。新中国成立后，政府对地方性甲状腺肿的防治越发重视，相关的调查研究在各区域陆续展开。例如，鄂北地区曾进行过涉及上万人的抽样调查，指出甲状腺肿平均患病率为22.5%；1976年贵州省都匀县（今为都匀市）也曾在4000余人中开展调查，结果显示甲状腺肿占53.6%。综合显示，20世纪70年代，我国绝大多数地区在不同程度上流行碘缺乏病，涉及人口约7.2亿，大脖子病患者约3500万人，呆小症患者约25万人。

如此重要的碘，主要来源于水和食物。但在我国绝大部分地区，饮用水每天至多只能提供30 μg的碘，远远低于世界卫生组织所建议的每天150 μg碘摄入量。要想确保碘摄入充足，剩下的120 μg，只能依靠食物摄入。然而，除了海产品以外，其他食物能贡献的碘元素极为稀少，而海产品价格昂贵且在很多地区的日常饮食中占比不高。即便是碘含量最高且价格最为便宜的海带，人们也很难坚持每天都吃。哪怕在海产品丰富的沿海地区，食物所提供的碘摄入量依然远低于世界卫生组织所推荐的每天150 μg。研究显示，2009年的上海地区，居民从食物中所摄取的碘含量为80 μg，勉强达到推荐量的1/2；杭州地区2013年的食物碘元素摄入量仅为推荐量的四分之一；香港地区则有59%的居民每日从食物中摄取的碘元素不足50 μg。既然上海、杭州、香港这些经济发达、海产品产量丰富的沿海地区都是如此，那么内陆的其他地区要想仅靠食物而获得足够碘元素，实施起来难度将非常大。与之相对应，受地理环境的影响，我国大部分地区外环境（水、土壤等）几乎都缺碘元素，尤其在一些山区、丘陵、河谷地带、荒漠化地区和河流冲刷地区缺碘更为严重。

由于我国自然环境缺碘是长期存在的，而人体每天都需要碘，如果停止补碘，体内储存的碘最多能维持3个月，这就决定了补碘应遵循长期、微量、日常和生活化的原则。西方国家的食盐摄入约75%来自加工食品，其中近一半来自面包和谷类食品，因此，在加工食品特别是面包中进行碘强化是他们的流行做法。由于我国的饮食结构多样且复杂，食用加碘盐不仅符合长期、微量、日常和生活化的原则，而且具有安全、有效、简单易行、价廉等优势，于是食用加碘盐就成为我国居民补碘的最佳途径。把碘混合在盐中不会改变盐原有的颜色、味道，碘盐与非碘盐没有任何外观上的区别。这种补碘办法易于推广，易于长期坚持，非常有效。碘盐是中国（而且也是世界各国）防治碘缺乏病最重要和最基本的手段。

食盐加碘是世界卫生组织等国际组织推荐的控制碘缺乏病最安全、最有效的措施，为预防和控制碘缺乏病，世界卫生组织等国际组织在全球普遍推行食盐加碘策略。截至1995年年底，世界上已有82个国家承诺实施食盐加碘。

早在20世纪50年代初，我国就开始在北方等碘缺乏病的重症区尝试通过食盐加碘的方式防治碘缺乏病。到了1979年，我国发布《食盐加碘防治地方性甲状腺肿暂行办法》，提出地方可结合实际情况通过食盐加碘防治地方性甲状腺肿。中国政府在1991年罗马召开的国际营养会议上郑重宣告，中国将在10年内减少碘缺乏病的流行。为了实现这一宏伟目标，国务院于1993年9月召开"中国2000年消除碘缺乏病动员会"，讨论通过《行动计划纲要》。联合国开发计划署、世界卫生组织、联合国儿童基金会等国际组织对我国进行支持和援助，为实现2000年消除碘缺乏病的目标，奠定了良好的基础。1994年，国家发布《食盐加碘消除碘缺乏危害管理条例》，明确了采取长期供应加碘食盐为主的综合防治措施。1996年，卫生部进一步规定了食用盐碘含量标准。直到2000年，我国在国家水平上达到基本消除碘缺乏病阶段目标，并下调食用盐碘含量上限。2011年，国家发布食品安全国家标准《食用盐碘含量》（GB 26878—2011），明确食用盐加碘水平。

自1995年开始实施全民加碘政策以来，国家不曾停止对碘元素的关注，并根据国民碘摄入的实际情况，做到食盐加碘政策的与时俱进。从一开始的每克盐加碘20～60 μg，到20～50 μg，再到20～30 μg，以及现在的允许不同地区根据各自区域内的实际需求，自行选择更适合本地居民的加碘量。

20世纪80年代初，我国曾调查并绘制了以县为单位的全国饮用水水碘含量地图。2005年，我国又在水源性高碘地区开展了以乡为单位的水碘分布调查。此外，1997年、2002年和2011年的全国碘缺乏病监测，抽样调查了部分省份水碘分布。2019年，我国正式发布"全国水碘地图"，为区域补碘提供重要依据。我国大部分地区外环境水碘含量较低，全国乡级水碘含量为3.4 μg/L，83.6%的乡水碘含量在10.0 μg/L以下。即使在水碘含量大于10.0 μg/L的乡中，也存在一定比例碘缺乏村（17.0%）。同时，部分省份存在水源性高碘地区。专家表示，水碘在10 μg/L以下的地区，居民应食用加碘食盐，防止碘缺乏造成的危害；水碘在10～

100 μg/L 的地区，国家卫健委将建立碘缺乏地区和适碘地区划分标准，为科学、精准补碘提供依据；水碘在 100 μg/L 以上的地区，居民应食用未加碘食盐；高碘病区（水碘在 100 μg/L 以上且甲肿率 >5% 的地区）居民改饮低碘水，预防高碘危害。因此，我国应继续坚持普遍食盐加碘策略，并按照因地制宜、分类指导的原则落实各项防控措施。

2022 年 5 月 15 日是我国第 29 个"防治碘缺乏病日"。近年来监测发现，部分沿海地区及大城市出现合格碘盐食用率下降、孕妇等重点人群碘营养偏低的情况。为加大科学补碘宣传力度，引导群众合理补碘，尤其是避免孕妇和婴幼儿等重点人群碘摄入不足，2022 年的宣传主题定为"智慧人生健康路，科学补碘第一步"。旨在通过宣传碘缺乏病防治和科学补碘知识（重点宣传碘元素对胎儿和婴幼儿脑发育的作用）引导全社会积极参与碘缺乏病的防治工作，提升群众健康水平，助力健康中国建设。

（二）案例分析

我国曾经是世界上碘缺乏病流行最严重的国家之一，党和政府一直高度重视碘缺乏病的防治工作，采取多项举措防治碘缺乏病。1994 年，我国陆续颁布《食盐加碘消除碘缺乏危害管理条例》和《食盐专营办法》，开始实施以普遍食盐加碘为主的防治策略。这一防治策略的实施，不仅使我国基本上消除了碘缺乏病的危害，而且极大地改善了我国居民的碘营养状况。自 2000 年起，我国基本实现消除碘缺乏病的目标。但是，由于自然环境缺碘状况难以改变，碘缺乏病防控工作仍不能松懈。如果不能长期、持续地坚持补碘，碘缺乏病就会卷土重来。因此，食盐补碘应成为日常化行为，需要长期坚持下去。

二、消除百年地方流行病，中国为世界定义"硒"

（一）案例内容

我国曾是全球地方病流行最严重的国家之一，消除地方病曾是我国农村地区最严峻的公共卫生挑战。作为 8 种重点防治管理的地方病之一，克山病（Keshan disease）因 1935 年在黑龙江省克山县首先被报道而得名，而关于此病最早的历史记录实际可追溯到克山县 1907 年的县志，称其为百年地方流行病也不为过。病区涉及包括黑龙江省在内的我国东北到西南共 16 省（自治区、直辖市）的逾 300 个县，影响上亿中国人民的生命健康。克山病具有年度多发、季节多发、人群多发、家庭多发等流行特点，临床主要表现为心脏不同程度扩大、心律不齐、心电图改变，严重者可出现心源性休克、心力衰竭甚至猝死。虽然目前关于克山病的病因、预防和治疗都已逐渐明朗，但曾经在很长的一段时间里，人们对它几乎束手无策，"谈克色变"。在攻克这一地方病的过程中，中国的科学家不仅拯救了无数生命，也更新了国际医学界对硒元素与人体健康的认识，为世界重新定义了"硒"。

新中国成立后，面对克山病肆虐的流行态势，党和各级政府高度重视。1953 年冬，黑龙江、吉林、辽宁等省的高等医学院校抽调一批经验丰富的专业教师和医务人员，深入克山病病区，开展了大量的流行病学、病理学、病因学等方面的研究，寻找病因，探寻有效治疗方法。1956 年，全国性的克山病防治研究委员会组建。1958 年，克山病作为要积极防治的疾病之一被列入《全国农业发展纲要》。关于克山病的病因研究，科学家们提出诸多假说，包括感染（病毒）、中毒（环境毒物、霉菌毒素）和营养缺乏（单一饮食导致矿物质和维生素缺乏，例如钼、镁、硫胺素等）。直到 20 世纪 60 年代，在对克山病患者进行尸检时发现，其心脏组织呈现广泛的斑片状纤维化和坏死、肌细胞溶解、心肌苍白，这些病理特征与绵羊白肌病表现极其相似。而在此之前的 1958 年，Muth 及其同事证明，在饮食中添加硒可以预防绵羊白肌病的发生。受此启发，20 世纪 60—80 年代中国科学院克山病研究组的科学家们，在中国东北和西南流行地区进行了广泛的观察性流行病学研究和基于人群的干预试验，在大量研究证据的基础上，证实了硒缺乏与克山病之间的因果关系。

首先，大量观察性研究证实，克山病区内外环境均处于低硒状态。黑龙江省、内蒙古自治区，直至西北陕西省、甘肃省克山病区到西南的四川省、云南省克山病区，形成了一条狭长的低硒地带。以上各省克山病区居民的血液、头发、土壤、粮食中的硒水平均低于非病区。比如，病区土壤中硒含量平均为 0.13 mg/kg，而非病区土壤中硒含量为 0.22 mg/kg；病区玉米硒含量为 0.008 ± 0.002 mg/kg，而非病区玉米硒含量为 0.238 ± 0.092 mg/kg；病区血硒含量为 0.021 ± 0.001 mg/kg，非病区血硒含量为 0.095 ± 0.088 mg/kg；病区发硒含量为 0.074 ± 0.05 mg/kg，而非病区发硒含量为 0.343 ± 0.173 mg/kg。此外，病情不同，硒的水平也有明显的差异，病情越重，硒的水平越低。

随后，在大量基于人群的干预试验中，发现口服亚硒酸盐显著降低了克山病的发病率。中国医学科学院防治克山病科研队从 1969 年冬天开始在黑龙江省进行了连续 5 年口服亚硒酸钠片预防克山病的效果观察，累计观察的服硒和对照人数分别为 17113 和 15785 人。结果发现，服硒组无新发克山病病人，而对照组共有 23 个新发病例。在此干预试验的基础上，又分别于 1974 年和 1975 年在四川省冕宁县的 1～9 岁儿童中进行了口服亚硒酸钠的双盲安慰剂对照口服试验（1～5 岁 0.5 mg，6～9 岁 1.0 mg，每周服用一次），结果显示干预组克山病（急性和亚急性类型）发病率显著降低，并且两年的结果是一致的（见表 12-1）。

表 12-1 亚硒酸钠预防儿童克山病的效果（$*p<0.01$，干预组 vs. 对照组）

组别	干预年份	样本量	新发克山病	死亡病例
对照组	1974	3985	54	27
	1975	5445	52	26
干预组	1974	4510	10*	0*
	1975	6767	7*	1*

为期两年试验的成功，为扩大规模的干预试验奠定了基础。硒预防克山病的措施，从 1976 年起在全国 10 个省、自治区的 69 个病区县的 142 万多人中扩大试用了硒预防，相关措施得到逐步推广，克山病的发病率逐年下降。截至 1984 年年底，北方重病区已有 470 万人坚持服硒预防。这有力地控制了各重病区急性、亚急性克山病的发病，且未再见暴发流行。内蒙古自治区于 1978—1983 年在 6 个病区对 1141848 人进行了口服亚硒酸钠预防克山病的效果观察，取得了明显效果，口服亚硒酸钠后人体血硒和发硒水平显著提高。以上研究表明，硒制剂可以有效地预防克山病的发生。中国科学家这一系列的研究，不仅为我国制定有效的克山病预防和治疗措施提供了参考，而且为硒是人类必需的微量元素这一论断提供了重要的科学证据。

迄今为止，仅有几个以探讨硒需要量为目的的人体试验。1983 年，中国预防医学科学院杨光圻等在低硒的四川省克山病区，选择18～49岁健康男子（平均体重60 kg）为实验对象。他们的血浆硒平均值为23ng/mL。试验将受试者分为5组，每组10人，各组分别补充0、10、30、60、90（μg/d）硒（硒蛋氨酸形式），服用8个月，以血浆谷胱甘肽过氧化物酶（反映人体硒营养状况）达到饱和作为正常生理功能指标。结果显示，血浆谷胱甘肽过氧化物酶达到饱和的硒最低剂量为30 μg/d，加上每日膳食中硒平均摄入量10.9±0.6 μg，这样以41 μg/d作为膳食硒需要量。2000年版《中国居民膳食营养素参考摄入量》中，采用41 μg/d为我国男女成人的EAR，设变异系数为10%，计算出我国男女成人（60 kg体重）的膳食硒推荐摄入量RNI为50 μg/d。2000年，美国和加拿大营养专家将中国的41 μg/d与另一项新西兰的研究相结合，经过体重校正，制定出了美国成人膳食硒的EAR为45 μg/d。

2000年以后，随着人们逐渐对血浆硒蛋白P（另一种反映人体硒营养状况的蛋白）重要性的认识，夏奕明等依据上述相同的设计思路，在我国低硒地区之一的四川省冕宁县，分别于2001年和2007年先后两次开展人体补硒干预研究，以期获得使硒蛋白达到饱和平台时我国居民膳食硒需要量。在2001年的基础上，在提高硒的补充剂量和延长实验周期为40周后，研究结果显示：使平均体重58 kg受试者的血浆谷胱甘肽过氧化物酶活性达到饱和平台的最小膳食硒摄入量为35 μg/d；使血浆硒蛋白P含量达到饱和平台的最小膳食硒摄入量为49 μg/d。由于49 μg/d是同时可满足血浆硒蛋白P和谷胱甘肽过氧化物酶合成的摄入量，因此，将49 μg/d校正体重为61kg的50 μg/d作为中国男女成人平均需要量EAR，设变异系数为10%，相应地调整我国男女成人的RNI值为60 μg/d。由于若干人体实验均未见人体血浆谷胱甘肽过氧化物酶活性在性别间有显著差异，因此，在制定膳食硒推荐摄入量RNI或平均需要量EAR时不分男女。以上我国自主完成的科学研究数据，也被FAO/WHO/IAEA三个国际组织采用，用于制定硒的生理需要量和安全摄入量。

（二）案例分析

克山病在时间和空间上经历了一个"发生—增长—消退"的流行演变过程。中国科学家在攻克克山病这一地方病的过程中，不仅为我国制定有效的克山病预防和治疗措施提供了坚实的基础，拯救了无数生命，而且更新了国际医学界对硒元素与人体健康关系的认识，为世界重新定义了"硒"。国际上开展宏观营养研究是在第二次世界大战之后，早在1943年，美国就公布了膳食营养素的供给量建议，许多国家均以此为人群合理营养的科学依据。对于硒的人体最低需要量、生理需要量和安全摄入量值，各国营养学界都认可并应用了中国科学家的成果。硒与克山病关系的研究成果，也成为国际营养学界确立硒是人体必需微量元素的主要依据，这一发现是中国科学工作者对世界预防医学和营养学的重大贡献，我国的硒研究工作也由此迈入国际先进行列。取得这一系列成果的重要原因之一，是党和政府对克山病的防治工作持续高度重视与领导。虽然目前关于克山病的病因还未完全阐明，但随着防治实践和科学研究的深入发展，相信防治措施会日趋完善。在这一案例的教学中，学生可围绕"四个自信"中的内容展开讨论。比如，"道路自信"是对中国科学发展方向和未来命运的自信，是鼓励中国无数科研工作者坚持原创、夯实基础的根本保障；"理论自信"和"制度自信"体现为对中国原创科研成果的自信等。

参考文献

［1］范明慧，范杰. 微量元素硒与克山病［J］. 中国地方病防治杂志，2015，30（6）：472-474.

［2］李广生，王凡，杨同书，等. 克山病的病理、病因与发病机制研究［J］. 医学研究通讯，2000（5）：16-17.

［3］刘子太，陈豪敏，王羽. 碘缺乏病（IDD）的研究近况及其防治［J］. 中国地方病学杂志，1987（1）：53-57.

［4］孙殿军，高彦辉，刘辉. 中国70年地方病防治成效及展望［J］. 中国公共卫生，2019，35（7）：793-796.

［5］孙洪娜，姜宇婷，赵丽军，等. 地方病学"十四五"优先发展领域的探讨［J］. 中华地方病学杂志，2021，40（11）：861-865.

［6］滕卫平. 防治碘缺乏病与碘过量［J］. 中华内分泌代谢杂志，2002（3）：75-78.

［7］中国克山病防治［J］. 中国地方病防治，2020，35（4）：502.

［8］CHEN J S. An original discovery: selenium deficiency and Keshan disease (an endemic heart disease)［J］. Asia Pacific Jorunal of Clinical Nutrition, 2012, 21 (3): 320-326.

[9] HETZEL B S. Iodine deficiency disorders (IDD) and their eradication [J]. Lancet, 1983, 2 (8359): 1126-1129.

[10] MUTH O H, OLDFIEDL J E, REMMERT L F, et al. Effects of selenium and vitamin E on white muscle disease [J]. Science, 1958, 128 (3331): 1090.

[11] YAN C, LUO R, LI F, et al. The epidemiological status, environmental and genetic factors in the etiology of Keshan disease [J]. Cardiovascular Endocrinology Metabolism, 2021, 10 (1): 14-21.

[12] YANG G Q, CHEN J S, WEN Z M, et al. The role of selenium in Keshan disease [J]. Advances in Nutritional Research, 1984 (6): 203-231.

[13] YANG G Q, GE K Y, CHEN J S, et al. Selenium-related endemic diseases and the daily selenium requirement of humans [J]. World Review of Nutrition and Dietetics, 1988 (55): 98-152.

（朱惠莲）

第十三章 临床营养

第一节 课程思政教学设计

一、案例教学适用范围

本案例适用于本科生和研究生"营养与食品卫生学"课程中临床营养章节的教学。

二、课程教学目标

1. 知识目标
（1）掌握病人膳食的种类、各类膳食的特点及如何选择。
（2）熟悉肠内营养、肠外营养的区别及适应证。
（3）了解病人营养状况的评价方法。

2. 能力目标
（1）通过案例讨论，让学生能够有针对性地探索并运用理论知识，激发学生学习的兴趣，培养学生发现问题、解决问题的能力。
（2）通过案例讨论，让学生能够充分发挥学习的主观能动性，培养学生综合运用所学知识解决实际问题的能力。
（3）通过案例讨论，学生能够实现理论与实践相结合，加强理论知识学习的实践应用。

3. 价值目标
（1）通过小组案例讨论的教学活动，增强学生的学习主动性、成就感和自信心，培养团队协作能力。

（2）通过案例教学，让学生了解临床营养在营养与食品卫生学研究中的重要作用以及在病人营养干预中的实际应用，树立学生的学术道德和规范意识，树立文化自信，激发学生的创新精神，培养学生的爱国情怀和社会责任感。

（3）通过课程思政案例教学，全面提升学生的综合素质，实现立德树人根本目的。

三、教学方法

本章课程教学适宜采用翻转课堂教学法，学生提前自学慕课和讨论案例，线下理论课程授课可充分结合教师讲授、学生讲课、小组案例讨论等授课形式。教师提出讨论问题，将课程教学的知识目标、能力目标和价值目标融入案例讨论。

第二节 课程思政案例及分析

世界上活得最久的"无肠人"

（一）案例内容

周某本是一名普通的上海女孩，与蔡某结婚一年后怀孕，但是意外却突然降临。1986年2月14日凌晨1点多，已怀孕7个月的周某突然感到剧烈的下腹部疼痛，甚至痛到无法呼救，随即她被救护车送到上海中山医院进行救治。到医院后，由于周某已怀孕7个月，她被诊断为早产或者有其他的妊娠疾病。送入产房后，周某却突然开始大口地呕血。次日上午，周某腹中胎儿不幸夭折，而此时她依然剧痛不止，于是她被送往普外科急救。医生检查发现，周某的小肠经过20多个小时的扭转，已经完全坏死，她必须尽快接受小肠全面切除的手术，这样才能保住生命。外科医生为她进行了小肠切除手术和部分大肠切除术，最终医生把坏死的部分肠段都切掉，周某只剩下胃、十二指肠和半个结肠，失去了全部的中间肠段。从此，周某成了医学上的"无肠人"。

像小肠切除手术和部分大肠切除术这样的手术在当时极其罕见，从此以后，周某就完全丧失了自主进食和消化吸收的能力，她只能依靠肠外营养支持来支撑自己的生命。中山医院医疗团队大胆地提出了采用全静脉营养支持来延续周某的生命，这个提议极具挑战性。一个小肠全部切除的人长期靠静脉输液维持生活在国内尚无先例，而且当时国内静脉营养仅处于临床试验阶段，国际上也很少见。中山医院为了解决周某出院以后的营养和生命维持的问题，在华瑞制药公司支持的情况下，通过将其十二指肠与大肠接通，并在其胸部置导管连接静脉这一特殊"通路"，专门为周某输注静脉营养液，"无肠女"周某得以奇迹般地长期生存。

出院后，为了在家输注营养液，周某的丈夫将音箱改为紫外线消毒灯箱，自己制作输液架和配制营养液，并在无菌的条件下把营养成分按顺序注入袋中，然后注射进周某体内。因为营养液没有经过肠道的过滤直接经过心脏，很难保证每次都做到无菌，感染后的周某常常因发热而住院治疗。

在周某全面切除小肠后，她曾意外怀孕过，但因为她的身体太过虚弱，难以保证她在妊娠期间不会出现其他的并发症，所以她忍着悲痛选择了人工流产。然而周某在32岁时再次怀孕了，这次她冒着生命危险生下了这个孩子。怀孕期间，医生时刻观察着她身体的变化，她的并发症比如孕妇缺铁性贫血、缺氧等问题都予以解决。怀孕8个月时，她经剖宫产生下了一重2020克的健全女婴，这是第一例靠全静脉营养液维持生命的孕妇产子，创造了一个前所未有的纪录，并且这个全球首例靠人工静脉营养生存者孕育的孩子，在大学毕业后顺利结婚生子。

周某与病魔抗争30年，为中国乃至世界医学界在无肠生存领域创造了无数不可能和第一。2016年6月3日3:07，她的生命画上了句号，她成为世界上活得最久的"无肠人"。

（二）案例分析

随着营养支持治疗理念的不断更新，目前营养支持治疗已被广泛应用于临床中。临床营养是研究人体处于各种病理状态下的营养需求和营养输注途径的科学，即在正常生理需要量的基础上，根据各类疾病的种类、病情、病人的营养状况等，合理安排饮食，以增强机体抵抗力，改善代谢、修补组织，积极地促使疾病的治愈，从而使病人早日康复。临床营养支持主要包括肠内营养和肠外营养，对于有一定消化吸收功能者，肠内营养的方式往往是首选，但是与病魔抗争的30年，周某却依靠完全的肠外营养支持创造了一个又一个关于"无肠人"的医学奇迹。

肠外营养，指的是通过肠道以外的通路即静脉途径输注能量和各种营养素，以达到纠正或预防营养不良、维持营养平衡目的的营养补充方式，适用于胃肠道功能障碍或衰竭的病人或病人存在营养不良或预计2周内无法正常饮食者等。由于小肠发生广泛面积的坏死，周某在接受小肠切除术和部分大肠切除术后失去所有的中间肠段。这些肠段，承担了人体大部分营养素的消化吸收功能。术后的周某，在完全没有自主进食和消化吸收能力的情况下，只能依靠肠外营养支持补充大量营养素，从而改善营养状况，促进手术后的恢复以及维持出院后的生存。在当时，国内肠外营养领域还一片空白的情况下，周某通过胸部连接静脉的导管向机体输注营养液从而长期生存，并且冒着生命危险生下了孩子。

然而，长期的肠外营养所带来的并发症也是不可忽视的问题。长期使用肠外营养，导管护理不当容易引起感染。肠外营养如果输入的营养过多，则会加重机体代谢紊乱和器官功能异常，产生代谢并发症。在全肠外营养支持的过程中，周某出现过感染发烧的情况，也经常出现营养素缺乏的情况，但是在医疗人员的帮助下，周某缺什么补什么，最终她克服了这些困难。

周某与病魔斗争的30载，为自己和家人赢得了更多的时间，也推动了中国在无肠生存领域的进步和成就，是我国医学乃至世界医学的骄傲。随着医疗水平和生活质量的提升，目前全肠外营养支持已经获得了更广泛的应用，为更多的癌症患者和胃肠道疾病患者提供生命支持，创造了一个又一个的"医学奇迹"。

（三）课堂讨论

（1）结合周某依靠全肠外营养支持存活30年的案例，谈谈肠内营养和肠外营养的选择原则是什么。

对于胃肠道有一定消化吸收功能者，首选肠内营养的方式，但在肠内营养无法满足机体营养需求时，可用肠外营养补足；如需要大量营养素的补充或希望在较短的时间内改善营养状况时，可选用肠外营养。周某在接受了小肠切除手术和部分大肠切除术后,她中间的肠段完全被切除,就等于完全丧失了自主进食和消化吸收的能力。因此,她只能依靠肠外营养支持来维持自己的生命。

(2) 肠外营养有哪些适应证?又有哪些禁忌证?

肠外营养适应证:肠外营养的基本适应证是胃肠道功能障碍或衰竭的病人,病人存在营养不良,或预计2周内无法正常饮食者,都有肠外营养治疗的指征。临床常见的适应证包括:①非外科疾病:营养不良伴胃肠功能紊乱或障碍、神经性厌食或顽固性呕吐、肠道疾病、化疗与放疗辅助治疗期间、肝肾疾病、严重感染和败血症等;②外科疾病:胃肠道梗阻、胃大部切除及胃肠吻合术、大手术创伤及复合性外伤、消化道瘘、急性胰腺炎、脏器或骨髓移植后功能尚未恢复、大面积烧伤和重度感染。此外,对于营养不良、需要进行大的胸腹部手术的病人应在术前给予肠外营养支持,对于存在感染并发症倾向的骨科与颅内手术等病人也提倡于术前加强肠外营养支持。

肠外营养禁忌证:有严重循环、呼吸功能衰竭,严重水、电解质平衡紊乱,肝肾衰竭等。需要慎用肠外营养的情况包括:①无明确治疗目的或已确定为不可治愈者;②胃肠道功能正常或有肠内营养适应证者;③水电解质和酸碱平衡紊乱或心血管功能紊乱期间需控制或纠正者;④病人一般情况良好,预计肠外营养治疗时间少于5天者;⑤预计发生肠外营养并发症的危险性大于其可能带来的益处者。

(3) 结合周某的案例,谈谈肠外营养的并发症有哪些。

①长期接受肠外营养的周某身体虚弱,经常有营养素缺乏的情况,因为肠外营养主要是模拟食物的摄入,所以不能够含有人体需要的全部营养要素,时间过长会导致营养缺乏和营养不良。②没有肠道的过滤,营养液通过管道进入周某的血液,有时候很难保证无菌的情况,有可能导致局部严重感染、诱发血管炎。③肠外营养如果输入的营养过多,则会加重机体代谢紊乱和器官功能异常,产生代谢并发症。④长期肠内营养会使胃肠功能紊乱,肠道屏障功能紊乱,细菌移位,肠源性感染。

(4) 肠外营养有哪些输注途径?

1) 中心静脉营养:将全部营养素通过大静脉输入的方法。主要适用于长期无法由肠内营养途径提供机体所需营养物质,且周边静脉营养无法提供大量营养素的病人。中心静脉营养是通过外科手术将导管置入体内,由锁骨静脉插入中心静脉或由颈静脉插入上腔静脉,将输入的高浓度营养素液带至全身以供机体利用。周某采取的就是这种输注途径。

2)外周静脉营养:将营养物质由外周静脉输入的方法。采用的时间不应超过2周,主要是改善病人手术前后的营养状况,纠正疾病所致的营养不良。

(5)长期肠外营养可造成胃肠道功能衰退,当患者需要过渡到肠内营养时,需要经历怎样的阶段?

从肠外营养过渡到肠内营养,其过渡过程大致可分为四阶段:肠外营养与管饲结合、单纯管饲、管饲与经口摄食结合、正常肠内营养。根据病人的临床情况,确定过渡程序与肠内营养选择。肠外营养不能骤然停止,宜逐渐经过肠内营养以使残余肠道细胞得到再生及适应。这种病人于肠外营养后,当能开始耐受肠内营养时,先采用低浓度,缓速输注要素肠内营养或非要素肠内营养,监测水、电解质平衡及营养素摄入量,以后逐渐增加肠内量而降低肠外量,直至肠内营养能满足代谢需要时,才完全撤销肠外营养,进而将管饲与经口摄食结合,最后至正常肠内营养。

参考文献

[1] 孙长颢. 营养与食品卫生学 [M]. 8版. 北京:人民卫生出版社,2017.

[2] 于健春. 临床肠外肠内营养治疗指南与共识 [M]. 北京:中华医学电子音像出版社,2018.

(冯 丹)

第十四章　孕妇与乳母的营养与膳食

第一节　课程思政教学设计

一、案例教学适用范围

本案例适用于本科生和研究生"营养与食品卫生学""社区营养学"等课程中孕妇与乳母的营养与膳食相关章节的教学。

二、课程教学目标

（1）掌握孕妇和乳母的概念及其营养代谢特点。
（2）掌握母乳喂养的优点、母乳喂养对婴儿和乳母健康的影响。
（3）掌握孕妇和乳母的营养膳食原则和措施；熟悉孕妇和乳母的营养素每日参考摄入量。
（4）了解孕妇和乳母的生理与代谢特点。

三、教学方法

本章课程教学适宜采用学生提前自学慕课，线下理论课程授课，并充分结合学生讲课、分组讨论等授课形式。针对学生没掌握的知识点提出讨论，将课程教学的目标融入案例讨论，提高学生学习的积极性和主动性。

第二节 课程思政案例及分析

一、缅怀我国妇幼营养奠基人陈学存先生

（一）案例内容

北京时间 2021 年 5 月 25 日，《柳叶刀》在线发表《柳叶刀中国女性生殖、孕产妇、新生儿、儿童和青少年健康特邀重大报告》（"A Lancet Commission on 70 Years of Women's Reproductive, Maternal, Newborn, Child, and Adolescent Health in China"）。该报告总结了新中国成立 70 年以来在妇女儿童健康领域的发展改革成效与经验，分析该领域在实现"健康中国 2030"和"联合国可持续发展目标"宏伟规划上存在的差距和挑战，提出在未来十年促进中国妇幼健康高质量发展的行动策略和具体建议。报告指出，新中国成立 70 年以来，若干妇幼健康核心指标持续改善，孕产妇死亡率及婴儿死亡率分别从 1949 年以前的 1500/10 万和 200‰下降至 2020 年的 16.9/10 万和 5.4‰，已超前完成联合国面向 2030 可持续发展目标中降低母婴死亡率的具体指标，位居全球中高收入国家前列。5～19 岁儿童青少年总死亡率从 1953—1964 年间的 366.0/10 万下降至 2016 年的 27.2/10 万。产前保健、住院分娩、产后访视、新生儿筛查、计划免疫和儿童健康管理等基本妇幼卫生服务覆盖率达到 90% 以上。妇女儿童健康状况在城乡和地区间差异逐步缩小，进一步促进了妇幼健康服务的公平性和可及性。

在保障我国妇幼人群健康的队伍中，我国杰出的（妇幼）营养学家、中国疾病预防控制中心营养与健康所研究员陈学存先生做出了杰出的贡献。

陈学存，1917 年 11 月出生于福州的一个平民家庭，幼时进入私塾，后到福州英华中学读书。陈学存高中毕业后考入福建医学院，后经王成发教授介绍，转学到了当时的江西国立中正医学院继续学习，并于 1944 年顺利完成学业。大学期间正值抗日战争时期，陈学存不但学习成绩优异，

而且思想开始觉醒，对当时的时局深感不满，受到中国共产党地下组织的高度重视，后经地下党组织的严格考察和培养，于1940年秘密地正式加入中国共产党，从此更自觉地积极组织和领导学生投入到抗日救亡爱国运动中。1947年，他进入当时的南京中央卫生实验院营养实验所。1950年，随工作部门一同迁到北京（中央卫生实验院营养学系，后来改为中国医学科学院营养与食品卫生研究所），陈学存先生也踏上了预防营养缺乏病、改善国人体质的人生宏途。

新中国成立之初，百姓营养不良问题亟待解决。陈学存以开展营养缺乏病防治研究为己任，始终站在学术研究和解决祖国实际问题的前线。1951年，陈学存参加了由当时政务院组织的西藏科学工作队，随十八军和平解放西藏。在日常的五官科门诊工作之余，他不忘营养专业之责，组织藏民的营养状况调查，血浆蛋白质与当地蔬菜中维生素C含量的测定评估，为了解和改善藏民的营养状况发挥了积极的作用。他还深入部队检查和研究，与陈春明等研究者第一次提出"口腔生殖症候群"以及核黄素治疗剂量，采用核黄素口服治疗迅速治愈该病，为我国营养诊断治疗打下科学基础。

1959年，在新疆的"癞皮病"防治工作中，陈学存带领多名同志，在北京农业大学和当地农业局工作人员的支持下，成功引进了高色氨酸玉米并大面积推广，为当地"癞皮病"的防治做出了突出贡献。

1965年，江西省抚州发生较大规模的"软脚病"，陈学存和多名研究人员不断走访、膳食调查，确定其病因为碾米机过度碾压造成大米加工过细，水溶性维生素B_1损失太多以致缺乏。他建议修改碾米机的结构，解决了维生素B_1损失的问题，取得显著成效，得到中外专家的高度评价。

克山病当年在我国多地区流行。1971—1975年，陈学存参与了克山病小组工作。研究组到陕西、四川、黑龙江进行调查研究，后期，陈学存作为中国医学科学院的代表参加了国家多部委开展的为期一年的联合调研工作。这一研究成果填补了国际上硒研究的空白，并荣获国际生物无机化学协会1984年度"施瓦茨奖"。

20世纪70年代，成人型的营养缺乏病在一定程度上获得有效控制和改善以后，在陈学存的倡议下，中国医学科学院营养与卫生研究所成立了儿童营养学组，陈学存为负责人，他与刘冬生、王文广等最早在我国开展了儿童营养、生长发育、儿童贫血、佝偻病、营养不良等防治研究，促进了全国妇幼营养保健工作的开展。1988年，中国营养学会妇幼营养分会在青岛正式成立，陈学存被推举为妇幼分会主任委员。同时，营养与卫生研究所也在陈学存的倡议下，由儿童营养学组改为妇幼营养研究室。从此，陈学存领导团队和全国妇幼营养人，不懈努力，攻关克难，致力于全国妇幼营养人才培养和营养学研究，将营养科学理论和实践相结合，引领妇幼营养学科的发展，也奠定了在全国妇幼营养领域的领导地位。值得一提的是，孕妇、儿童的缺铁性贫血和锌缺乏是我国妇幼人群的重要营养问题，陈学存带领团队不但找到了病因，还率先开发了"血宝""健宝"两款产品并推广应用，改善效果显著，获得了国家科学技术委员会颁发的科技成果奖。

陈学存主编和编著多部营养著作，包括《营养调查手册》《应用营养学》《营养、膳食、健康》《维生素D与健康》《妇幼营养学》《中学生营养食谱手册》《现代家庭营养保健大全》《孕产育全书》《吃出健康聪慧宝宝：宝宝营养指南》等专著。

陈学存具有良好的科学素质，英文流利、思维活跃。改革开放以后，他充分利用国际交流的机会，广交朋友，在项目合作和国际任职等多方取得成绩，为中国营养学界的对外学术交流奠定了宝贵的基础。陈学存先后开展国际合作课题"成人蛋白质需要量的研究""母乳喂养与婴儿发育以及乳汁营养成分的研究""妇女贫血和做功能力研究""儿童锌缺乏和健康关系研究"和"我国儿童大规模佝偻病研究与防治工作"等。在当时，为WHO/FAO/UNU制订蛋白质需要量标准、铁补充剂量等提供了中国数据的有力支持，也为国际营养科研基金和输送科技骨干出国进修深造打开了良好合作的国际通道。

陈学存与英国、加拿大、美国、荷兰、法国等多国知名营养专家建立了合作联系，他曾任国际营养联合会蛋白质与热能需要量委员会委员、美国儿童营养研究中心客座教授、国际营养杂志（*Nutrition Research*）等英文期刊编委，不断深入开展国际交流，不仅帮助解决国内的营养问题，也锻炼了国内营养工作队伍，例如，他在本所、上海、重庆、青岛、新疆等地培养了一大批科研骨干和后备力量，为中国营养的国际化做出了贡献。

1989年，组织正式批准陈学存离休，但72岁的他依然继续活跃在工作中，一直关注我国营养事业的发展，献计献策。他继续培养学生、徒弟，继续进行国际合作和交流，继续为社会、为人民奉献专业，也用自己的生命书写营养科学的辉煌。100岁之年，中国营养学会授予他"百岁营养奖"，国际营养联合会（International Union of Nutritional Sciences，IUNS）授予他"传奇人物奖"（Living Legend Awards）。他还获得了"中国内藤国际育儿奖"，获颁"中国人民抗日战争胜利60周年纪念章""中国人民抗日战争胜利70周年纪念章""和平解放西藏纪念章"和"抗美援朝纪念章"等。

（二）案例分析

陈学存，于2021年11月29日16时在北京友谊医院逝世，享年104岁。他的整个职业生涯都围绕祖国的需要而工作，起初是解决成人营养健康问题，后期也同时聚焦特殊人群即妇幼人群的营养健康问题。他崇高的科学精神、严谨的科学态度、丰硕的研究成果，已印刻在中国营养学发展史中，让营养学界后人们永远铭记。当下，我国居民不仅面临着营养缺乏问题，还同时存在营养过剩导致慢性疾病高发的问题。这些问题需要我们当代的营养学工作者齐心协力，以陈学存先生的精神为指引，祖国哪里需要我，我就去哪里，努力工作，为践行健康中国战略贡献自己的力量。

二、婴儿配方奶粉无法完全复制母乳

（一）案例内容

世界卫生组织基于全世界范围的临床数据推荐：所有婴儿应该纯母乳喂养到6个月，并在一岁之内保持母乳喂养；有条件的母亲可以喂到婴儿两岁，或者根据妈妈的意愿继续延长哺乳时间。母乳喂养具有多个优势：营养成分最适合婴儿的需要；消化吸收利用率高；富含免疫物质，有助于增强婴儿抗感染的能力；不容易发生过敏；经济、方便和卫生；促进产后恢复和增进母婴交流。

基于母乳的独特性及种种益处，母乳喂养已成为国际共识，得到了多个国际组织的倡导。世界卫生组织和联合国儿童基金会在2002年发布的《婴幼儿喂养全球战略》中提出：在生命的最初6个月应对婴儿进行纯母乳喂养，以实现婴儿最佳生长、发育和健康。2012年，世界卫生大会提出，到2025年全球0～6月龄婴儿的纯母乳喂养率要达到50%。中国

2017年制定的《国民营养计划（2017—2030年）》也提出了同样的目标，并将完成这一目标的年份提前至2020年。纯母乳喂养是指宝宝在出生后6个月内不喂母乳之外的水、液体或食物，6个月之后，可及时、充足和安全地添加辅食，并继续母乳喂养到两岁或更久（自然离乳）。

虽然社会大力提倡母乳喂养的方式，但是我国母乳喂养率却很低。根据中国发展研究基金会2018年2月份发布的《中国母乳喂养影响因素调查报告》，中国婴儿6个月内纯母乳喂养率为29%，低于43%的世界平均水平和37%的中低收入国家平均水平。

医学杂志《柳叶刀》刊发的论文《21世纪母乳喂养：流行病学，机制和终身影响》提到，在中低收入地区，母乳喂养对于6～23月龄的婴幼儿，可使其死亡率下降50%，减少约50%的腹泻。在高收入国家，母乳喂养使婴儿猝死率降低了35%，使坏死性小肠结肠炎（死亡率较高的早产儿的危险因素之一）的发病率降低58%。对于母亲而言，较高水平的母乳喂养（特别是纯母乳喂养和以母乳喂养为主）可延长闭经期。较长的母乳喂养时间可使浸润性乳腺癌和卵巢癌的发生率分别降低7%、18%，其中每增加12个月，浸润性乳腺癌的发生率降低4.3%。

需要强调的是，配方乳粉虽然可以为婴儿提供足够的营养，但仍无法完全复制也无法代替母乳。一方面，母乳营养物质是动态变化的，在某些营养成分例如矿物质和维生素上，难以用统一的配方来反映；另一方面，受科研技术水平所限，目前研究人员仍无法完全识别母乳中的所有营养物质及其功能，暂时无法添加到配方中。下文列举2种成分来说明婴儿配方奶粉不能完全复制母乳。

第一种成分是母乳低聚糖（human milk oligosaccharides，HMOs）。母乳低聚糖是指由3～10个单糖单位通过糖苷键链接起来，形成直链或支链的一类低聚碳水化合物。其分子通式一般可表示为$(C_6H_{10}O_5)n$，n为3～10。甜度一般只有蔗糖的30%～60%，难以被肠道消化吸收。HMO在初乳中有较高的水平，占总初乳化合物的24%。在出生后2个月内，浓度稳定下降至15%～19%。不同个体乳汁中HMO的种类、数量和所带电荷不同；同一个体，在泌乳的不同时期，乳汁中HMO含量也存在差异。母乳低聚糖是母乳中第三丰富的固体成分（仅次于脂肪和乳糖），含量为5～15 g/L。母乳低聚糖可增强婴儿对感染的防御功能、对肠道微生态平衡的维护功能、对免疫系统的调节功能，以及对新生儿大脑早期发育的促进功能。目前，在人乳中已鉴定超过200种的低聚糖，其中2'-岩藻糖基乳糖（2'-focusyllactose，2'-FL）是HMO中含量最丰富的。但是，牛乳仅含有约50种低聚糖，且其含量和种类都与人乳存在巨大差距。此外，仅部分婴儿配方奶粉添加了2'-岩藻糖基乳糖来模仿母乳中的低聚糖。因此，从低聚糖这个成分来看，目前市场上的婴幼儿配方奶粉不等同于母乳。这种构成成分上的差别是否会影响婴儿近期或远期健康尚不清楚。

第二种成分是微小RNA。微小RNA（microRNA，miRNA）是由约22个核苷酸组成的短链RNA，因其调节基因表达的重要功能而受到广泛的关注，本身不能翻译合成蛋白质。但是，miRNA可与信使RNA（mRNA）上与之相匹配的碱基序列相结合，从而调节mRNA的开启和关闭，参与蛋白质的合成。miRNA参与生命过程中一系列的重要进程，包括发育、病毒防御、造血过程、器官形成、细胞增殖和凋亡、脂肪代谢、肿瘤发生等，也被视作多种疾病治疗的潜在靶点。在人体的多种体液，如血清、唾液、泪液中均发现miRNA的存在。2010年，母乳miRNA被成功发现。截至目前，已在母乳中鉴定出1400多种miRNA，其中部分miRNA（比如miR-182和miR-200）已经被证实能够在胃肠道中保持活性并调节基因表达。有趣的是，牛乳当中也发现了miRNA，但种类和含量与母乳不尽相同。需要强调的是，母乳喂养miRNA可以完整保留，而婴儿配方奶粉经过消毒处理，其miRNA含量及活性是否保存尚不清楚。这种构成成分上的差别是否会影响婴儿近期或远期健康尚不清楚。

综上所述，婴幼儿配方奶粉不等同于母乳。考虑到母乳对婴儿和乳母健康的有益作用，人们应该大力提倡母乳喂养。

（二）案例分析

十多年前，人乳低聚糖——2'-岩藻糖基乳糖和乳糖-N-新四糖（lacto-N-neotetraose）这两种成分就被证明对婴儿健康有益（包括改善肠道健康），但是，直到2016年和2017年它们才分别在美国和在欧洲被正式添加到配方奶粉中。像将miRNA这样的分子添加到婴幼儿配方奶粉中将更难被接受，因为它们的发现起源于癌症研究——miRNA表达异常与多种类型癌症发生和进展有关。换句话说，人类目前的技术还不能将配方奶粉与母乳等同，虽然在宏量和微量营养素成分方面十分接近。因此，人们应该尽可能母乳喂养，这不仅可为乳母也可为下一代的健康保驾护航。

世界卫生组织的 Nigel Rollins 博士表示：母乳喂养的成功与否不应该仅仅看作是女性的责任。母乳喂养的能力很大程度上取决于她生活的支持和环境。政府和社会有更广泛的责任通过社区的政策和方案来支持妇女。社会各界已经认识到，母乳喂养不仅是医学学术问题，还受到社会、文化综合因素的影响。母乳喂养状况不理想，不是某一个国家或地区的问题，而是一个全球问题。提高母乳喂养率，人类还有很长一段路要走。

参考文献

［1］BENMOUSSA A, LAUGIER J, BEAUPARLANT C J, et al. Complexity of the microRNA transcriptome of cow milk and milk-derived extracellular vesicles isolated via differential ultracentrifugation［J］. Journal of Dairy Science, 2020, 103（1）: 16 – 29.

［2］BODE L. Human milk oligosaccharides: every baby needs a sugar mama［J］. Glycobiology, 2012, 22（9）: 1147 – 1162.

［3］CARR L E, VIRMANI M D, ROSA F, et al. Role of Human Milk Bioactives on Infants' Gut and Immune Health［J］. Frontiers in Immunology, 2021, 12: 604080.

［4］CHENG L H, AKKERMAN R, KONG C L, et al. More than sugar in the milk: human milk oligosaccharides as essential bioactive molecules in breast milk and current insight in beneficial effects［J］. Critical Reviews in Food Science and Nutrition, 2021, 61（7）: 1184 – 1200.

［5］LE DOARE K, HOLDER B, BASSETT A, et al. Mother's Milk: A Purposeful Contribution to the Development of the Infant Microbiota and Immunity［J］. Frontiers in Immunology, 2018, 9: 361.

［6］MASI A C, EMBLETON N D, LAMB C A, et al. Human milk oligosaccharide DSLNT and gut microbiome in preterm infants predicts necrotising enterocolitis［J］. Gut, 2021, 70（12）: 2273 – 2282.

［7］VICTORA C G, BAHL R, BARROS A J D, et al. Breastfeeding in the 21st century: epidemiology, mechanisms, and lifelong effect［J］. Lancet, 2016, 387（10017）: 475 – 490.

（王冬亮）

第十五章　特殊环境人群的营养与膳食

第一节　课程思政教学设计

一、案例教学适用范围

本案例适用于本科生和研究生"营养与食品卫生学""社区营养学"等课程中特殊环境人群的营养与膳食相关章节的教学。

二、课程教学目标

（1）掌握高温、低温、高原等特殊环境的概念及其环境下作业人群的营养代谢特点。

（2）熟悉特殊环境作业人群的营养膳食原则和措施。

（3）了解特殊环境作业人群的生理与代谢特点。

三、教学方法

本章课程教学适宜采用学生提前自学慕课，线下理论课程授课，并充分结合学生讲课、分组讨论等授课形式。针对学生没掌握的知识点提出讨论，将课程教学的目标融入案例讨论，提高学生学习的积极性和主动性。

第二节　课程思政案例及分析

一、高温环境作业

（一）案例内容

气象学上，日最高气温达到或超过 35 ℃时为高温天气。连续 3 天及以上的高温天气过程被称为"高温热浪"。营养学上，30 ℃以上、相对湿度超过 80% 的生产、劳动、工作环境就是高温环境，包括夏季野外作业（如农忙、外卖送餐）、高温强辐射作业（如炼钢、炼铁、炼焦和铸造）、高温高湿作业（如印染、造纸以及电镀）等。

高温直接引起的疾病包括中暑和精神性神经障碍。中暑是高温环境下，体内热量不能维持热平衡时出现的体温调节功能障碍。特别是高温高湿的"桑拿天"，较大的湿度会阻碍排汗，人体散热困难，导致体内热量积蓄，自身无法调节，从而导致中暑。中暑易感人群包括户外工作者、婴幼儿、老年人、甲亢患者、孕妇等。精神性神经障碍也叫"热疲劳"，是高温天气对情绪、工作能力、技术效能等产生不良影响造成的情绪"中暑"。

需要强调的是，高温会造成人体新陈代谢加快、皮下血管扩张、血液循环加快以及心血管系统高负荷运行，容易诱发心脏疾病、高血压和冠心病等。同时，大量出汗会使血液黏稠度增加，可引起血栓，从而增加脑卒中等慢性疾病的患病风险。研究表明，高温、热浪、闷热天气都可导致心脑血管疾病死亡风险的增加，相对于正常天气，增加的风险分别为 8.6%、25.2% 和 10.0%。

虽然大家都清楚高温损害健康或者诱发慢性疾病的发生，但背后的原因，尤其是诱发慢病的原因（分子机制）基本不太清楚。回答这一问题非常关键，因为有很多工作人员不可避免地开展高温作业，比如指挥交通的交警、公/铁路养路工、夏天收割粮食的农民、炼钢工人等。揭示高温损害健康的分子机制，有望为防控由高温作业引起的健康损害提供针对性的措施。

  细胞常常处于各种应激环境压力中，这些压力会威胁细胞生存、破坏细胞结构、影响细胞功能。在进化的长河中，细胞对外界环境的适应性逐渐增强，以应对一定程度的波动，维持内环境稳态。在众多环境压力中，高温热刺激对于细胞来说是威胁生存的较大挑战，每种细胞只能在适宜的温度范围内生存，当温度高于最适温度，细胞会启动热休克反应（heat shock response，HSR）。热休克反应是以基因表达变化为特征的防御适应反应。而在热应激（或其他应激）时新合成或者合成增多的一组蛋白质称为热休克蛋白（heat shock protein，HSP）。重要的是，热休克转录因子（HSF1）可促进热休克蛋白（HSPs）的快速表达。然而，HSF1 的复杂调控过程尚未完全研究清楚，其分子机制值得深入研究。

  2022 年 3 月 7 日，我国膜生物学国家重点实验室、北京大学生物医学前沿创新中心、北京大学未来技术学院国家生物医学成像科学中心孙育杰课题组在 *Nature Cell Biology* 杂志上在线发表题为 "Reversible Phase Separation of HSF1 Is Required for An Acute Transcriptional Response During Heat Shock" 的研究论文，通过超分辨显微成像、体外重构和多组学分析等技术，揭示了转录因子 HSF1 相分离在细胞快速应答热激压力下的作用机制，完善了热休克中 HSPs 基因表达调控的模型。

  热休克会诱导细胞核内应激颗粒/小体（nuclear stress body，nSB）的产生，它们通常被视为热休克反应的指标。然而，研究表明，不同于酵母细胞中 HSF1 应激颗粒存在于伴侣基因位点，在哺乳动物细胞中的 HSF1 nSB 与 HSP 基因并不共定位。相反，这些巨大的 nSB 在热休克期间驱动一类长的非编码 RNA（卫星 III 转录本）的产生，这同时阻隔了转录机器，进而诱导全局转录抑制。此外，啮齿动物细胞在热休克反应中并不形成 nSB，但仍然可以响应热休克刺激并激活 HSPs 的表达。这些都表明广泛研究的 HSF1 nSB 不太可能是热休克期间发生的 HSPs 基因快速转录的主要驱动因素。因此，在 nSB 对 HSPS 基因转录抑制的情况下，HSF1 如何快速激活 HSPs 的转录亟待研究。作者利用随机光学重建超分辨显微技术（STORM）量化了 HSF1 分子的空间分布。结果表明，在热休克条件下，HSF1 分子在细胞核中同时形成 nSB 和小的凝聚体（直径约 300 nm）。不同于与 HSP 基因无重叠的 nSB，这些 HSF1 小的凝聚体常与 HSPs 基因位点重合。

  基于热休克期间 HSF1 的翻译后修饰（PTM）调控其转录活性的报

道，作者通过构建一系列突变体和体外磷酸化 HSF1，阐明了特定位点的 PTM 驱动 HSF1 相分离。为了进一步探究 HSF1 相分离对转录调控的影响，作者使用双色超分辨成像发现 HSF1 招募转录机器共相分离，形成转录活跃中心。同时，使用 Cut & Tag 和高通量测序研究了 HSF1 液－液相分离对其靶向位点的影响，绘制了不同条件下 HSF1 的全基因组结合图谱。结果显示，相分离可以显著促进 HSF1 靶向其调控位点，而相分离缺陷的突变体结合染色质效率显著降低。最后，RNA 测序与 qPCR 实验结果共同支持 HSF1 的相分离在激活 HSPs 基因表达中的关键作用。HSF1 不仅在急性应激期间诱导 HSPs 表达，还在病理状态下广泛调节相关基因的表达，例如肿瘤和神经退行性疾病。有趣的是，作者发现肿瘤中激活状态的 HSF1 不能发生相分离。而热激过程中处于相分离状态的 HSF1 不能激活肿瘤中 HSF1 的靶基因，表明细胞在急性应激和慢性过程中通过不同的机制激活靶基因的表达。

近几年的研究逐步确立了相分离是激活基因表达的一种有效机制，但对于该进程如何适时终止尚缺乏研究。作者发现 HSF1 靶向激活表达的 HSP70 可以负向调控 HSF1 相分离，表现为 HSP70 能减弱 HSF1 的液－液相分离，甚至可以阻止 HSF1 在延长的热休克过程中发生的液固相转变，揭示了一个相分离调控基因表达的反馈机制。

综合以上结果，该研究围绕 HSF1 的可诱导和可逆相分离阐明了在热休克过程中转录调控的分子机制。该机制揭示了 HSF1 活性的动态调节过程，即在急性应激期间有效驱动 HSPs 基因转录并在热休克停止后适时终止转录，维持细胞内蛋白质稳态。这些原创性成果为防控高温作业引起的健康损害提供了潜在的干预靶点。

(二) 案例分析

众所周知，高温作业时，机体在生理、生化以及代谢等方面均出现明显的改变，直接影响营养素代谢和营养素需要量。从营养角度而言，高温作业人群要重视水和矿物质的补充、满足产能营养素的需要、保证充足的维生素，以及建立良好的进餐制度。除此之外，我们还应理解高温如何引起健康的损害。孙育杰研究组揭示热休克过程中 HSF1 相分离促进转录快速应答的作用机制，向我们展示了科研要不断创新。苟日新，日日新，又日新。

二、"两弹元勋"邓稼先,多次遭受核辐射,临终遗言让人潸然泪下

(一)案例内容

电离辐射是由引起物质电离的粒子或电磁构成的辐射。常见的电离辐射包括 X 射线和 γ 射线。电离辐射可直接和间接造成生物分子(核酸、蛋白质、脂质等)结构的改变,引起接触电离辐射人群近期(机体抵抗力下降)和远期(如癌症发生率和死亡率增加)的健康有害效应。因此,辐射环境作业人员的营养防护对人体保健和生产安全都是十分重要的。一次性大剂量电离辐射暴露可导致人的死亡。

虽然电离辐射危害大,但我国却涌现一批批爱国志士,为了祖国的长治久安,身先士卒,迎难而上,从事接触电离辐射的工作。

下面就介绍一位"两弹一星"元勋获得者——邓稼先先生。

邓稼先,1924 年 6 月 25 日出生于安徽怀宁县。1936 年,考入北平崇德中学初中,读至高一。七七事变以后,日本侵略军进入了北平城。不久,北京大学和清华大学都撤向南方,邓稼先的父亲身患肺病,咳血不止,全家滞留下来。1939 年 9 月,邓稼先进入北平志成中学,读高中二年级。1940 年 5 月,邓稼先为避迫害,未读完高二,途经上海、香港和越南的海防、老街,到达昆明。1940 年 7—9 月,他在昆明升学补习班学习。9 月,入四川江津国立第九中学,读高中三年级至毕业。1941 年,邓稼先进入了由清华大学、北京大学、南开大学三校合并而成的国立西南联合大学。抗日战争胜利时,他拿到了毕业证书,在昆明参加了中国共产党的外围组织"民青",投身于争取民主、反对国民党统治的斗争。

1942 年,邓稼先受聘担任了北京大学物理系助教,并在学生运动中担任了北京大学教职工联合会主席。邓稼先在北京大学教学,他想的是,要到科学水平更高的美国去,学习更先进的知识,掌握更先进的知识后,报效祖国。抱着学更多的本领以建设新中国之志,他于 1947 年通过了赴美研究生考试,于翌年秋进入美国印第安纳州的普渡大学研究生院。由于他学习成绩突出,不足两年便读满学分,并通过博士论文答辩。仅用一年多的时间就获得了博士学位。此时他只有 26 岁,人称"娃娃博士"。

1950年，邓稼先放弃了优越的工作条件和生活环境，与200多位专家学者一起回到国内投入中国近代物理研究所的建设，开设了中国原子核物理理论研究工作的崭新局面。1956年，邓稼先加入了中国共产党。

1958年秋，钱三强找到邓稼先，说"国家要放一个'大炮仗'"，征询他是否愿意参加这项必须严格保密的工作。邓稼先义无反顾地同意，回家对妻子只说自己"要调动工作"，不能再照顾家和孩子，通信也困难。妻子表示支持。从此，邓稼先的名字便在刊物和对外联络中消失，他的身影只出现在严格守卫的研究院和大漠戈壁。

邓稼先不仅在秘密科研院所里费尽心血，还经常到飞沙走石的戈壁试验场。他冒着酷暑严寒，在试验场度过了整整8年的单身汉生活，有15次在现场领导核试验，从而掌握了大量的第一手材料。

1964年10月，中国成功爆炸的第一颗原子弹，就是由他最后签字确定了设计方案。他还率领研究人员在试验后迅速进入爆炸现场采样，以证实效果。他又同于敏等人投入对氢弹的研究。按照"邓-于方案"，最后终于制成了氢弹，并于原子弹爆炸后的2年8个月试验成功。这与法国用8年零6个月、美国用7年零3个月、苏联用6年3个月的时间相比，创造了世界上最快的速度。氢弹试爆成功，中国成为最快实现从原子弹到氢弹这一突破的国家。而到这里为止，邓稼先仍然没有停止工作。

1979年的一次新型核试验中，到了预计时间，核弹却没有爆炸，正当在场的工作人员面面相觑时，邓稼先不顾众人的阻拦，冲进了辐射核心区，他捡起了摔碎的弹片，也就是从这一刻起，他的生命进入了最后的倒计时。邓稼先受到了非常严重的辐射，被送到医院时，医生惊讶地发现，邓稼先的尿液都已经产生了极强的放射性，这也就说明，他的身体循环系统遭到了严重破坏。得知这个结果后，邓稼先什么都没有说，默默地回到了戈壁滩，继续自己的研究工作。

1984年，邓稼先完成了人生最后一次核试验，让中国的核武器进入了第二代发展期，而此时，他的身体已经再也支撑不住了。他在一次会议结束时说："我现在已经是强弩之末了。哎，我说错了，不该自称强弩。"参会人员哈哈大笑，这是善意的笑容，因为他们眼中的邓稼先精力无限，身体一向很好。这是邓稼先一生为数不多对自己的评价，他不贪功，更不喜欢自我吹捧，对于取得的成绩他总是谦虚地表示这是大家的功劳。然而，这次自我评价中，大家并没有听出邓稼先的弦外之音。邓稼先口中的

"强弩之末"并不是说自己岁数大了,其实当时他也只有60岁,而是他了解自己的身体情况,很快他被确诊患癌,原因是长期深入一线领导核试验,他的身体遭到了太多次核辐射。

1985年,邓稼先被送往医院,整整一年的治疗,也没能挽回他的生命,到了后期,邓稼先每时每刻都在忍耐巨大的疼痛,但即使是这样,他在生命的最后时刻,还是坚定地说:"我对自己的选择终身无悔,假如生命终结之后能够再生,我仍选择中国,选择核事业。"

(二) 案例分析

邓稼先不仅注重科技实验,还格外注重对科学理论的及时梳理和总结。邓稼先和周光召合写的《我国第一颗原子弹理论研究总结》,是一部核武器理论设计开创性的基础巨著,它总结了百位科学家的研究成果。这部著作不仅对以后的理论设计起到指导作用,而且还是培养科研人员入门的教科书。邓稼先先生对高温高压状态方程的研究也做出了重要贡献。为了培养年轻的科研人员,他还写了电动力学、等离子体物理、球面聚心爆轰波理论等许多讲义,即使在担任院长重任以后,他还在工作之余着手编写《量子场论》和《群论》。

中国需要更多的像邓稼先先生一样的民族脊梁。正是由于有了邓稼先先生这样勇于奉献的知识分子,中国才挺起了坚挺的民族脊梁。

参考文献

[1] 邓稼先:中国原子弹理论设计负责人 [J]. 支部建设,2021 (32):55-56.

[2] 顾迈男. "写邓稼先写到哭"的新华社老记者笔下的"两弹一星"精神 [N]. 新华每日电讯,2021-07-16 (10).

[3] 齐琪. 邓稼先:用生命诠释家国情怀 [J]. 保密工作,2021 (6):48-51.

[4] 扬灵. 甘当无名英雄:邓稼先 [J]. 科幻画报,2022 (2):11-13.

[5] ZHAN H C, SHAO S P, ZENG Y, et al. Reversible phase separation of HSF1 is required for an acute transcriptional response during heat shock [J]. Nature Cell Biology, 2022, 24 (3): 340-352.

(王冬亮)

第十六章　营养与相关疾病

第一节　课程思政教学设计

一、案例教学适用范围

本案例适用于"营养与食品卫生学"课程中营养与相关疾病相关章节的教学。

二、课程教学目标

1. **知识目标**
（1）掌握营养相关疾病的定义、诊断标准及膳食和营养素与营养相关疾病的关系。
（2）掌握常见营养相关疾病的营养防治原则，了解相关营养防治措施。

2. **能力目标**
通过案例讨论，培养学生面对不同营养相关疾病时，结合营养学知识和我国人群膳食习惯，提出合理、可行的营养防治建议的能力。

3. **价值目标**
（1）通过小组案例讨论的教学活动，增强学生的学习主动性、成就感和自信心，培养团队协作能力。
（2）通过案例教学，深化学生对我国营养健康相关国策方针、科学发展理念的认同，树立履行时代使命的责任担当，激发学生运用所学的知识，为实现"健康中国"战略添砖加瓦的家国情怀。

三、教学方法

本章课程既可以结合慕课进行教学,也适合用线下教学的方式来加深认知、巩固知识点。线下理论课程授课可充分结合教师讲授、学生小组案例讨论等授课形式,教师提出讨论问题,将课程教学的知识目标、能力目标和价值目标融入案例讨论。

第二节 课程思政案例及分析

一、打破肥胖困境

(一)案例内容

据世界卫生组织的统计数据,从 2002 至 2010 年,中国居民肥胖率从 25% 上升至 38.5%,其中,城市居民占比更大。有报道称,中国的肥胖群体正在逐渐向城市中的低收入人群倾斜。与逐渐壮大的、积极成为健身房会员的"中产阶层"不同,习惯"快速便捷"生活方式的工薪阶层,正在为国人日渐上升的肥胖率"添砖加瓦"。此外,中国青少年肥胖率,正在以史无前例的速度增长。2016 年 4 月 2 日,发表在《柳叶刀》的《全球成年人体重调查报告》显示,中国肥胖总人数达 8960 万,增速居全球第一。同年,世界卫生组织报告称,44% 的糖尿病患者和 23% 的缺血性心脏病患者,其病因可归咎于超重与肥胖。同时,全球每年至少有 280 万人死于超重与肥胖。

膳食不均衡是引发肥胖的主要原因。中国飞速的城市化进程改善了人们生活,同时也让更多高热量的食物走进大家的视线。街上随处可见的咖啡屋、奶茶店、蛋糕房、快餐店,很容易就可以满足人们对于高热量食物的需要。同时,快节奏的生活让人们无暇对饮食精挑细选,省事的快餐与外卖更容易得到人们的青睐;火锅、面包、甜点等美食也大受欢迎。但是,当这样的饮食成为常态,人们的身材发福也就不足为奇了。因此,营养防治肥胖的首要任务是向公众宣传肥胖的危害，从而更加有效地指导居民合理膳食。合理膳食既有利于控制体重和肥胖，又能保持各营养素之间适宜的比例，使人体需要与膳食供应之间保持平衡。《中国超重/肥胖医学营养治疗指南（2021）》指出，在肥胖自然病程的所有阶段中，医学营养治疗是必不可缺的预防控制措施，是肥胖症治疗的基础。

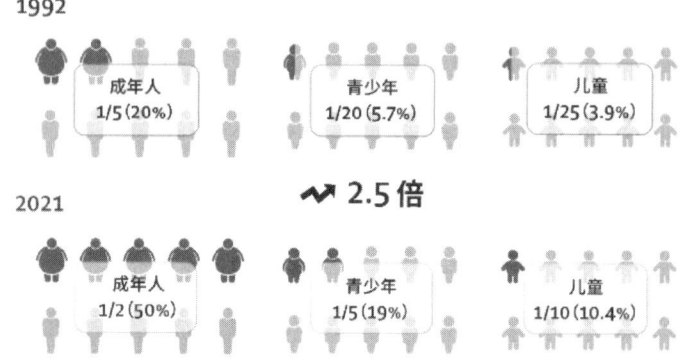

图 16-1 过去 30 年中国超重和肥胖趋势

资料来源：NCD Risk Factor Collaboration（NCD-RisC）. Trends in adults body-mass index in 200 countries from 1975 to 2014: a pooled analysis of 1698 population-based measurement studies with 19.2 million participants [J]. Lancet. 2016, 387 (10026): 1377-1396.

中国肥胖人群数目庞大。然而，大众对肥胖的了解却是有限的，歧视肥胖者的现象普遍存在，甚至部分来自健康工作者。在全世界范围内，肥胖患者不仅面临着更高的并发症风险，还担负着一种无处不在、根深蒂固的社会性"恶名"。人们总是认为肥胖者懒惰、贪食、缺乏意志力和自律性，这导致超重或肥胖的人在工作、教育、医疗过程中，更容易受到羞辱和歧视。研究显示，在肥胖人群中，19%～42%的人曾遭受过体重歧视，女性尤甚。流行的观点认为，肥胖是一种选择，通过自愿少吃、多运动能够完全扭转。这种观点对公共卫生政策的实施、肥胖治疗及肥胖研究来说，具有很多负面的影响，其背后则是违背科学证据的公共叙述。2020年3月4日，全球36名学者共同审查了关于肥胖污名化的原因和危害等材料，在《自然医学》杂志上发表了一份国际联合共识声明，呼吁停止肥胖歧视。

（二）案例分析

拯救肥胖，拯救的不只是身材。中国人群的肥胖问题是由多层次、多方面的政策、环境、经济、社会和行为因素共同驱动的。对肥胖者的干预，不应仅仅局限在体重上，心理因素、经济因素、社会环境因素等外在因素也同样需要重视。通过案例，让学生了解当前中国肥胖的流行状况、主要影响因素及面临的挑战，并结合自己的专业提出科学建议，使中国肥胖防治及体重管理工作能够更加科学、规范、有效地进行，助力"健康中国"。

（三）课堂讨论

（1）肥胖营养干预的原则包括哪些？

1）控制总能量摄入：循序渐进，逐步降低体重。

2）调整膳食模式和营养素的摄入：调整宏量营养素的构成比和来源。高蛋白（供能占比20%～25%），低脂肪（供能占比20%～30%），低碳水化合物（供能占比45%～50%）；保证维生素和矿物质的供应；增加膳食纤维的摄入；补充异黄酮、皂苷等植物化学物；合理分配三餐及烹饪，三餐能量配比为27%、49%、24%。

3）增加体力活动，每周增加有氧运动至150分钟以上。

（2）营养膳食干预对慢性病的防治以及"健康中国2030"战略有何重要意义？

随着经济社会的发展，如何维持生命健康愈加得到民众的关注。合理的营养膳食是维持生命健康的基础，营养膳食干预已经成为与手术治疗、药物治疗并重的一种慢性疾病的治疗方法。《国民营养计划（2017—2030年）》明确指出，营养治疗可以增强各种临床治疗手段的效果。《"健康中国2030"规划纲要》提出，要制订实施国民营养计划，对重点区域、重点人群实施营养干预。

（3）作为健康的守门人，如何引导公众树立正确的健康意识？

该问题为开放性题目，答案不限。如环境营造，鼓励运动，反对歧视，正确看待体重，不追求过分的低体重；协助制定合理膳食食谱；强化自身学习，探究更多降低肥胖的治疗靶点；针对肥胖的危险因素，开展多

二、大庆研究：30 年不断探索，验证糖尿病生活干预有效性的重要证据

（一）案例内容

2019 年，"大庆糖尿病预防研究" 30 年的结晶终于发表在了权威医学杂志《柳叶刀·糖尿病与内分泌学》上。

中国的"大庆糖尿病预防研究"（简称"大庆研究"），是全世界第一个证明用生活方式干预可以预防糖尿病的研究。大庆研究是我国开始的一项领先于全世界的 2 型糖尿病（T2DM）一级预防的研究，远早于芬兰的 DPS 研究（1993）和美国的 DPP 研究（1999），在学术界引起了强烈反响，被誉为"里程碑式的研究"。

研究人员从黑龙江省大庆市中的 110660 人中筛选出 577 名糖耐量受损（IGT）人群，这类人群处于正常血糖向糖尿病过渡的异常糖代谢状态。以小组为单位，这些 IGT 人群被随机分为对照组和干预组，在干预组中，又分为饮食干预组、运动干预组和饮食+运动干预组。该研究鼓励 BMI 高于 25 kg/m^2 的参与者减轻体重，但是人群平均 BMI 仅为 25.7 kg/m^2。因此，干预措施只导致了 BMI 的微小变化，表明干预组糖尿病发病率的降低主要是饮食结构变化和体力活动增加导致的，而非体重下降。后期的随访统计结果表示，经过为期 6 年的生活方式干预（饮食干预、运动干预、饮食+运动干预），IGT 患者糖尿病累计发生率及患病率都显著下降，受试者 2 型糖尿病总发病降低了 51%（如图 16-2 所示）。

研究者分别在 2006 年（20 年随访）、2009 年（23 年随访）、2016 年（30 年随访）收集了后续随访数据，并进行进一步的统计分析，以评估生活方式干预对糖尿病发病率、心血管疾病（CVD）事件发生、复合微血管并发症发生、脑血管疾病死亡、全因死亡率和预期寿命的影响。实验结果显示，在 2016 年进行的 30 年随访中，与对照组相比，干预组糖尿病累计发病率降低 39%（如图 16-3 所示）。

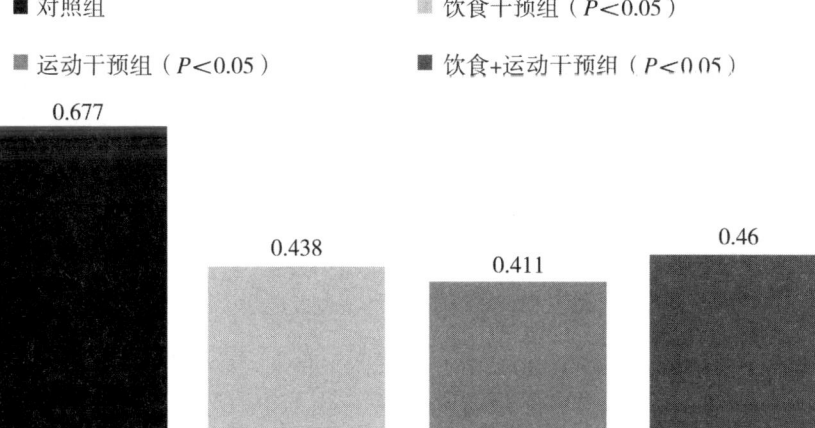

图16-2 干预6年后人群糖尿病累计发生率

资料来源：Gong Q, Zhang P, Wang J, et al. Morbidity and mortality after lifestyle intervention for people with impaired glucose tolerance: 30-year results of the Da Qing Diabetes Prevention Outcome Study. Lancet Diabetes Endocrinol. 2019; 7 (6): 452-461.

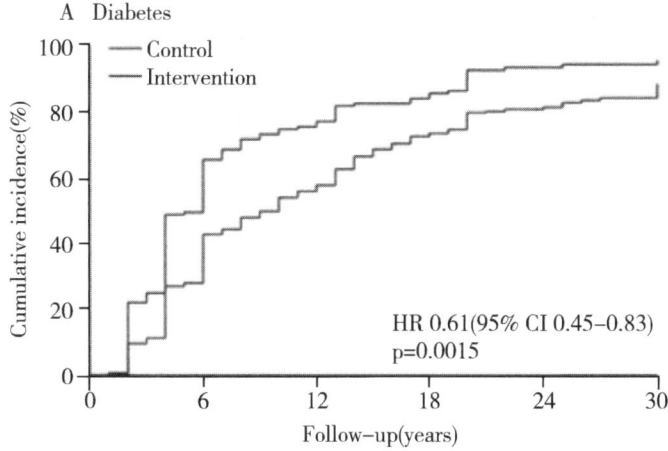

图16-3 干预后30年随访人群糖尿病累计发生率

资料来源：Gong Q, Zhang P, Wang J, et al. Morbidity and mortality after lifestyle intervention for people with impaired glucose tolerance: 30-year results of the Da Qing Diabetes Prevention Outcome Study. Lancet Diabetes Endocrinol. 2019; 7 (6): 452-461.

中国大庆研究进行了6年的干预，到第20年随访的时候，发现糖尿病患病率下降40%；芬兰糖尿病研究进行了3年的干预，到第7年的时候，也同样观察到糖尿病患病率下降40%；美国为期3年半的糖尿病干预，到第10年随访时，也发现糖尿病患病率下降24%。这3个研究堪称全世界糖尿病预防研究的里程碑，共同证明了生活方式干预具有长期的有益效应。

大庆研究遇到的困难是超乎想象的。据李光伟教授回忆，那时候的人们并不了解糖尿病的危害，不配合研究者进行调查，因此，他们只能先从配合度较高的地点开始；艰苦的工作条件导致研究者们常常连硬座车票也买不到，只能在火车车厢间的铁板上历时21个小时才到大庆；为了给近5000名受试者做口服葡萄糖耐量试验，需要将葡萄糖用卡车运到研究现场，然后用天平称取、分装，并亲自监督受试者将糖水喝下去。工作量之大、过程之艰辛始料未及。最困难的是随访，从研究结束到随访，间隔数十年之久，有些受试者已经去世，有些受试者则离开大庆移居其他省市。有时候研究人员要花3天甚至更长的时间，辗转十多次才能找到一个受试者。历经千辛万苦，研究者们最终跟踪到了约98%受试者的糖尿病信息和约92%的死亡信息。

美国糖尿病预防计划结果研究（Diabetes Prevention Program Outcomes Study，DPPOS）的主席握着李光伟教授的手说："全世界都欠中国一笔账。正是中国大庆研究，激起了芬兰和美国的糖尿病预防研究！"此外，正是大庆研究23年随访结果证实生活方式干预可降低心血管死亡率，才进一步促成美国人将他们已经进行了15年的DPPOS研究延长10年。

（二）案例分析

大庆研究的30年结果，不仅为生活方式干预糖尿病的发生发展提供了有力的证据，而且证明了生活方式干预还能预防心血管、眼、肾、神经系统等微血管并发症，促进健康延长寿命。通过案例，让学生了解到当前中国糖尿病的疾病负担，以及营养干预对糖尿病的重要作用，并掌握糖尿病的膳食干预原则。同时，引导学生思考：如何将大庆研究的成果转化为有效的公共卫生措施，并针对糖尿病高风险人群制定生活方式干预计划，结合促进环境和大众行为改变的政策，助力降低中国糖尿病的疾病负担。

（三）课堂讨论

（1）糖尿病营养治疗包括哪些？

合理控制总能量摄入是首要原则，使体重逐步下降至理想体重。

1）宏量营养素：必须摄入一定比例的碳水化合物，占供能45%～60%，注意食物种类、淀粉类型、烹调方式。

2）脂肪供能占25%～35%，单不饱和脂肪酸是比较理想的脂肪来源。

3）应保证蛋白质的摄入量，占供能15%～20%。

4）保证足够的维生素和矿物质。

5）避免空腹饮酒。

6）三餐能量比例为25%、40%、35%。

（2）在人口老龄化日益加剧的背景下，从营养膳食途径建立健全一级预防体系，对国民健康、社会经济的可持续发展具有哪些重要意义？

改革开放以来，我国经济飞速增长，人民生活水平明显提高，随之而来的生活方式和膳食结构的巨大改变，导致慢性非传染性疾病高发，如：超重、肥胖、糖尿病、高血压、血脂异常、心血管疾病和肿瘤。

据统计，中国亚健康人群已突破10亿，而且这一数字还在不断攀升。亚健康是疾病的潜伏阶段，但它并未得到应有的重视，再加上，大多数中国人向来习惯将攒下来的钱，留给生命最后抢救使用，而不是投入增加营养及疾病预防中。实际上，假如将医疗投入的80%提前10年用于营养改善，人均健康寿命或可增加10年。因此，随着中国老龄社会的到来，中国逐年加大医疗投入，换来的也只是"带病增寿"，而非真正意义上的健康长寿。

合理的营养膳食，是防治慢性非传染性疾病的重要措施。健全一级预防体系，要求医生必须具备营养学的知识。针对慢性病，要特别发挥营养治疗的作用。健康的基础在于均衡的营养，营养食品是时代的需求，也是时代发展的必然产物。

（3）大庆研究中研究人员30年不忘初心，作为健康守门人，能给予我们什么启示？

该问题为开放性题目，答案不限。如：成功的关键是坚持、研究人员定期督促、定期随访；患者坚持健康的生活方式，形成习惯后能够长期坚持,并且贯穿始终;干预应该更早开始,研究发现,经过6年的干预后,预防作用仍然长期存在,说明早期干预对糖尿病的防治来说,作用是十分巨大的;大庆研究是以小组形式开展的,更接近于社区干预,这样不但节省物力、人力,而且可以促进小组内成员相互勉励,利于长期坚持,这对我国的慢性病管理十分具有借鉴意义。

三、简单改吃含钾代盐,高危人群就能减少中风和死亡

(一)案例内容

全球大多数人都存在钠元素摄取过量的问题,高钠饮食导致全球4亿多人患高血压。同时,高钠饮食与心脏疾病(心脏病、心力衰竭等)、卒中、肾衰竭等疾病关系密切。据全球疾病负担研究(global burden of disease,GBD)估计,仅2019年,饮食中钠的过量摄入就导致超过180万的死亡病例,并造成超过4400万(其中4050万归因于心血管疾病,包括卒中)的伤残调整生命年(disability adjusted life year,DALY)损失。

据估计,全球成人钠平均摄入量约为4000 mg/d(约为10 g盐),相对而言,亚洲人群每日摄入钠的含量更高。对于经济发展水平较高的国家,绝大多数饮食中摄入的钠(70%~80%)来自加工食品,以及餐馆(包括快餐或堂食)饮食时的过量添加;对于经济发展水平较低的国家,钠的摄入主要来自家庭烹饪时盐、调味料/调味酱等的添加。

随机对照试验的meta分析结果证实,无论是高血压患者还是血压偏高的非高血压者,儿童还是成人,抑或是何种种族人群,减少饮食中钠的摄入,均可降低血压水平。每日饮食中,当钠的摄入量高于800 mg(约为2 g盐),血压与钠摄入量之间呈现线性相关关系。此外,一项基于队列研究的meta分析表明,钠排泄每增加1000 mg,受试者心血管事件的发生风险就增加18%。另有一项队列研究的结果发现,钠摄入量与人的死亡率之间同样存在线性关系,每日钠摄入量低于2300 mg(约为5.75 g盐)的个体,相比于每日钠摄入量超过3600 mg(约为9 g盐)的个体,其死亡率更低。与高钠饮食相关的疾病包括胃癌、复发性草酸钙肾结石、骨质疏松、肥胖、梅尼埃病、头痛、肾脏和心脏损伤等。高钠饮食可潜在

引起多种类型疾病这一现象，得到多种病理生理机制（如促进炎症发生、诱导活性物质生成）的支持。

2021年8月，由北京大学团队领衔，在2万多中国人群中开展的"代盐和中风研究（SSaSS）"在欧洲心脏病学会（European Society of Cardiology，ESC）年会重磅公布，并同步发表于《新英格兰医学杂志》。

SSaSS研究在中国农村地区600个村庄开展，共纳入近21000例有中风或高血压病史的居民。受试者的平均年龄为65.4岁，49.5%为女性，72.6%有中风病史，88.4%有高血压病史。这些村庄1∶1随机分组，两组的居民分别使用含钾代盐（按质量计75%氯化钠和25%氯化钾），或继续使用普通食盐（100%氯化钠）。研究平均随访时间为4.74年，其间超过3000人患中风，超过4000人死亡，超过5000人发生主要心血管事件。结果表明，含钾代盐组的人群相比对照组，收缩压平均低3.3 mmHg，平均24小时尿钠排泄量少350 mg，平均24小时尿钾排泄量高803 mg。两组的差异显示，含钾代盐组的多项风险降低：中风风险明显降低14%，主要心血管事件风险减少13%，死亡风险降低13%。

这项具有里程碑意义的随机试验表明，从普通食盐改用含钾代盐可明显减少中风、主要心血管事件和死亡风险，具有重要的公共健康益处。未来，减少钠含量的代用盐应用，或可作为整体人群减盐策略的一部分。

近日，世界高血压联盟联合国际高血压协会等发布了"关于减少饮食中钠（盐）摄入量"的全球行动倡议。倡议指出，减少饮食中钠的摄入量，是最有效、最具效益的改善整体人群健康的手段之一。全球民众只要少吃30%的钠盐，未来25年内就能拯救多达4000万条生命。

（二）案例分析

高血压是一种多基因遗传与多种环境危险因素相互作用所产生的慢性疾病，具有发病率高、致残致死率高的特点，是需要特别关注的公共卫生问题。人们通常认为，遗传因素与环境因素对高血压的影响分别占40%和60%，环境因素中的膳食因素起最主要的作用。大量人群研究证实，高盐（钠）膳食可增加高血压的发病风险。同时，高血压又是脑卒中、冠心病、心功能衰竭、肾衰竭等疾病的危险因素，与心脑血管疾病关系密切。

基于SSaSS研究和全人群减盐策略，通过案例讨论，让学生了解高血压的疾病特点、常见危险因素，以及对身体产生的危害。结合营养学专业知识，探讨高血压的营养防治原则，以及如何在日常生活中，正确合理地实施减盐策略。低成本的全人群减盐策略，预防的不仅仅只是高血压。同时，让学生充分了解与高血压形成密切相关的生活习惯、膳食行为等，引导学生利用自己的专业，服务于国家健康战略，进行广泛的健康宣传教育，使大众对高血压有明确的认识，培养学生的家国情怀和社会责任感。

（三）课堂讨论

（1）高血压营养防治的原则包括哪些？

1）控制体重：可使高血压的发病率降低28%～40%，主要通过限制能量摄入和增加体力活动来实现。

2）合理膳食：①限制钠盐摄入量；②增加钾、钙、镁的摄入量；③减少膳食脂肪摄入量，增加优质蛋白质的摄入；④限制饮酒；⑤克服不良饮食习惯，减少高能量密度食物的摄入，如肥肉、油炸食品、甜点、含糖饮料；⑥进餐应细嚼慢咽，避免暴饮暴食。

（2）在日常生活中，应该如何合理减盐？

中国居民钠摄入主要来源于烹饪过程中各种含钠调味品的添加，包括食用盐、味精、老抽、生抽、榨菜和酱料等，其中食用盐是最主要的来源。在日常生活中，可以从以下4个方面合理减盐。

1）在做饭时，可以使用控盐工具，减少家庭菜肴里的含盐量，比如限盐勺、限盐罐等，逐渐养成清淡饮食的习惯；在烹饪方式上，采用蒸、煮等烹饪方式。

2）选用新鲜食材，少吃含盐量较高的食物，如榨菜、咸菜和酱制食物。建议每餐搭配新鲜蔬果；改换味道浓郁的蔬果，或带有特殊味道的食材来提味，如柠檬、茼蒿、西芹等。

3）学会看营养标签。购买食物时，应注意观察营养成分表，尤其需要关注钠含量。有些方便食品，吃起来感觉不到咸味，其实含有较多"不可见"的盐，要谨慎选择，如方便面、香肠、火腿肠、面包、饼干等。

4）外卖及外出就餐，也会大大增加钠的摄入。因此，尽可能减少外出就餐或者点外卖的次数；在条件允许的情况下，主动要求餐馆少放盐；或者尽量选择低盐菜品；还可以在餐前要一杯开水，把菜品表面的油盐涮掉后再食用。同时吃动平衡、合理膳食、增加饮水量。

(3) 营养专业的学生，从 SSaSS 研究中可以得到什么启发？

该问题为开放性问题，可引导学生从通过简单、易行的膳食干预，实现慢病防治和健康中国的目标，培养公共卫生学子的时代责任感的角度进行讨论。

例如：近年来，我国高血压发病率和患病率持续攀升，已成为严重危害国民健康和社会经济发展的重大公共卫生问题。20 世纪 50 年代，高血压的患病率约 5.9%，这一数字到 2000 年左右，升至 18%。目前，高血压的患病率高达 27%。随着高血压发病增加，我国心脑血管疾病患病率和死亡率也在升高。当下亟须找到一种适合全人群控制血压的办法，而非仅靠药物治疗。如果我们能够利用简单的公共卫生的措施（比如低成本的膳食干预）来控制高血压的发病率，那么，心脑血管疾病的发病率和死亡率自然也可以得到控制，从而极大降低慢性病的负担。再者，与其他降压药物干预研究不同，SSaSS 研究是一项公共卫生研究，其结论对群体防控高血压、心脑血管疾病等极为重要，能够影响国家公共卫生政策。在人群中实现预防为主、关口前移的效果，推行健康生活方式，减少相关疾病的发生，促进资源下沉，实现可持续发展及"健康中国 2030"目标。

四、"东方健康膳食模式"：适合自己的才是最好的

（一）案例内容

2022 年 2 月，《美国新闻与世界报道》（*U. S. News & World Report*）杂志公布了 2022 年最佳饮食榜单。地中海饮食（Mediterranean Diet）再次胜出，连续 5 年蝉联榜首。除此以外，地中海饮食还在其他子榜单上排名第一，分别是：最佳植物饮食、最佳心脏健康饮食、最佳糖尿病饮食、最健康饮食和最易遵循饮食。

地中海饮食，泛指处于地中海沿岸的希腊、西班牙、法国和意大利南部等地区，以植物性食物为主的欧洲国家饮食。地中海饮食以多蔬菜、水果和全谷杂粮，适量蛋、奶、鱼和海鲜，少量红肉和甜食为特点，将橄榄油作为主要的食用油，同时有饮用葡萄酒的习惯。此膳食结构的突出特点是：饱和脂肪摄入量低，不饱和脂肪摄入量高，蔬菜、水果摄入量高，膳食中含大量复合碳水化合物。流行病学调查发现，地中海饮食能够降低心

血管疾病、肥胖、高血压、代谢综合征和血脂异常等危险因素的发生率；还能降低糖尿病的发病率，并有效控制糖尿病患者血糖；同时，降低心血管疾病和癌症的死亡风险。因此，地中海饮食连续多年位居最佳饮食榜首。

2022年4月，《中国居民膳食指南（2022）》发布，其中推介的东方健康膳食模式，汇总了中国各地的传统健康饮食优势，既纳入了北方地区适度摄入全谷杂豆和薯类的习惯，又汇集了东南沿海地区摄入丰富水产品、多样化蔬菜和摄盐量较低的膳食优势，并加入鼓励奶类食物摄入的成果（如图16-4所示）。但与地中海饮食相比，东方膳食模式没有倡导喝红酒，没有提出用橄榄油烹调，而且并没有要求摄入的鱼类为海水鱼，淡水鱼也同样被纳入"推荐水产"中。

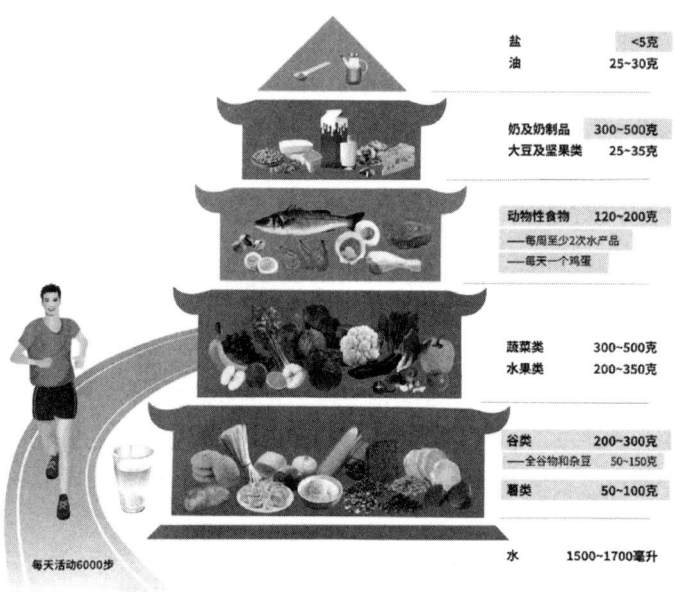

图16-4　2022年版中国居民平衡膳食宝塔

资料来源：http://www.cnsoc.org/scienpopulg/442220200.html。

此外,东方健康膳食模式还有其他特点:一是要求控制烹调油总量,即便使用植物油也必须设置上限。这是因为近40年来,我国虽然一直维持使用植物油的烹调传统,但过度追求香酥和香浓的食物口感,油脂用量越来越高,每天人均用量已经超过40 g。二是鼓励低温烹调,避免煎炸熏烤。三是强调吃新鲜绿叶蔬菜。如果人们能够遵照这种毫不逊色于地中海膳食模式的健康膳食模式,不仅能有效降低肥胖、高血压、脑卒中、冠心病和多种癌症的患病风险,还对健康长寿有益。

所谓膳食模式,既是一个地区、一个民族、一个国家膳食的整体特点,又与本地的自然资源、经济水平、文化传统、健康意识和营养知识水平有密切关联。东方膳食模式的推出,既体现中国人对传统膳食的文化自信,又符合数十年来营养科学的研究结果。它可以更好地满足中国人的营养需求,同时有利于减少慢性病和癌症的发生风险。

(二)案例分析

基于东方膳食模式与地中海膳食模式的异同点,通过案例讨论让学生了解地中海膳食模式和东方膳食模式的特点,以及《中国居民膳食指南(2022)》的更新要点。同时,通过案例背景信息介绍,让学生体会到,虽然地中海饮食有诸多益处,但东方膳食模式可以更好地满足中国人的营养需求,能够充分体现出国人对传统膳食模式的文化自信。

(三)课堂讨论

(1)《中国居民膳食指南(2022)》中提出的"东方健康膳食模式"的主要特点是什么?

2022年版膳食指南首次提出,以东南沿海一带膳食模式为代表的东方健康膳食模式。其主要特点是清淡少盐、食物多样;蔬菜、水果、豆制品丰富;鱼虾水产多、奶类天天有;同时,身体活动水平较高。这样的饮食模式能够避免营养素的缺乏,降低肥胖以及相关慢性病的发生率,提高预期寿命。

(2)《中国居民膳食指南(2022)》较2016版在食物种类和数量推荐上有何变化?

1)食物多样,合理搭配。建议每天吃全谷物和杂豆50~150 g,薯类50~100 g。其中,谷薯类拆分,更讲究多样化搭配。杂粮中含有丰富的膳食纤维和 B 族维生素，营养比精制米面更全，所以日常应该将麦片、藜麦、糙米、荞麦、燕麦、大麦等加入膳食中。薯类的能量，大概只有同等重量谷类的 1/4，土豆、山药、芋头、莲藕等，可以代替部分主食。除了主食之外，每餐饭还要合理搭配富含蛋白质的豆、鱼、肉、蛋，以及新鲜蔬菜。

2）强调每周最好吃鱼 2 次或 300～500 g。《中国居民膳食指南（2022）》延续了上一版"每周最好吃 2 次或 300～500 g 水产品"的建议，并在宝塔上单独强调了摄入水产类食物的重要性。

3）特别提出每天吃一个鸡蛋。鸡蛋被称为"全营养食品"，其营养价值近乎完美，不仅含有丰富的维生素、叶酸、胆碱、卵磷脂，还含有钙、铁、硒等矿物质，推荐每天食用一个。有些人担心鸡蛋的胆固醇含量过高，但诸多研究表明，每天吃一个鸡蛋的营养效益远高于其胆固醇的负面影响。

4）奶及奶制品的推荐量有所增加。牛奶是优质蛋白、钙的重要来源，2022 年版膳食指南推荐吃各种各样的奶制品，每天相当于 300～500 g 奶；鲜奶、常温奶、酸奶、奶酪、奶粉均可。

5）盐的摄入量小于 5 g。《中国居民膳食指南（2022）》中膳食宝塔的每日摄盐量从原来的小于 6 g，到现在的小于 5 g，提高了"限盐"的目标，与世界卫生组织的推荐保持一致，也跟"三减三健""健康中国"等相关文件保持一致。

(3) 既然地中海饮食拥有诸多益处，为何我国还要提出东方健康膳食模式？

虽然地中海膳食在心血管代谢疾病早期防治方面具有重要的指导意义，但是，由于生活方式、文化习惯、饮食习惯等方面的巨大差异，地中海膳食在我国的可行性较低。而东方健康膳食模式是基于我国居民膳食结构和营养健康状况变化的充分调查，结合本地的自然资源、经济水平、文化传统、健康意识和营养知识水平而提出的。相比于其他膳食模式，东方健康膳食模式更符合中国国情，更适合中国人的健康饮食模式，更容易在我国居民中推广，还能进一步加强我国居民对传统饮食文化的文化自信。

参考文献

[1] 孙长颢. 营养与食品卫生学 [M]. 8 版. 北京：人民卫生出版

社,2017.

[2] 新华网.《中国超重/肥胖医学营养治疗指南（2021）》发布[EB/OL]. http://www.xinhuanet.com/video/2021-08/02/c_1211272948.htm.

[3] CAMPBELL N R C, WHELTON P K, ORIAS M, et al. 2022 World Hypertension League, Resolve To Save Lives and International Society of Hypertension dietary sodium (salt) global call to action [J]. Journal of Human Hypertension, 2023, 37 (6): 428-437.

[4] GONG Q H, ZHANG P, WANG J P, et al. Morbidity and mortality after lifestyle intervention for people with impaired glucose tolerance: 30-year results of the Da Qing Diabetes Prevention Outcome Study [J]. Lancet Diabetes & Endocrinology, 2019, 7 (6): 452-461.

[5] MA Y, HE F J, SUN Q, et al. 24-hour urinary sodium and potassium excretion and cardiovascular risk [J]. New England Journal of Medicine, 2022, 386 (3): 252-263.

[6] NEAL B, WU Y, FENG X, et al. Effect of salt substitution on cardiovascular events and death [J]. New England Journal of Medicine, 2021, 385 (12): 1067-1077.

[7] PAN X F, WANG L, PAN A. Epidemiology and determinants of obesity in China [J]. Lancet Diabetes & Endocrinology, 2021, 9 (6): 373-392.

[8] RUBINO F, PUHL R M, CUMMINGS D E, et al. Joint international consensus statement for ending stigma of obesity [J]. Nature Medicine, 2020, 26 (4): 485-497.

[9] WELSH C E, WELSH P, JHUND P, et al. Urinary sodium excretion, blood pressure, and risk of future cardiovascular disease and mortality in subjects without prior cardiovascular disease [J]. Hypertension, 2019, 73 (6): 1202-1209.

[10] NCD Risk Factor Collaboration (NCD-RisC). Trends in adults body-mass index in 200 countries from 1975 to 2014: a pooled analysis of 1698 population-based measurement studies with 19.2 million participants [J]. Lancet. 2016, 387 (10026): 1377-1396.

［11］中国营养学会. 中国居民膳食指南［M］. 北京：人民卫生出版社，2022：9-11.

（夏　敏）

第十七章　分子营养学与营养流行病学

第一节　课程思政教学设计

一、案例教学适用范围

本案例适用于"营养与食品卫生学"课程中分子营养学与营养流行病学相关章节的理论性教学与实践性案例教学。

二、课程教学目标

1. 知识目标
（1）掌握营养素与各生理系统之间相互作用及其对机体健康的影响和机制。
（2）熟悉应用流行病学方法解决人群营养相关健康问题的方法。
（3）了解常用的分子营养学和营养流行病学研究方法。

2. 能力目标
（1）了解分子营养学和营养流行病学在科学研究中的重要地位。
（2）熟悉健康卫生决策的科学依据来源，了解营养流行病研究设计相关要素。
（3）培养从分子学角度分析和解释营养学问题的能力。

3. 价值目标
（1）通过介绍"中国居民营养与健康监测"、《中国居民营养与慢性病状况报告》等营养监测项目和营养报告，使学生明白营养流行病学研究在国家营养健康问题中的重要地位，提升预防医学学生的专业认同感。

（2）通过具体的分子营养学研究案例分析讲解，使学生明白分子营养学研究的重要性和复杂性，提高学生对科学研究的热情，拓宽学生的视野，树立其追求真理的科学家精神。

三、教学方法

课程开始前推送电子版文献以供学生阅读了解，让学生带着问题来上课。在课程的多个教学环节中融入思政元素，以小组讨论的形式来展开教学活动，鼓励学生发现问题、解决问题，培养学生的专业兴趣，通过将公共卫生与国家卫生事业发展、民族复兴相互关联，培养起学生的家国情怀。在课程结束时，鼓励学生与教师角色互换，谈谈本节课讲了什么，自己有哪些收获，建立起怎样的科研思维，如何更好地为国家的卫生健康事业服务。

第二节 课程思政案例及分析

一、营养流行病调查服务于国民营养与健康状况监测

（一）案例内容

营养流行病学作为国民营养与健康监测实施过程中的重要工具学科，近年来越来越受到国家的重视。国民营养与健康状况是反映一个国家或地区经济与社会发展、卫生保健水平和人口素质的重要指标。良好的营养和健康状况既是社会经济发展的基础，又是社会经济发展的重要目标。世界上许多国家，尤其是发达国家，均定期开展国民营养与健康状况调查，及时公布调查结果，并据此制定相应的社会发展政策，以改善国民营养和健康状况，促进社会经济的协调发展。

中国在2002年以前曾陆续开展过八次非综合性国民营养健康调查。这些调查有助于了解我国城乡居民的膳食结构和营养水平，找到相关慢性

疾病的流行病学特点与变化规律；同时在评价城乡居民营养与健康水平、制定相关政策和疾病防治措施方面，起到了积极作用。近年来，我国社会发展加速，保障人群健康成为关键。在卫生部、科技部和国家统计局的共同领导下，从2002年开始，中国将以往的营养、高血压、糖尿病等专项调查进行有机整合，结合社会经济发展状况，基于营养流行病学的分析方法，在充分科学论证的基础上，统一组织、设计、实施，开展每十年一次的营养与健康综合性调查。

随着营养流行病调查研究方法的发展，中国的综合性营养调查工作也逐渐规范化、有序化，且更具代表性，为国家级营养计划战略提供越来越多的科学依据。

中国2020年的《国民营养与健康监测》显示，在过去十年里，我国城乡居民的膳食营养状况有了明显改善，营养不良和营养缺乏的患病率持续下降，这是一个好的趋势。但是，我国仍面临着营养缺乏与营养过度的双重挑战。根据本次调查结果，从国情出发，为实现全面建成小康社会的战略目标，应从急需入手，以不失时机和分类指导为原则，通过政策支持、市场指导和群众教育，加强居民营养改善和慢性病预防工作。通过国民营养与健康监测项目，我们须意识到营养流行病学举足轻重的作用和地位。

（二）案例分析

从本案例中，我们须认识到：营养流行病学研究是营养战略的"排头兵"，营养与健康监测对于制定国家健康战略、改善国民营养情况具有重要意义。在营养与健康监测的实施过程中，营养流行病学扮演着重要的角色。营养流行病学研究是卫生部门制定卫生决策、国家制定营养工程战略的重要依据。流行病的人群研究能够帮助决策者们有的放矢地制定政策。

（三）课堂讨论

（1）在营养与健康监测中，研究的内容和方法尤为重要。营养流行病学研究者在开展收集工作时，应囊括哪些内容，如何实施？

营养流行病学研究者在开展收集工作时，应囊括以下三个方面的内容：

1）中国成人慢性病与营养监测。①询问调查：收集个人及家庭的基本信息、危险因素暴露情况、主要慢性病患病及卫生服务等。②体格测量：测量身高、体重、腰围（孕妇除外）和血压。③生化检测。④膳食调查：对参加膳食调查的家庭成员实施3天家庭食用油和调味品称重调查以及3天24小时膳食回顾调查，对其余调查对象进行食物消费频率调查。

2）中国食物营养成分检测。①食物样品信息调查：收集食物品种、产地、主要生产过程、采样时间、地点、部位、数量、处理方法等基本信息及图片。②成分测定：必测指标包括能量、蛋白质、脂肪、碳水化合物、水分、灰分、胆固醇、9种矿物质（磷、钾、钠、钙、铁、锌、镁、铜、锰）、5种维生素（A、E、B_1、B_2、C）、氨基酸，脂肪酸。③选测指标包括膳食纤维、叶酸、尼克酸、生物素、泛酸、硒、碘、反式脂肪酸。

3）中国儿童与乳母营养健康监测。①询问调查：收集个人及家庭的基本信息，营养与健康相关行为危险因素暴露情况等。②体格测量：测量身高（身长）、体重，6岁及以上调查对象测量腰围和血压，3岁以下调查对象增加头围测量。③生化检测。④膳食调查：对参加膳食调查的家庭成员实施3天家庭食用油和调味品称重调查以及3天24小时膳食回顾调查，对其余调查对象进行食物消费频率调查，对0～5岁儿童开展喂养行为调查。

（2）有人说"营养与健康监测是劳民伤财的"，这种观念是否正确？营养健康监测如何服务于国家健康战略？

营养与健康监测是一项长期、持续、动态的工作，通过收集人群食品消费、营养素摄入及营养状况资料，了解和掌握社会发展不同时期，人们的食品消费、营养素摄入状况及其发展趋势，科学指导食品生产、国民健康与食品消费的协调发展，为全民营养健康状况改善、食品生产及慢性病防控策略的制定提供技术支持。营养与健康工作的开展需要国家的广泛投入，同时也反过来给卫生健康部门提供更合理、更准确、更有针对性的科学依据，以供科学决策。

营养健康问题往往与人们的生活模式和状态有关，很难依靠人民群众自己去改变和纠正。而决策者们通过制定政策，引导人们改变风俗观念、社会环境及居住环境，从根本上改变行为模式，减少危险因素的出现，从而减少疾病的发生、降低社会经济负担。例如，提高货架食品中蛋白质含量的最低限度，降低高蛋白食物的价格等。而这些决策是否有必要实施，以怎样的强度实施,在哪些区域实施,都需要不同层次的营养流行病学研究来提供依据。因此,营养流行病学研究的有效开展至关重要。

二、TMAO 的分子营养学研究:从红肉摄入到心血管健康

(一) 案例内容

2013 年 4 月,国际四大医学期刊之一的《新英格兰医学杂志》发表了一篇有关饮食影响心脏病患病率和死亡风险的研究论文——"Intestinal Microbial Metabolism of Phosphatidylcholine and Cardiovascular Risk"。该研究由美国克利夫兰心血管研究中心的 Stanley Hazen 团队完成。此项研究表明,红肉代谢物 TMAO 与心血管疾病的发生风险升高相关。虽然该项研究有效地揭示了红肉和心血管健康之间极强的相关性,但是却并未解释二者的内在机制。因此,红肉和心血管健康之间的关系仍然是一个黑匣子。

2013 年至 2021 年,Stanley Hazen 团队先后多次于 *Nature Medicine* 和 *Nature Microbiology* 杂志上,发表关于红肉代谢物 TMAO 的系列研究。其中,2021 年研究团队发表的最新论文是 "The Microbial Gbu Gene Cluster Links Cardiovascular Disease Risk Associated with Red Meat Consumption to Microbiota L–carnitine Catabolism"。这项研究基于 Stanley Hazen 教授十多年的研究,深入揭示了富含红肉的饮食如何产生 TMAO,并增加心血管疾病风险。在之前一系列具有里程碑意义的研究中,Hazen 教授发现,在肠道微生物消化富含肉碱的食物(如红肉和其他动物性食物)时,会产生一种叫作"氧化三甲胺(TMAO)"的副产物,它能够增加患心脏病和中风的风险。

虽然之前基于大样本的营养流行病学研究,成功地揭示了红肉摄入与心血管疾病之间的显著相关性,但是却不能解释这种相关性的因果关系,以及红肉引发心血管疾病的机制。因此,使用分子营养学的手段和方法,进一步探寻二者之间的因果关系,对于解决营养学问题、复原营养流行病学研究发现的关联性具有重要意义。此外,Stanley Hazen 团队不断钻研的科学精神也值得学生学习。

（二）案例分析

本案例基于经典的营养流行病学研究，探讨了红肉和心血管健康之间的关系。虽然 Stanley Hazen 证明了二者之间的显著正相关关系，但其内在的作用机制仍不为人所知。随后 Stanley Hazen 一直致力于分子营养学的研究，并通过这一方法发现肠道菌群介导红肉和心血管疾病之间的重要机制。这一发现凸显了分子营养学在揭示关联性机理的重要作用。本案例旨在激发学生对营养学的学习热情，同时培养学生的创新精神和探索能力。

（三）课堂讨论

（1）分子营养学在营养研究中的作用是什么？

分子营养学通过研究营养状态（例如膳食摄入），揭示分子微观世界对人体的影响；通过科学基础实验，挖掘营养健康状态和临床表型特征之间的分子机制，为通过流行病研究得出的因果关系提供更有力的科学依据。

（2）如何评价 Stanley Hazen 潜心科研的钻研精神？

Stanley Hazen 教授团队数十年如一日，结合人群队列研究，利用分子生物学手段，全面、系统地揭示了富含胆碱的食物在肠道菌群和宿主代谢共同作用下产生 TMAO，调控心血管疾病进展的作用及其分子机制，一步一步地揭开了红肉与心血管疾病关系的神秘面纱，为合理膳食和促进人群健康提供了科学依据。

学生应当珍惜由国家和社会提供的优质资源，将习近平总书记"啃下硬骨头"的理念付诸实践，学习前辈们成功之道，勇挑艰苦重任。在复杂的科学问题面前迎难而上，虚心请教，培养自己坚定的信念和精神，潜心钻研，为我国卫生健康事业的发展添砖加瓦。

参考文献

[1] BUFFA J A, ROMANO K A, COPELAND M F, et al. The microbial *gbu* gene cluster links cardiovascular disease risk associated with red meat consumption to microbiota L-carnitine catabolism [J]. Nature Microbiology, 2022, 7 (1): 73-86.

（柳 雁）

第十八章　食品的微生物污染与预防

第一节　课程思政教学设计

一、案例教学适用范围

本案例适用于本科生和研究生"营养与食品卫生学"等课程中食品的微生物污染与预防章节的教学。

二、课程教学目标

（1）掌握食品腐败变质的鉴定指标。
（2）掌握防止食品腐败变质的措施。
（3）熟悉食品腐败变质的卫生学意义与处理原则。

三、教学方法

本章课程教学适宜采用学生提前自学慕课的方式。线下理论课程授课，可充分结合教师讲授、学生讲课、小组讨论等授课形式。教师提出讨论问题，将课程教学的目标融入案例讨论。

第二节 课程思政案例及分析

我国古代对食品腐败变质朴素的认识和防腐措施

（一）案例内容

春秋战国时期，人们就学会了用冷藏的方法来保存食物以防变质。《吴越春秋·勾践归国外传》记载："勾践之出游也，休息石台，食于冰厨。"所谓"冰厨"，是指用冰块贮藏食物的地方。在河南新郑韩都遗址、河北易县燕下都（战国时期燕国的都城遗址）、秦都咸阳，都发掘出用于贮藏食物的冷藏井。

在汉代，有学者认为腐臭的食物、被老鼠或苍蝇污染过的食物是不能食用的。东汉张仲景所著《金匮要略》指出："秽饭、馁肉、臭鱼，食之皆伤人。""六畜自死，皆疫死，则有毒，不可食之。"东汉王充在《论衡·累害篇》中提道："夫鼠涉饭中，捐而不食。捐饭之味，与彼不污者钧，以鼠为害，弃而不御。"《淮南子·要略》记载："一杯酒白，蝇渍其中，匹夫弗尝者，小也。"王充在《论衡·四讳篇》提出："且凡人所恶，莫有腐臭。腐臭之气，败伤人心。故鼻闻臭，口食腐，心损口恶，霍乱呕吐。"

晋代傅玄提出"病从口入"（《拟金人铭作口铭》），认为饮食不慎可致疾病。这成为流传千载的卫生谚语。

晋代出现了用于沸水蒸煮消毒的器具。江西省瑞昌晋墓中出土的"双耳镂孔器"，据说是一种蒸煮器，即将耳杯置于双耳镂孔器中沉于沸水之中消毒清浴的器具，当提起双耳时，水便通过底部三孔全部流尽。用它清洁杯勺，既方便又卫生，不仅能除去杯勺的油污，还能杀灭细菌。

宋代陈直的《寿亲养老新书》指出："秽恶臭败，不可令食；黏硬毒物，不可令餐。"对于宫廷饮食卫生，宋代的律令《宋刑统》规定："诸造御膳，误犯食禁者，主食绞；若秽恶之物在食饮中，徒二年；检择不精及进御不时,减二等;不品尝者,杖一百。"对于民众饮食卫生,《宋刑统》规定:"脯肉有毒,曾经病人,有余者速焚之,违者杖九十;若故与人食,并出卖令人病,徒一年;以故致死者,绞;即人自食致死者,从过失杀人法(盗而食者不坐)。"

元代的胡思慧在《饮膳正要》提道:"面有魁气,不可食。生料色臭,不可食。浆老而饭溲,不可食。煮肉不变色,不可食。""诸肉臭败者,不可食。""猪羊疫死者,不可食。"

(二)案例分析

(1)防止食品腐败变质的措施包括哪些?案例中提到哪几种,如何表述?

防止食品腐败变质的措施主要包括:①食品的化学保藏(盐腌法、糖渍法、酸渍法、防腐剂保藏等);②食品的低温保藏(冷藏、冷冻);③食品的加热杀菌保藏(常压杀菌、加压杀菌、超高温瞬时杀菌、微波杀菌等);④食品的干燥脱水保藏(日晒、阴干、喷雾干燥、减压蒸发、冷冻干燥等);⑤食品辐照保藏等。

案例中提及两种朴素的防腐措施,分别是低温保藏和加热杀菌。《吴越春秋·勾践归国外传》记载:"勾践之出游也,休息石台,食于冰厨。"晋代发明了用于沸水蒸煮消毒的器具"双耳镂孔器"。

(2)食品腐败变质的鉴定指标有哪些?案例中提到哪几种,原句如何表述?

食品腐败变质的鉴定指标主要包括:①感官鉴定(视觉、嗅觉、触觉、味觉等);②物理指标(食品浸出物量、浸出液电导度、折光率、冰点、黏度等);③化学鉴定(挥发性盐基总氮、三甲胺、组胺、K值、pH、过氧化值和酸价等);④微生物检验(菌落总数和大肠菌群等)。

案例中提及的鉴定指标主要是感官鉴定指标,包括嗅觉、触觉、视觉、味觉。文中出处为:王充在《论衡·四讳篇》提出:"且凡人所恶,莫有腐臭。腐臭之气,败伤人心。故鼻闻臭……";陈直的《寿亲养老新书》指出:"秽恶臭败,不可令食;黏硬毒物,不可令餐。"元代的胡思慧在《饮膳正要》说:"面有魁气,不可食。生料色臭,不可食。浆老而饭溲,不可食。煮肉不变色,不可食。""诸肉臭败者,不可食。"

（3）食品腐败变质的卫生学意义是什么？案例中谈到哪些？

食品腐败变质可导致食物感官性状恶化、食物营养价值降低、人体生病（包括致病菌和产毒真菌及其毒素致病作用、食物腐败变质后分解产物直接毒性作用等）。案例中谈到两点，即感官性状恶化和对人的致病性。

（4）食品腐败变质的原因有哪些？案例中古代人认识到哪些，原句如何表述？

食品腐败变质的原因主要包括三个方面。①食品本身的组成和性质，如组织中的酶类、营养成分、水分、pH、渗透压、食物的状态和完整性等；②微生物（为腐败变质的根源）：细菌、酵母和霉菌等，一般细菌更占优势；③环境因素：包括温度、湿度、阳光（紫外线）照射、氧气、金属离子等。

案例中我国古人虽尚未有微生物的概念和认识，但意识到食品污染是食物腐败变质的主要原因。原文相关摘录如下：东汉张仲景所著《金匮要略》指出："六畜自死，皆疫死，则有毒，不可食之。"东汉王充《论衡·累害篇》中说："夫鼠涉饭中，捐而不食。捐饭之味，与彼不污者钧，以鼠为害，弃而不御。"王充《淮南子·要略》说："一杯酒白，蝇渍其中，匹夫弗尝者，小也。"元代胡思慧《饮膳正要》说："猪羊疫死者，不可食。"

参考文献

[1] 范春，赵苒，郭东北，等. 公共卫生史 [M]. 厦门：厦门大学出版社，2021.

（李　丹）

第十九章 食物的化学性、物理性污染及其预防

第一节 课程思政教学设计

一、案例教学适用范围

本案例适用于"营养与食品卫生学"课程中食物的化学性、物理性污染及其预防相关章节的教学。

二、课程教学目标

1．知识目标
（1）掌握食品的化学性污染的定义及特点。
（2）掌握食品中各类化学性污染的食物来源及预防措施。
（3）了解食品常见物理性污染的特点、毒性及其预防措施。

2．能力目标
（1）通过案例讨论，让学生警惕食物中的化学性污染。
（2）培养学生对食品化学性、物理性污染的认知和预防能力。
（3）能对于食品污染引起的健康危害提出合理的防治措施。在生活中遇到食物化学性污染事件时，学生能够及时反应，并做好相应的处理，降低食物化学性污染造成的影响。

3．价值目标
（1）通过小组案例讨论的教学活动，增强学生的学习主动性、成就感和自信心，培养团队协作能力。
（2）通过案例教学，让学生了解营养与食品卫生学在医学研究以及

日常生活中的重要作用，培养学生的学术道德、规范意识和辩证思维，引导学生运用自身知识，科学、合理地看待食品安全及相关疾病预防措施，激发学生的专业认同感与创新精神，培养学生爱国情怀和社会责任感。

三、教学方法

本章课程既可以结合慕课进行教学，又适合线下常规教学和小组项目式学习（PBL）。学生通过提前搜集案例相关报道及文献等资料，加深认知、巩固知识点。线下理论课程授课可充分结合教师讲授、学生小组案例讨论等形式，由教师提出问题，学生进行讨论，将课程教学的知识目标、能力目标和价值目标融入其中。

第二节　课程思政案例及分析

一、"持续性污染物"PFAS（全氟及多氟烷基化合物）

（一）案例内容

近日，美国《消费者报告》公布的一项调查结果显示，在美国多家知名快餐连锁店的食品包装中，危险化合物PFAS的含量都严重超标。在中国，这一问题同样显著。2021年，清华大学的研究团队在《欧洲环境科学》上发表的一项研究指出，在中国的若干地区，饮用水中含有较高水平的PFAS。基于此研究结果，我们迫切地需要找到从饮用水中去除这些物质的方法，控制并减少工业及其他源头释放的PFAS。

PFAS具有防油、防水、防污和防泥污、耐化学品性和耐高温性、降低表面摩擦、获得表面活性等特点，是一类用来制造耐热、拒油、抗污渍涂料和产品的化学物质。PFAS广泛应用于食品包装材料（食品接触用纸和纸板）及各类消费品，如：防污、防水织物和地毯、皮革和服装、不粘厨具（如特氟隆）、抛光剂、蜡、油漆、清洁产品和防火泡沫、纺织品、农药、润滑剂、洗护用品等生产领域。

多年来，人们一直认为，PFAS是惰性、无毒的。因此，人们在广泛使用PFAS的同时，几乎不曾考虑其对环境或生态的影响。直到21世纪初，人们才开始认识到，PFAS会造成全球的污染问题。通过研究，人们发现，PFAS化合物具有持久性和生物累积性，其广泛的应用使PFAS化合物在环境中几乎无处不在。因为PFAS不会自行分解，所以它能够通过生产液或废液流进环境中。据了解，目前在全球范围内，已存在超过4000种PFAS化合物，这些物质可能存在于各种环境中。

自2002年以来，尽管北美和欧洲已逐步淘汰了数种PFAS，尤其是全氟辛酸（PFOA）和全氟辛基磺酸（PFOS），但是一些亚洲国家仍然在生产这些化学物质。随着PFAS被释放到环境，地下水和地表水存在被其污染的风险。这引发了人们对饮用水中是否存在PFAS，以及其潜在毒性影响的担忧。

环境中广泛存在的PFAS以及相关暴露所带来的负面影响，包括在动物体内表现出的脂类代谢、甲状腺激素水平和免疫系统受损，受到越来越多人的关注。流行病学研究表明，人体暴露于PFAS会影响性激素水平、甲状腺功能；也有文献称，胆固醇水平升高、癌症、肥胖、免疫抑制、内分泌紊乱等健康问题可能都与PFAS暴露有关。值得注意的是，PFAS不仅不能像其他材料那样被大自然分解，反而会在生物链中不断传递和堆积，这是PFAS导致的一个大问题。

（二）案例分析

人类生活在自然环境中，自然环境则是人类生存的基本条件，也是发展生产、繁荣经济的物质源泉。如果没有地球提供的广阔自然环境，人类就无法生存繁衍。维护生态平衡、保护环境是关系到人类生存、社会发展的根本性问题。近年来，欧美国家和地区加强了对PFAS的管控，明确了严格的监管措施，逐步禁止使用PFAS类物质。PFOA类和PFOS类物质分别被列入《关于持久性有机污染物的斯德哥尔摩公约》管控名单。此外，《欧盟化学品可持续性战略》提出，除必需用途外，欧盟将逐步淘汰PFAS。2021年6月，美国提出《化妆品中禁止PFAS物质法案》。2019年3月11日，中国生态环境部、市场监管总局等部门发布了《关于禁止生产、流通、使用和进出口林丹等持久性有机污染物的公告》的规定，禁止PFOA类和PFOS类物质除可接受用途外的生产、流通、使用和进出口。人们应该全面认识到环境污染造成的严重后果,以及潜在危害。

(三)课堂讨论

(1)化学性食品污染的主要来源包括哪些?

食品化学性污染涉及范围广,情况也较复杂,主要包括六个方面:①农药、兽药不合理使用,残留在食品中;②工业"三废"(废水、废渣、废气)排放,造成有毒金属和有机物污染环境,继而转移至食品;③食品容器、包装材料、运输工具等接触食品时溶入食品中的有害物质;④滥用食品添加剂;⑤在食品加工、储存过程中产生的物质;⑥掺假、制假过程中加入的物质。

(2)食品接触材料及制品的通用安全基本要求有哪些?对预防医学专业的学生有哪些启发?

食品接触材料及制品在与食品接触时,迁移到食品中的物质水平不应危害人体健康,不应造成食品成分、结构或色香味等性质的改变,特殊规定物质除外(如新型食品接触材料、活性和智能材料等)。在保证预期效果的前提下,应符合相应的质量规格要求,尽可能降低在食品接触材料及制品中化学物质的用量。对于不和食品直接接触的、与食品之间有有效阻隔层阻隔的、未列入相应食品安全国家标准的物质,生产企业应对其进行安全性评估,确保其迁移到食品中的水平不超过 0.01 mg/kg。致癌、致畸、致突变物质及纳米物质不适用于以上原则,须按照相关法律法规的规定执行。

通过案例讨论,让学生了解持续性有机物的作用机制,以及有机物暴露对身体产生的危害。结合营养与食品卫生学的专业知识,探讨如何改进食物包装,如何处理食物包装材料,以此增强学生的思维发散能力,充分发挥学生的主观能动性,丰富学生的知识储备。通过了解持续性有机污染物的来源及危害,让学生深刻意识到这些世界性的问题实际上与人们的生活息息相关,从而教育学生关心社会、关心环境、关心国家时事,培养学生的社会责任感和家国情怀。

二、频发的"毒奶粉"事件

(一)案例内容

2008年,中国奶制品污染事件是一起影响全国的食品安全事故。该事件的起因是许多婴儿食用了三鹿集团生产的奶粉后患上了肾结石。随后,在这些婴儿食用的奶粉中,有关部门发现化工原料三聚氰胺。自从三聚氰胺事件之后,奶粉质量的把控也得到了社会各界的巨大关注。然而,奶粉行业消费需求巨大,部分不法商家看中奶粉背后的暴利,铤而走险,不断地将罪恶之手伸向了奶粉行业。"毒奶粉"问题层出不穷,其中的有毒物质包括但不限于重金属、矿物油残留物等。

三聚氰胺俗称蜜胺,是一种白色的有机化合物,能够在甲醛、乙酸甘油等物质中溶解,但是却不能在水中溶解,只能悬浮水中,形成乳白色的液体。基于这样的特性,人体误食后无法对其进行吸收和分解,因此,这些物质随着水分一起被带往肾脏,在肾脏中形成结石。肾结石伴随着强烈的疼痛感,长此以往,则会导致尿道黏膜损伤,严重的还会导致肾功能衰退,从而危及生命。三聚氰胺事件使得中国奶粉行业多年来都无法得到消费者们的信任,奶粉消费者们纷纷转向国外市场。

然而,国外奶粉市场同样状况百出。2022年2月中下旬,我国海关总署发布公告,提醒消费者"暂不通过任何渠道购买"以及"立即暂停食用"美国雅培公司旗下相关婴幼儿产品。公告显示,2月18日,美国食品药品监督管理局宣布,在调查的四名婴儿感染克罗诺杆菌和沙门氏菌事件中,均发现食用密歇根州斯特吉斯工厂生产的雅培奶粉的情况,其中一例甚至造成了死亡。除此之外,近年来,中央电视台也曝光了一批"毒奶粉"品牌,这些"毒奶粉"的制作工艺和质量标准都不符合中国婴幼儿奶粉的相关规定,甚至含有重金属、矿物油残留物等物质。中国在食品安全方面一直严防死守,然而个别非法违纪分子的行为却破坏了国家做出的诸多努力,导致我国部分居民愈发不信任国内食品,转而投向国外市场。一些国外企业利用这一心理,设置"对内严格""对外宽松"的两套监管体系,甚至制造出只售往中国的"毒奶粉"。

我国每年都报道许多儿童因长期接触有毒奶粉而重金属超标的案例。

需要注意的是，重金属对人体的影响是缓慢而长期的。重金属一旦进入人体内，就难以被代谢，尤其是铅，在生物体内具有蓄积性。长期低浓度的铅暴露可影响心血管、中枢神经等系统的发育，而胎儿和婴幼儿对铅的暴露尤其敏感。

"毒奶粉"中的芳香烃矿物油残留可能来自生产、加工产品的机器，也可能来自纸质包装上的油墨等。芳香烃矿物油通常是苯及其衍生物的混合，指的是分子结构中含有一个或者多个苯环的烃类化合物，它主要来源于煤、焦油和石油。长期反复接触低浓度的苯，可引起慢性中毒，主要是对神经系统、造血系统的损害，表现为头痛、头晕、失眠，白细胞持续减少，血小板减少而出现出血倾向，甚至诱发白血病。

（二）案例分析

在众多"毒奶粉"事件中，三聚氰胺事件是波及最广、后果最严重的事件。然而，这也只是众多食品安全问题的冰山一角。尤其是食品的化学性污染，途径复杂、多样，涉及范围广，不易控制。受污染的食品外观一般无明显的改变，不易鉴别。污染物性质稳定，在食品中不易消除。除此以外，污染物蓄积性强，通过食物链的生物富集作用可在人体内达到很高的浓度，能够对健康造成多方面的危害，特别是致癌、致畸、致突变作用。有些化学性污染物化学性质稳定，在自然条件下难以降解，可通过大气、水等远距离迁移并长期存在于环境中，通过食物链的生物富集作用危害人类的健康，这些化学污染物被称为持久性有机污染物（persistent organic pollutants，POPs）。

食品的安全问题是每个人都需要关心的问题。加强企业管理，整治市场，推进建立食品质量监管长效机制，严厉打击假冒伪劣、有毒有害产品刻不容缓。

通过案例的学习，让学生明白食品安全和食品监管的重要性，提高学生对食品安全的重视，培养学生的社会责任感，为建成社会主义现代化强国储备力量。国以民为本，民以食为天，食以安为先，食品安全，关系到国计民生，鼓励学生利用专业知识为改善食品安全状况而努力。

（三）课堂讨论

（1）我国存在的食品安全问题有哪些？

目前，我国食品安全面临的问题主要有：①食品制造过程中使用劣质原料、添加有毒物质的情况难以杜绝；②超量使用食品添加剂，滥用非食品加工用化学添加剂，使用劣质原料加工食品；③抗生素、激素和其他有害物质残留于农产品、禽类产品及水产品内，影响食用者的健康；④虽然目前还没有足够证据证明转基因食品对人类有害，但转基因食品仍存在潜在威胁，其安全性问题引起人们的密切关注。

（2）如何预防食品安全问题？

1）强化对食品安全检测监督结果的定期公开制度。对于不同区域的食品安全检测结果，灵活选择适用区域和人群，通过公开的渠道向大众公布。

2）在各部门综合协调监管的基础上推进监管的专业化。我国的食品安全管理部门，涉及质监局、农业部、商务部、卫生部、工商管理总局、出入境检验检疫局等，应该推动食品安全监管的适度专业化，并完善地方政府综合协调机制。

3）强化执法检查，提倡制度刚性化。为保证食品在生产、加工、流通环节的安全，应逐步建立食品追踪识别标志制度，让食品安全的自检、抽检记录都有据可查。

4）加强食品安全监管中的公众参与和消费者保护机制。只有广泛激发消费者对食品安全的监督权，充分保证消费者的知情权，切实维护受害消费者的权利，食品安全问题才不会在朗朗青天之下遁于无形，食品供应链上的利益相关者才不敢冒天下之大不韪以身试法。

三、天价罚款的背后——有争议的草甘膦农药

（一）案例内容

草甘膦是一种内吸传导型且灭杀范围较广的芽后除草剂，能有效杀灭多年生杂草。美国孟山都公司于1970年首次分析证明了草甘膦的除草特性。在早期使用过程中，草甘膦展现出的优异除草能力被许多发达国家和地区用于农业、林业和城镇规划中。目前，草甘膦约占全球农药总用量的15%，占据了全球除草剂40%的市场份额，中国已成为全球草甘膦原药生产能力最大的国家之一。

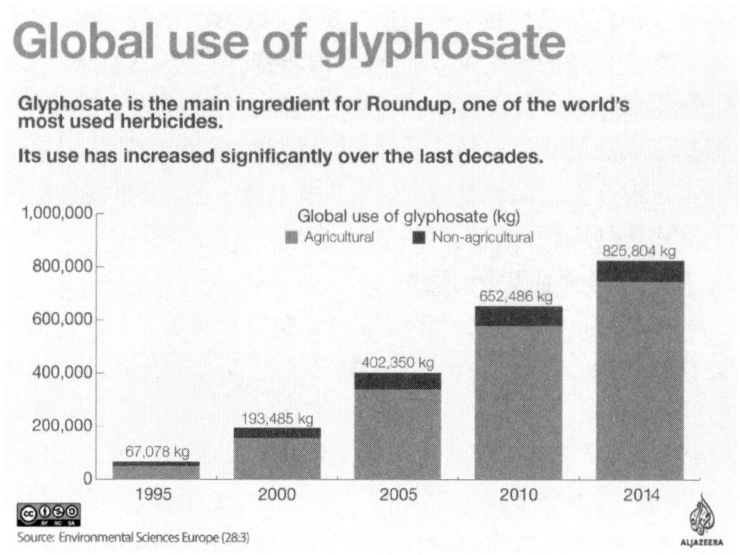

图 19-1　1995—2014 年草甘膦全球使用量

资料来源：Ryan Rifai. Study linking Roundup to serious disease fuels debate [EB/OL]. http://aje.io/a42ux.

草甘膦是目前发现的唯一能够抑制莽草酸途径中 5-烯醇丙酮莽草酸-3-磷酸合成酶活性的除草剂，它能在绿色植物体内干扰 5-烯醇丙酮莽草酸-3-磷酸合成。由于 5-烯醇丙酮莽草酸-3-磷酸合成酶是合成芳香族氨基酸（如色氨酸、酪氨酸和苯丙氨酸）所必需的物质，所以当其活性受到抑制后，植物会缺乏芳香族氨基酸，导致无法进行正常代谢而死亡。莽草酸途径共有 7 个酶化过程，这样的过程在哺乳动物当中是不存在的，但却是植物和微生物中的一条重要代谢途径。大豆、玉米等耐受草甘膦作物的诞生，进一步促进了草甘膦在除草工作中的广泛应用。尽管草甘膦的半衰期较长，但在土壤或水体中的残留量较少，因此，长期以来，草甘膦的残留与环境污染情况并未得到人们的重视。

2018 年 8 月，美国第一例草甘膦致癌患者约翰逊起诉农用化学品跨国巨头孟山都公司，称该公司隐瞒了以草甘膦为重要成分的"农达"除草剂（Roundup）的危害，使其患上非霍奇金淋巴瘤。约翰逊是一名学区场地管理员，其日常工作就包括喷洒孟山都公司生产的除草剂，平均每年使用"农达"除草剂 20~30 次。他在工作中发生过两次意外，导致身体被除草剂浸湿，第一次发生在2012年。2014年，约翰逊被确诊患有非霍奇金淋巴瘤，时年42岁。在起诉孟山都公司时，约翰逊全身80%的面积布满了伤口。在病情最糟糕的时候，他无法讲话。最终，旧金山法庭判罚孟山都公司2.9亿美元。随后哈德曼与皮利欧达夫妇先后指控孟山都公司，称其除草剂中的草甘膦成分使其三人患上癌症，均获得胜诉。

然而，目前，关于草甘膦是否致癌的观点仍存在争议。2015年，世界卫生组织下属的国际癌症研究机构发布报告称，草甘膦很可能对人类致癌，并将草甘膦列为2A类致癌物。2016年，国际癌症研究所的上级领导机构世界卫生组织，在日内瓦总部与联合国粮食及农业组织（Food and Agriculture Organization of the United Nations，FAO）召开联合会议，重新评估以后，得出结论称草甘膦不大可能致癌。1993—2013年，美国国家卫生研究院的"农业健康研究"在跟踪了杀虫剂和草甘膦制品对农民及其配偶的影响以后，称草甘膦和实质固态瘤及淋巴样恶性肿瘤之间没有明显的联系，其中包括非霍奇金淋巴瘤。2019年，美国环保局再次发表声明称草甘膦不是致癌物，当前注册的草甘膦产品不会对公众健康产生风险。2022年5月30日，欧洲化学品管理局（European Chemicals Agency，ECHA）正式公布了草甘膦危害分类的最终结论，称草甘膦仍应继续维持原有的危害分类，即仅有严重眼损伤，同时对水生生物具有长期毒性。基于对科学证据的广泛审查，将草甘膦归类为致癌物是不合理的。

（二）案例分析

食品的化学性污染，是指由各种有毒、有害的有机和无机化学物质对食品造成的污染。有些化学性污染物的化学性质稳定，在自然条件下难以降解，可通过大气、水等远距离迁移，通过食物链的生物富集作用危害人类健康；而有些农药制剂容易长期残留在食用农产品和食品中，其危害日益受到重视。

以"草甘膦是否会导致非霍奇金淋巴癌等癌症"为主题，进行小组讨论及案例分析，围绕食品化学性污染的特点、食品中农药残留的来源、各类农药的特点及毒性，针对食品中农药残留的预防控制措施，进行深入探讨。通过案例分析，使学生体会到草甘膦致癌争议的背后是科学真理的反复探索与求证。科学结论的提出需要长期的探索与反复求证，对待科研须始终保持谨慎、真诚与坚持的态度。

（三）课堂讨论

(1) 食品的化学性污染有什么特点？

1) 污染途径复杂、多样，涉及的范围广，不易控制。

2) 受污染的食品外观一般无明显改变，不易鉴别。

3) 污染物性质稳定，在食品中不易消除。

4) 污染物的蓄积性强，通过食物链的生物富集作用可在人体内达到很高的浓度，易对健康造成多方面的危害，特别是致癌、致畸、致突变作用。

(2) 以草甘膦致癌争议为例，谈一谈对科学研究的启发与意义。

"草甘膦是否致癌"这一问题在研究结论、法律判决等方面均争议不断，这背后体现的是"科学是不断接近真理的过程"这一理念。在社会发展过程中，我们应该不断更新知识，这才是科学进步的正道。比如，红肉曾被认为是有益的，但是后来又发现它会提高患心血管疾病的风险。草甘膦从最初被认为的"对人体代谢影响较小"，到"导致非霍奇金淋巴癌"，再到"尚无足够证据证明其致癌性"，科学家们不断地提出新的理论，然后又不断地否定旧的理论。这意味着，随着人类认知水平的提高，必然会突破某种局限性，发现更接近真理的科学。虽然科学发现可能来自偶然的启发，但科学家们在科学之路上不懈探索、善于发现，将各类知识融会贯通，才能从细节中发现科学规律。同时，科学发现从来没有捷径，有的只是踏踏实实的科研工作，甚至需要"否定"自己。因此，科学真理的发现是有条件的，它永远留给那些在探索之路上坚持不懈、锲而不舍、接续奋斗的人。对于公共卫生学子来说，守护大众健康是使命，也是担当。在此过程中，要始终坚持求真务实的精神，勤奋劳动，努力为实现"健康中国2030"的目标添砖加瓦。

四、核辐射和核辐照食品，傻傻分不清

（一）案例内容

2020年12月，中国中央电视台新闻频道发布的"泡椒凤爪耐储存竟是因为核技术"的视频，引起大众关注与热议。新闻中的泡椒凤爪，采

用了核辐照技术，并被查出相应标记。"辐照"是指利用放射源产生的γ射线或加速器产生的高能电子束，使被辐射物达到消毒灭菌、抑制或促进生长、改变物质性状等目的的相关技术。联合国粮食及农业组织和世界卫生组织曾在20世纪80年代认定：不超过规定辐射剂量的任何食品都可以安全食用，不会产生影响营养和微生物方面的问题。如今，全球已有70多个国家的648种食品进行了辐照处理。目前，中国是全球辐照食品产出最多的国家，每年辐照食品产量约占全球三分之一。

然而，许多伪科学文章借此新闻发表误导言论，声称"泡椒凤爪竟然是辐照食品，还有其他食品千万不能再吃"。很多人"谈核色变"，主要是因为"切尔诺贝利"与"福岛核事故"的影响，以致人们一听到"辐照食品"这个词，脑海中立马浮现出"核泄漏""核辐射""核辐射食品"等字眼，直接与危害人体健康画上等号。然而，"核辐射食品"（即"核污染食品"）与辐照食品有着本质的区别，其放射性物质含量远超过限量。放射性物质可以通过食物链进入人体，达到一定剂量并产生有害作用，在人体内继续产生多种射线，对免疫系统、生殖系统造成损伤，甚至有致畸致癌作用。

2011年3月11日，日本福岛发生核泄漏事件。同年4月，中国开始禁止从日本福岛县进口食品和农产品。在福岛核泄漏初期，主要放射性元素通过空气传播，并随着空气沉降而污染了蔬菜，如菠菜、莴苣等。随后，放射性元素会逐渐通过饲料和植物转移到动物体内，污染猪肉、牛肉、牛奶等。福岛核泄漏最典型的两种放射性元素是碘和铯。其中，放射性的碘对成人和孩子的甲状腺有负面影响。2017年3月15日，中国中央电视台新闻频道曝光了大量来自日本核污染地区的食品流入我国。2021年，东京奥运会甚至在比赛期间提供来自福岛的食材。因此，"福岛核污染食品"给民众带来的阴影一直难以散去。

（二）案例分析

核技术是现代科学技术发展水平的代表之一。一方面，在食品从农场到餐桌的复杂过程中，核技术不仅可以提高粮食产量，还能延长食品保质期、促进食品安全。另一方面，过量核辐射可通过食物链蓄积，对身体健康造成不良影响，甚至致癌、致畸、致突变。通过案例讨论，让学生学会以辩证思维正确看待核技术对食品安全的影响，培养辩证思维。

（三）课堂讨论

（1）谈一谈核技术在食品安全方面的两面性。

核技术对食品安全的影响，主要包括核辐照的促进作用，以及核辐射污染的有害作用。一方面，核辐照用于食品杀菌、灭虫、抑制蔬菜发芽、延迟果实成熟，以延长食品保质期，具有穿透力强、节省能源、加工效率高、很少改变食品的感官性质及营养成分等优点。此外，核技术可以诱变育种，用于开发具有特殊功能的粮食，例如含有高支链淀粉的"宜糖米"和适合婴幼儿的"富锌米"。另一方面，若食品中核辐射剂量超出限量，进入人体后，放射性核素会作用于人体内部，产生内照射。内照射常以局部损害为主，其影响包括导致放射性白内障、血液系统疾病、白血病、甲状腺癌、乳腺癌等辐射癌症。

（2）核技术的双刃剑效应，对于我们有什么启发？

坚持"一分为二"的观点看问题，任何事物都具有两面性。核技术在食品安全、粮食生产方面发挥积极作用的同时，大剂量的使用也会带来严重的不良健康效应。因此，无论是核技术，还是其他的科学技术，我们都要坚持运用辩证思维看待。在认识和分析问题时，必须"承认矛盾、分析矛盾、解决矛盾"，坚持唯物辩证法的"两点论"。在此基础上，"抓住关键、找准重点、洞察事物发展规律"，坚持唯物辩证法的"重点论"。对于核技术，我们要清楚，决定其有利还是有害的根本关键，在于核辐射剂量的多少。只有善于从"两点"中把握"重点"，才能洞察事物的发展规律，找出解决问题的基本路径。在从事科学研究时，自觉学会运用辩证思维，提高辩证思维能力，这是强化国家战略科技力量的基本要求和先决条件。

参考文献

[1] 安蕊. 食品中重金属超标对人体的危害有多大？[EB/OL]. http://kpzg.people.com.cn/n1/2016/1021/c404390-28796361.html.

[2] 孙长颢. 营养与食品卫生学[M]. 8版. 北京：人民卫生出版社，2017.

[3] 赵晓娟. 三聚氰胺10年，奶业洗牌和艰难的信心重建[EB/OL]. https://jiemian.com/article/2145181.html.

[4] 中国之声微信公众号. 美国第一例草甘膦致癌患者获赔偿2.8亿美元, 中国该禁用吗? [EB/OL]. http: m. huanqiu. com/article/9cakrnkbiz2.

[5] DING N, HARLOW S D, RANDOLPH J F, et al. Perfluoroalkyl and polyfluoroalkyl substances (PFAS) and their effects on the ovary [J]. Human Reproduction Update, 2020, 26 (5): 724 – 752.

[6] LIU L Q, QU Y X, HUANG J, et al. Per-and polyfluoroalkyl substances (PFASs) in Chinese drinking water: risk assessment and geographical distribution [J]. Environmental Sciences Europe, 2021, 33 (1).

[7] Ryan Rifai. Study linking Roundup to serious disease fuels debate [EB/OL]. http://aje. io/a42ux.

(柳　雁)

第二十章　食品添加剂

第一节　课程思政教学设计

一、案例教学适用范围

本案例适用于本科生和研究生"营养与食品卫生学""社区营养学"等课程中食品添加剂相关章节的教学。

二、课程教学目标

(1) 掌握食品添加剂的概念、使用要求与卫生管理。
(2) 熟悉常见食品添加剂的类型和使用要求。
(3) 了解国际上对食品添加剂的卫生管理要求。

三、教学方法

本章课程教学适宜采用学生提前自学慕课，线下理论课程授课，并充分结合课堂自测、分组讨论等授课形式。针对学生没掌握的知识点提出讨论，将课程教学的目标融入案例讨论，提高学生学习的积极性和主动性。

第二节 课程思政案例及分析

一、食品添加剂（包括糖精）并非洪水猛兽

（一）案例内容

近年来，随着人们对健康的重视，很多人都青睐天然食品、绿色食品、有机食品，对工厂生产的加工食品有一定的排斥心理。与此同时，食品添加剂领域内总是有些负面信息，"这里面有防腐剂，对人体有害""饮料里有人工色素，根本不能喝"……人们经常能收到类似的"善意"提醒。一旦出现食品安全问题，食品添加剂常常成为"背锅侠"。

实际上，食品添加剂不是洪水猛兽。相反，它被誉为"现代食品工业的灵魂"。根据《中华人民共和国食品卫生法（1995年)》的规定，食品添加剂是为改善食品色、香、味等品质，以及为防腐和加工工艺的需要而加入食品中的人工合成或者天然物质。它的使用标准非常严格，只要是合法、适量使用，不仅无碍健康，还会让食品保鲜、增进口感。当下，消费者能够买到种类繁多的食品，这跟食品添加剂的科学应用分不开。比如，防腐剂可以抑制食品中微生物的繁殖，一些蛋白质含量比较高的食品，必须添加防腐剂，否则非常容易腐败变质。可以说，在合适的范围内添加防腐剂，其实是在保障消费者的食品安全。

我国《食品安全国家标准　食品添加剂使用标准（GB 2760—2014）》将食品添加剂分为22个功能类别，其中一类是甜味剂。按其营养性可分为二类：①营养型甜味剂，主要包括果葡糖浆、木糖醇、山梨糖醇、麦芽糖醇等；②非营养型甜味剂，主要包括糖精、甜蜜素、甜叶菊等。在这些甜味剂当中，糖精的使用争论可能是最大的。

糖精，学名是邻苯甲酰磺酰亚胺（Saccharin），化学式为$C_7H_5O_3NS$。它为白色结晶性粉末，其甜度为蔗糖的300～500倍，不含卡路里。糖精浓度大于0.4%时带苦味。小鼠经口半数致死剂量为18 g/kg，FAO/WHO（1982）规定，糖精的每日允许摄入量为0～11 mg/kg。我国对糖精实行

了定点生产、限产限销、总量控制。

糖精于20世纪50年代以后在各国的食品和饮料中广为使用。但是，1970年美国威斯康星大学医学院的研究人员把糖精丸植入小鼠膀胱内，发现52%的小鼠发生膀胱癌。1974年加拿大政府主持一项研究以测定糖精是否会致癌。该项目用含纯糖精5%（人类摄入量的数百倍）的食物来喂养100只大鼠，从怀孕到死亡时有14只患膀胱癌，对照组只有5只。这些研究结果促使美国食品药品监督管理局（FDA）禁止在一切精制食品中使用糖精。这些研究结果指示着糖精具有致癌的作用。

美国FDA提议禁止使用糖精，但这项决定遭到国会反对，并通过一项议案延缓禁用。1991年，美国FDA根据一些研究结果撤回了禁止糖精使用的提议。但由于上述原因，在美国使用糖精仍须在标签上注明"使用本产品可能对健康有害，本产品含有可以导致实验动物癌症的糖精"。在国际上，糖精的使用也因为这些关于大鼠致癌的研究发表后受到一定影响，欧美国家糖精的使用量不断减少。

需要强调的是，其他人对上述外科手术植入和大剂量的试验立即加以反驳，其中约斯林糖尿病基金会引用约瑟夫·凯斯勒博士检查门诊部26年间的2100多例糖尿病人医疗记录，发现病人吃糖精比其他人高的膀胱癌发生率与一般人没有统计学上的差异，提示糖精与膀胱癌的发生没有关联。截至目前，国内外并未发现人群中食用糖精或饮料与膀胱癌之间有何关系，也未观察到糖精剂量和反应之间的关系。前日本国立癌症研究所所长高山博士指出，目前还没有关于人大量摄取糖精后是否容易引起癌症等可靠性较高的流行病学调查报告。但就人类的情况来说，该实验中每一只猿猴所摄入的糖精量，若换成人类的摄入量，那么一个人在80年中需要摄入10倍以上的糖精。美国国立癌症研究所曾开展一项动物实验，是在猿猴（该物种的遗传信息与人类相近）身上进行的。从猿猴出生后立即开始投给糖精，每周5天，用量为每千克体重25 g（比人类通常摄入量高10倍左右）。实验期自1972年开始到1995年为止，猿猴的饲养期最长达20年6个月。实验结果显示，所有猿猴均未罹患膀胱癌，而且膀胱黏膜也完全正常。因此，适量的糖精应该没有致癌性，是安全的。

基于上述研究背景，我国政府也采取压减糖精政策，食品中糖精钠的最大使用量为0.15 g/kg，并规定不允许在婴儿食品中使用。

（二）案例分析

在实验动物体内进行的实验称为动物实验，而在人体水平开展的试验则为人体试验。动物实验与人体试验不等同，不能未经人体试验就直接将动物实验的结果外延到人体上，这样做是盲目的、不科学的。但是，动物实验的结果可作为参考，因为实验动物在基因、生化、生物学过程、生理和病理等方面与人体较为接近。比如，小鼠和黑猩猩的基因跟人类基因的相似度分别达到了85%和95%。

事实上，目前生命科学领域的研究进展极大地依赖于动物实验。每一种新药的研发必然是首先在动物体内试用，每一种新的生理现象的发现也绝大多数来自对动物的观察。动物实验在整个生物、医学发展的历程中起着举足轻重的作用。从天花的灭绝、疫苗的研制、器官移植，到转基因和克隆技术，无不是借助实验动物获得成功；大到猩猩、猴子、狗、猪，小到兔子、老鼠、果蝇，都为人类的科学发展做出过不可磨灭的贡献。在载人航天事业发展中，动物也曾充当人类进入太空前的"试金石"，比如苏联的狗狗航天员"莱卡"、美国的大猩猩航天员"哈姆"等。通过这些形形色色特殊的"替身"（实验动物），人们获得了宝贵的数据和经验，避免人类自身受到痛苦或伤害。

需要指出的是，合理的动物实验设计是保障其外推至人体可靠性的关键。相同的受试物，比如胆固醇在动脉粥样硬化发生发展中的作用，在不同动物模型中其作用结果也是不尽相同的。高胆固醇饲料喂饲家兔可使其发生动脉粥样硬化，但该饲料却不能使狗发生动脉粥样硬化。事实上，受试物干预方式（比如口服、静脉、手术等）、剂量及时间、实验动物模型的选择等因素也都可以影响其对健康和疾病的影响。类似地，通过外科手术植入糖精至膀胱进行动物实验得到的结果也不太可信，原因包括但不限于：外科手术植入不等于经口途径摄入，因为糖精可能在肠道细菌、肠道和肝脏等脏器中进行代谢转化，从而发生结构改变；手术植入的糖精在膀胱内的剂量远大于人体经口摄入糖精后膀胱暴露的剂量。

二、食品添加剂的违规使用

(一) 案例内容

焦亚硫酸钠是一种食品添加剂,白色或黄色结晶性粉末或小晶体,具有二氧化碳(SO_2)气味,比重为1.4。焦亚硫酸钠比亚硫酸盐有更强烈的还原性,作用与亚硫酸钠相似。焦亚硫酸钠的主要用途是作为漂白剂、防腐剂和疏松剂。根据《食品安全国家标准 食品添加剂使用标准(GB 2760—2014)》的规定,焦亚硫酸钠可用于蜜饯、饼干、食糖、冰糖、台糖、糖果、竹笋等特定的食品,而不是所有的食品都被允许添加。即使可添加的食品,也不允许无限量地添加。食品适量地添加焦亚硫酸钠对人体是没有危害的,而不遵守国家标准的规定,在未被允许的食品中添加或超量添加焦亚硫酸钠,则会对人体健康造成损害。

食品级柠檬黄是一种食品添加剂、水溶性偶氮类人工着色剂,主要用于食品、饮料、药品及化妆品的着色。根据《食品安全国家标准 食品添加剂使用标准(GB 2760—2014)》规定,糕点中不得添加柠檬黄。2011年4月11日和12日,在上海盛禄食品有限公司分公司糕点现场抽取19批次的馒头样品,检测结果显示,在4批次成品中检出柠檬黄。同时,上海市公安机关对企业负责人叶某等五名犯罪嫌疑人依法予以刑事拘留。2014年3月,昆明市质量技术监督局西山分局对当地3家黑作坊生产的米线和卷粉进行了抽样送检,发现这些米线和卷粉中含有大量的SO_2残留,质检样品不合格。根据检测结果,2014年4月15日晚,西山公安分局经侦大队联合质监、食药监部门对3家作坊进行突击查处,查获了焦亚硫酸钠等4种添加剂,并将涉案人员带往公安局调查。2014年4月17日下午,3家米线作坊的老板因涉嫌生产、销售有毒、有害食品被刑拘。海南省食药监局发布《2016年海南省食品安全抽样检验信息(第四十一期)》,通报了7批次糕点不合格,其中3批次检出柠檬黄。昌江石碌某早餐店经营的西饼(散装)、开口笑饼(散装)和澄迈金江某饼屋经营的桃酥(散装)检出柠檬黄。另外,2016年,国家食品药品监督管理总局组织抽检蔬菜制品、饼干、茶叶及相关制品、薯类和膨化食品、食糖等5类食品331批次样品,发现某茶业股份有限公司咸宁分公司销售的"赤壁红"红茶中柠檬黄检出值为 0.092 g/kg。需要说明的是，根据国家标准规定，茶叶不得使用柠檬黄。

（二）案例分析

食品工业是国民经济的支持性产业之一，对人们的生活水平和工农业发展产生直接影响。而食品添加剂是为了改善食品的色香味、防腐等需求，而在食品加工过程中添加的天然或化学合成物质。值得重视的是，某些食品生产企业为改善产品的外观，迎合消费者的感官需求，超范围或过量使用食品添加剂。比如，上述案件中均超范围使用柠檬黄。除了柠檬黄的超范围使用，在当前的食品添加剂滥用种类中，容易滥用食品添加剂的主要包括防腐剂、漂白剂、着色剂、甜味剂和膨化剂等。

为了进一步阻止食品加工、流通过程中违法添加易滥用的食品添加剂（甚至把非食用物质添加到食品中）的行为，保障消费者的身心健康，可以通过以下几个（但不限于）对策加以管理：①明确食品添加剂的监管重点，比如对容易非法添加的柠檬黄、亚硫酸钠等食品添加剂重点监测；再如重点监管工厂生产技术落后的食品加工企业；②依法对滥用食品添加剂的企业进行惩处，及时收回并处理不合格的食品，并向社会公布相关情况；③引导消费者和社会监督参与，动员一切可以动员的力量来曝光违法使用食品添加剂的企业、介绍相关案例来告诉食品生产者和消费者滥用食品添加剂的危害；④正确认识食品添加剂，合理使用添加剂是对人体无危害的。

参考文献

［1］陈海波. 焦亚硫酸钠过量摄入有害［N］. 光明日报，2014 - 05 - 13（6）.

［2］高彦祥. 食品添加剂［M］. 北京：中国林业出版社，2013.

［3］吕世成. 昆明一黑心商贩米线中加焦亚硫酸钠［N］. 普洱日报茶城晚刊，2014 - 04 - 18（WK04）.

［4］韦国龙. 糖精与膀胱癌的关系［J］. 生命的化学（中国生物化学会通讯），1988（2）：29.

［5］云南省质量技术监督局. 鲜米线（DB 53/228—2007）［S］. 2007.

［6］张超. 关于正确对待动物实验与人体实验关系的一点看法［C］//中华中医药学会中药炮制分会 2008 年学术研讨会论文集. 2008: 71-73.

［7］中华人民共和国卫生和计划生育委员会. 食品安全国家标准 食品添加剂使用标准（GB 2760—2014）［S］. 2014.

［8］中华人民共和国国家质量监督检验检疫总局，中国国家标准化管理委员会. 粉条（GB/T 23587—2009）［S］. 2009.

（王冬亮）

第二十一章 各类食品卫生及其管理

第一节 课程思政教学设计

一、案例教学适用范围

本案例适用于本科生和研究生"营养与食品卫生学"课程中各类食品卫生及其管理章节的教学。

二、课程教学目标

1. 知识目标

（1）掌握奶类及食用油脂的卫生问题、罐头食品的卫生学鉴定及处理、蒸馏酒的卫生问题。

（2）熟悉粮豆、蔬菜、水果的主要卫生问题，肉类食品的主要卫生问题。

（3）了解粮豆、蔬菜、水果的卫生管理措施，人畜共患传染病及寄生虫病的种类，发酵酒的卫生问题，冷饮食品的卫生及管理。

2. 能力目标

（1）通过案例讨论，让学生能够有针对性地探索并运用理论知识，激发学生学习的兴趣，培养学生发现问题、解决问题的能力。

（2）通过案例讨论，让学生能够充分发挥学习的主观能动性，培养学生综合运用所学知识解决实际问题的能力。

（3）通过案例讨论，学生能够实现理论与实践相结合，加强理论知识学习的实践应用。

3. 价值目标

（1）通过小组案例讨论的教学活动，增强学生的学习主动性、成就感和自信心，培养团队协作能力。

（2）通过案例教学，让学生了解各类食品卫生及其管理在营养与食品卫生学研究中的重要作用以及食品卫生管理与社会发展的关系，树立学生的学术道德和规范意识，树立文化自信，激发学生的创新精神，培养学生的爱国情怀和社会责任感。

（3）通过课程思政案例教学，全面提升学生的综合素质、实现立德树人根本目的。

三、教学方法

本章课程教学适宜采用翻转课堂教学法，学生提前自学慕课和讨论案例，线下理论课程授课可充分结合教师讲授和小组案例讨论等授课形式。教师提出讨论问题，将课程教学的知识目标、能力目标和价值目标融入案例讨论。

第二节　课程思政案例及分析

一、"镉大米"事件

（一）案例内容

2013年2月27日，广东省委机关报《南方日报》刊登了《湖南万吨镉超标大米流向广东餐桌》的调查报道。报道称，2009年深圳粮食集团从湖南省多个中储粮直属粮库采购上万吨大米，经深圳质监部门质量标准检验，该批大米重金属镉含量超标，这些米最终可能流向广东居民的餐桌。有关报道引起广东省委、省政府高度重视。广东省高层领导迅速部署各地各部门开展大米专项检查行动，并对重点地区进行督导检查。3月至4月期间，广东省多个地级城市质监部门陆续公布信息，称正在对市场流通的湖南大米进行严查。3月末至4月底，湖南大米大范围滞销局面出现。兰溪米市所在的湖南省益阳市赫山区农业局局长李新华在接受央视财经频道记者采访时承认，兰溪米市整个粮食生产加工收购的情况，已经下降了70%～80%。

2013年5月16日，广州市食品药品监管局抽检结果显示，在对18个批次的大米及米制品抽检后，监管部门发现有8个批次镉含量超标，比例高达44.4%，其中6批次镉超标大米的产地为湖南省。而在以种植水稻为主的广西思的村，不少村民已出现疑似"骨痛病"初期症状。广东佛山市顺德区通报了顺德市场大米检测结果，在销售终端发现了6家店里售卖的6批次大米镉含量超标；在生产环节，发现3家公司生产的3批次大米镉含量超标；在流通环节，抽检了湖南产地的大米。在抽检的27家杂货铺、食品店、购物中心中，共有6家店里的大米镉超标。这6家店里的镉超标大米都是湖南大米。另外，在生产环节，顺德市场监督管理局还查出了一批原料来自江西、广东乐昌，而在顺德加工的镉超标大米。在6家被公布的大米生产厂家中，有3家来自湖南攸县。而攸县历来是湘东粮仓、农业大县。

5月22日凌晨，广东省食品安全委员会办公室公告称，广东省质监局、工商局及粮食局三大职能部门近期共抽检大米成品1557批次，其中31批次镉含量超标。按产出省份划分，不达标大米中，14批次来自湖南，4批次来自广东，4批次来自江西，2批次来自广西，7批次产地未标明。5月23日下午，广东省公布广州、深圳、珠海等10地市大米镉含量抽检不合格名单。10地市共抽检2208批次大米及米制品，结果发现120批次镉含量不达标。不达标批次中，68批次不合格大米的产地为湖南地区，其次为广东，少量来自江西。5月24日下午，广东省又公布11个地市大米镉含量抽检不合格名单。11地市大米镉含量抽检914批次，不合格6批次，其中3个不合格批次的原料原产地来自湖南，其余来自广西等地。至此，广东省21个地市全部公开了抽检结果。

从2013年5月19日开始，攸县已经召集农业、环保等多个政府部门组成调查组对此展开调查。3家被曝大米镉超标的生产厂家被要求停产待查。2013年5月21日，湖南省攸县官方发出回应文件，向外界具体披露了广州市食品部门通报的攸县四个批次不合格大米的镉含量范围，称原材料稻谷主要收自当地农户，主要销往广州和攸县等地。5月24日，新华社发表题为《"镉大米":核实三月无结果 "保密"还是"护短"?》的报道。报道指出,面对"新华视点"记者的追问,湖南省食品安全委员会就有关情况核实了近三个月仍旧没有明确答复。该省受损的农民、停工的米厂、忧心的公众,仍在浓重的"镉霾"中茫然等待。

2013年5月29日,湖南省对被曝光的生产企业首次回应了"镉大米"事件,表示对加工单位进行了专门检查,对库存粮食加强了监测,强调湖南省绝大部分粮食及加工产品是安全的,尤其是畜禽水产品、蔬菜、水果等农产品的质量合格率多年稳居全国前列。

针对2013年中国热议的"镉大米污染"事件,多位专家表示,土壤镉污染主要来自采矿、冶炼行业,工厂排放废气中含有镉,可能会通过大气沉降影响较远的地方。

(二)案例分析

民以食为天,镉大米的危害更是引起全社会的热议。中国作为粮食大国,种植水稻的地域数不胜数。以大米作为主食的地域也越来越多。镉大米是指大米中的镉含量超过 0.2 mg/kg 的大米。镉通常通过废水排入环境中,再通过灌溉进入食物,水稻是典型的"受害作物"。人长期食用含镉的食物会引起"痛痛病"(即骨痛病)。镉大米的危害主要来自大米中的镉含量。镉是一种重金属元素,在冶金、塑料、电子等行业非常重要,却会对人体产生危害。镉中毒更大的危害在于它的长期性。即使停止食用高镉大米,肾衰症状依然会持续。热议的"镉大米"事件,也反映出食品安全的重要性。镉是一种可以在生物体中累积的具有极强毒性的环境污染物。镉在美国毒理委员会公布的多种危及人体健康的有毒物质中排在第六位,同时又被国际癌症研究机构确定为可使人类与实验动物患肺癌和前列腺癌的致癌物。人体食用镉超标的大米会引起慢性镉中毒,镉在人体内的半衰期长达 10～30 年,可蓄积 50 年之久。

在对一些地方进行抽查时发现,大米镉含量超标的现象依然存在,镉大米带来的危害仍不容小觑,需要食品监管部门做好相应的监测,同时必须明确管理部门的职责。有些情况下,发生食品安全问题的时候,问题没有得到及时的解决。早前的"镉大米"事件并未得到充分的解决,以致此次事件涉及面之广。加强监管部门的管理力度,对杜绝食品安全问题的发生具有重大意义。

（三）课堂讨论

（1）结合"镉大米"事件对于大米中镉含量的标准，谈谈食品安全标准的意义。

1）食品安全标准是食品安全法律法规体系的重要组成部分，《中华人民共和国食品安全法》（简称《食品安全法》）明确规定，禁止生产经营不符合食品安全标准或要求的食品。食品安全标准作为实施《食品安全法》的技术支撑，是食品安全法律法规体系的重要组成部分。

2）食品安全标准是食品安全法制化管理的重要依据，《食品安全法》第九章明确规定，凡生产不符合食品安全标准的食品或者经营明知是不符合食品安全标准的食品，将对生产者或经营者予以相应的行政处罚。因此，食品安全标准是鉴别和评价食品安全质量及其生产经营行为是否合法的重要依据，是食品安全监督执法的前提。

3）食品安全标准是维护国家主权、促进食品国际贸易的技术保障。随着我国加入世界贸易组织（World Trade Organization，WTO），食品进出口贸易日趋增长。WTO在其《卫生和植物卫生措施协定》（SPS协定）及《贸易技术壁垒协定》（TBT协定）中指出：各成员国有权根据本国国民的健康需要制定各自的涉及健康与安全的食品标准。我国制定食品安全标准，一方面，可有效阻止国外低劣食品进入国内市场，保障我国消费者健康，对维护国家主权和利益起到技术保障作用；另一方面，可为提高我国出口食品的安全性，增强我国食品的国际竞争力起到技术支持作用。食品安全标准对于我国国际食品贸易的发展有重要作用。

（2）结合"镉大米"事件对大米质量监测，谈谈食品风险监测的定义。

食品安全风险监测是指通过系统地、持续地对食源性疾病、食品污染、食品中有害因素进行监测，并对监测数据及相关信息进行综合分析和及时通报的活动。具体而言，食品安全风险监测的工作主要包括收集、分析和研究判断食品安全风险信息，制订风险监测计划，采样和检验，上报、汇总和分析数据，发布、通报和监测结果跟踪评价等5个步骤。监测计划的制订是整个风险监测工作的核心，其他活动均是围绕此活动而开展的。

（3）如何防止无机有害物对农作物的污染以减少类似"镉大米"事

件发生？

1）对粪便、垃圾和生活污水进行无害化处理；加强对工业废水、废气、废渣的治理和综合利用。

2）积极、慎重地推广污水灌溉，对灌溉农田的污水，进行严格的监测和控制。污水在灌溉前应先进行无害化处理，使水质符合《农田灌溉水质标准》，并根据作物品种控制灌溉时期及灌溉量。

3）加强对土地的管理，加强宣传教育，让广大群众认识土壤污染的严重危害，树立保护土壤的观念。对于重金属轻度污染的土壤，使用化学改良剂将重金属转为难溶性物质，减少植物对它们的吸收。同时要防止这种方法造成新的土壤污染。

4）定期检测农田污染程度及农作物的无机有害物残留量，防止污水中的重金属等有毒物质对农作物的污染，同时控制农作物生产过程中使用的工具、器械、材料等的卫生质量。

二、三鹿奶粉事件敲响了食品安全的警钟

（一）案例内容

"三鹿奶粉事件"是2008年发生的举世震惊的重大食品安全事件。自2007年年中开始，三鹿集团陆续接到全国各地消费者的三鹿婴幼儿奶粉质量的投诉。自2008年始，对三鹿奶粉质量进行投诉的数量逐渐增多，同时出现较多的婴幼儿泌尿系统病例。2008年6月28日，位于兰州市的解放军第一医院收治了首例患"肾结石"病症的婴幼儿，据家长反映，孩子从出生起就一直食用三鹿集团所产的三鹿婴幼儿奶粉。7月中旬，甘肃省卫生厅接到医院婴儿泌尿结石病例报告后，随即展开调查。随后短短两个多月，该医院收治的病婴人数迅速扩大到14名。到同年9月11日，甘肃省已发现59例尿路结石患儿，且出现1人死亡。这一事件报道初期，媒体并未点名疑似出现问题的奶粉品牌，但随着事件的不断发酵，三鹿奶粉被证实是疑似出现问题的元凶。

自9月11日后，多省多地都有类似案例发生。9月11日晚卫生部指出，近期甘肃等地报告多例婴幼儿泌尿系统结石病例，调查发现患儿多有食用三鹿牌婴幼儿配方奶粉的历史。经相关部门调查，高度怀疑石家庄三

鹿集团股份有限公司生产的三鹿牌婴幼儿配方奶粉受到三聚氰胺污染。

到2008年9月11日晚，在受到多方压力下，三鹿集团承认，公司内部检测中发现2008年8月6日前出厂的部分批次三鹿婴幼儿奶粉中含有三聚氰胺，市场上约有700吨问题奶粉，同时三鹿集团发出产品召回声明。至此，三鹿奶粉事件的起因基本上已经清楚，导致大量婴幼儿患泌尿系统疾病的罪魁祸首是含有三聚氰胺的奶粉。事件发生原因明晰后，国家启动国家安全事故最高响应机制，对全国由食用含有三聚氰胺奶粉致病的病患儿童实行免费诊治，并责成卫生部、农业部对三鹿婴幼儿奶粉中奶牛养殖、原料奶收购、运输、加工及产品销售各环节的生产加工全产业链开展全面检查。

三聚氰胺是一种用途极广的化工产品，与甲醛缩合聚合可制得三聚氰胺树脂，可用于塑料及涂料工业，也可作纺织物防褶、防缩处理剂。三聚氰胺本身属于微毒和低毒类物质，三聚氰胺慢性毒性主要表现为以肾结石、尿道结石和膀胱结石为主的肾损害，以及由结石诱发的膀胱癌，还有肾脏的慢性炎症，严重者出现急性肾功能衰竭或尿毒症。

截至2008年9月，三鹿奶粉事件基本完结。全国免费筛查2240万人，累计接收因食用含三聚氰胺奶粉导致住院的婴幼儿4万余人，官方确认有4名婴幼儿死亡。三鹿奶粉引发了我国奶业界的巨大震动，也揭开了当时中国奶业的一个行业潜规则。国家质量监督检验检疫总局会同国家工商总局、农业部等有关部门对市场上包括婴幼儿奶粉在内的所有乳制品进行了全面检测。检测结果显示：国内主流乳制品企业所生产的婴幼儿奶粉产品中基本上均不同程度含有三聚氰胺。随即涉事企业被要求产品下架，全面整改。由此，三鹿奶粉事件由个案上升为行业通案。至此，三鹿奶粉事件敲响了中国食品安全问题的警钟。

（二）案例分析

三鹿奶粉事件作为影响范围巨大、性质恶劣的食品安全事件，对于国内经济、奶业、乳制品产业等影响巨大。在三鹿奶粉事件后，许多婴幼儿的家长不相信国产奶粉，纷纷购买外国奶粉，导致国内奶业市场份额减少，对国内经济产生影响。尽管这一事件是由奶粉引起的，但事件爆发后，尤其是国家质检总局检测出部分液态奶生产企业的液态奶产品中也含有微量三聚氰胺，这一事件的影响迅速波及奶制品全行业。短时间内，乳制品加工行业规模从奶牛养殖、原料奶生产到生产企业，再到下游销售终端，都迅速萎缩。

三聚氰胺事件的爆发引发了对于中国蛋白质检测技术的反思，此前中国采用凯氏定氮法检测食品中蛋白质含量，即通过检测氮的含量来推算食品中蛋白质含量。因三聚氰胺含氮量高，故和水一起被添加到牛奶中，通过凯氏定氮法检测获得虚假的蛋白质含量。这件事对我们的教训是深刻的，蛋白质检测法的缺陷让不良商家钻了空子。在三聚氰胺事件后，国家及时出台了三聚氰胺限量标准和相关检测方法，对于阻止此类事件的再次发生起到了积极作用。

对于食品安全事件，应尽早地进行预防，目前对于乳类及乳制品已有了较为完善的卫生管理方案。企业应守住底线，不为个体利益损害社会利益。在三鹿奶粉事件之后，相关部门应更加重视食品安全问题，为社会创造更加良好的食品环境。

（三）课堂讨论

（1）乳类食品中存在哪些卫生问题？

1）乳类的微生物污染。①腐败菌，主要引起乳类腐败变质，常见的有乳酸菌、丙酸菌、丁酸菌、芽孢杆菌属、肠杆菌科等，其中乳酸菌是乳中数量最多的一类微生物。②致病性微生物，这类微生物可引起各种人畜疾病，如食物中毒。③真菌，主要有乳粉胞霉、乳酪粉花菌、黑念珠菌等，可引起干酪、奶油等乳制品的霉变和真菌毒素的残留。

2）乳类的化学性污染。乳类中残留的有毒有害物质主要是有害金属、农药、放射性物质和其他有害物质，以及抗生素、驱虫药和激素等兽药。

3）乳类的掺伪。①电解质类，如盐、明矾、石灰水等。在这些掺伪物质中，有的是为了增加重量，有的是为中和乳的酸度以掩盖变质现象。②非电解质类，包括能以真溶液形式存在的小分子物质（如尿素）、针对因腐败所致乳糖含量下降而掺入的蔗糖、为"提升"乳制品中蛋白质含量而掺入的化工原料三聚氰胺等。③胶体物质，一般为大分子液体，以胶体溶液、乳浊液形式存在，如米汤、豆浆等。④防腐剂，如甲醛、硼酸、苯甲酸、水杨酸等，也有人为掺入青霉素等抗生素的情况，其目的是防止腐败，延长保质期。⑤其他杂质，在掺水后为保持牛乳表面活性而再掺入洗衣粉，也有的掺入白硅粉、白陶土等。

（2）病畜乳的处理原则有哪些？

1）结核病畜乳：对有明显结核症状的病畜所产乳要禁止食用，应就地消毒销毁，病畜应予以处理。对结核菌素试验阳性而无临床症状的乳畜所产乳，经传统巴氏消毒或煮沸5分钟后可用于制作乳制品。

2）布鲁氏菌病畜乳：羊布鲁氏菌对人易感性强、威胁大，凡有症状的乳羊，禁止挤乳并给予淘汰处理。患布鲁氏菌病乳牛所产的乳，经煮沸5分钟后方可利用。对凝集反应阳性但无明显症状的乳牛，所产乳经巴氏消毒后允许供食品工业用，但不得用于制作乳酪。

3）口蹄疫病畜乳：凡乳房出现口蹄疫病变（如水疱）的病畜所产乳，要禁止食用并就地进行严格消毒处理后废弃。

4）乳房炎病畜乳：乳畜乳房局部患有炎症或者乳畜全身疾病在乳房局部有症状表现时，其所产乳均应在消毒后废弃。

5）其他病畜乳：乳畜患炭疽病、牛瘟、传染性黄疸、恶性水肿、沙门氏菌病等，其所产乳均严禁供食用，应予以消毒后废弃。

（3）巴氏消毒法分为哪几种？

巴氏消毒法（pasteurization）即利用较低的温度来杀死致病菌，又能保持乳中营养成分和风味基本不变的消毒法。由于该法不能有效地杀灭芽孢菌，因此，巴氏消毒乳的保质期很短，需要冷藏保存。这种常用方法又分为：

1）传统巴氏消毒法：将乳加热到62～65℃，保持30分钟。采用这一方法可杀死各种生长型致病菌，灭菌效率可达97.3%～99.9%。

2）高温短时巴氏消毒法：将乳于72～75℃加热15～16秒，或于80～85℃加热10～15秒。该法杀菌时间更短，工作效率更高。

3）超高温灭菌法：将乳于130～150℃加热0.5～3秒。超高温灭菌法既能有效地杀灭乳中所有微生物并钝化酶类，又不至于使乳的营养成分和风味变化很大。采用该法和无菌包装生产的灭菌乳可以在常温下保存数月。

参考文献

[1] 陈炳卿. 现代食品卫生学[M]. 北京：人民卫生出版社，2001.

［2］孙长颢. 营养与食品卫生学［M］. 8版. 北京：人民卫生出版社，2017.

［3］孙秀发，凌文华. 临床营养学［M］. 3版. 北京：科学出版社，2016.

［4］杨月欣，葛可佑. 中国营养科学全书［M］. 2版. 北京：人民卫生出版社，2019.

［5］中国营养学会. 中国居民膳食营养素参考摄入量（2023版）［M］. 北京：科学出版社，2014.

（冯　丹）

第二十二章 食源性疾病及预防

第一节 课程思政教学设计

一、案例教学适用范围

本案例适用于本科生和研究生"营养与食品卫生学"中食源性疾病及预防的教学。本章分三次共六个学时讲授,主要内容分别为:

(1) 食源性疾病:包括食源性疾病的概况、人畜共患传染病的特点和预防措施、食物过敏以及食物中毒的概念。

(2) 细菌性食物中毒:包括细菌性食物中毒概述,常见的细菌性食物中毒的流行病学、发病特点、诊断以及预防和处理等。

(3) 其他类型的食物中毒和食物中毒的调查处理:包括真菌及其毒素食物中毒、有毒动植物中毒、化学性食物中毒和食物中毒调查处理。

二、课程教学目标

1. 知识目标

(1) 食源性疾病:重点掌握食源性疾病、食物过敏和食物中毒的概念。食物中毒的发病和流行病学特点;熟悉各种人畜共患传染病的特点和预防措施。

(2) 细菌性食物中毒:重点掌握细菌性食物中毒的概述,常见的细菌性食物中毒的中毒机制、临床特点、引起中毒的食品和预防措施。

(3) 其他类型的食物中毒和食物中毒的调查处理:重点掌握真菌性食物、有毒动植物和化学性食物中毒的中毒机制、临床特点、引起中毒的食品、症状、急救治疗和预防措施。

2. 能力目标

（1）通过案例讨论，让学生能够掌握食源性疾病的概念、范畴以及致病因子。掌握和熟悉常见的细菌性食物中毒、有毒动植物和化学性食物的中毒机制、临床特点、引起中毒的食品及防治原则和措施。

（2）通过案例讨论，让学生能够熟悉常见人畜共患传染病的特点和预防措施。掌握和了解常见的真菌性食物中毒的中毒机制、临床特点、引起中毒的食品和预防措施；让学生了解有毒动植物中毒和化学性食物中毒的中毒原因、流行病学特点、中毒机制和症状、急救治疗和预防措施，以及食物中毒的调查和处理。

3. 价值目标

（1）通过小组案例讨论的教学活动，增强学生的学习主动性、成就感和自信心，培养团队协作能力。

（2）通过案例教学，围绕中毒事件调查和分析设置案例讨论题目，通过案例讨论，让学生了解食物中毒诊断和防治的重要性，掌握食物中毒调查的一般程序和方法。同时，通过案例讨论和信息介绍，让学生了解食源性疾病在食品安全中的重要性。培养学生辩证思考能力，通过学习历史引以为戒，激发学生的服务社会和创新精神，培养学生的爱国情怀和社会责任感。

三、教学方法

本章课程教学适宜采用学生提前自学慕课，线下理论课程授课，充分结合教师讲授和小组案例讨论等授课形式。教师提出讨论问题，将课程教学的知识目标、能力目标和价值目标融入案例讨论。通过案例分析、理论联系实际，提高学生学习的积极性和主动性。

第二节　课程思政案例及分析

一、食源性疾病——人畜共患病（疯牛病）

（一）案例内容

疯牛病发现始末、流行情况和对人类的危害。

1. 疯牛病发现起始：库鲁症和朊病毒

20 世纪 50 年代，在太平洋岛屿的一些部落中，仍保留有食用亲属死者尸体的习惯。当地有一种怪异而致命的疾病——库鲁症（Kuru）。患上库鲁症的人无法走路、浑身颤抖、笑个不停，因此，"库鲁症"也被称为"笑死病"。库鲁症在当地被认为是因巫术导致的疾病。新几内亚官员吉加斯邀请美国儿科医生及病毒学家加德赛克参与这种疾病的研究。由于患者大多出现于食尸部落，加德赛克首先怀疑这是一种传染病，可能是由死者传染而来，但通过进一步观察，病人都不曾患有炎症，而这与以往"传染病人必有炎症"的理论相悖。

1913 年，在德国一家修道院中，一名女仆罹患精神疾病。这个姑娘一直开朗活泼，患病后却性格大变，不吃饭、不洗澡、表情呆滞、步履蹒跚，与库鲁症症状有许多相似之处。患者被送到布列斯劳大学医院，一位年轻的医生克罗伊朗茨费尔特接诊了该名病人，对病人病逝后的尸体进行解剖后发现，患者脑部虽然没有炎症，但严重受损，切片呈现海绵状空洞，一种不知名的物质杀死了部分脑细胞，而神经胶质则进驻了这些空洞。1920 年，克罗伊朗茨费尔特公布了这一发现。这种病状被称为克罗伊朗茨费尔特-雅各布症（Creutzfeldt-Jakob disease，CJD）。与 CJD 相类似的疾病还在羊群、水貂和牛等动物中发现。1959 年 6 月，英国发现了羊瘙痒症（Scraple），这种病的最大特征是绵羊感到身体发痒，到处磨蹭墙壁或树干，同时伴有走路不稳、浑身颤抖等现象，直至死亡。通过解剖，发现患有"羊瘙痒症"的羊脑子里，都出现神经胶质的不正常增生和入侵，与库鲁症病人的人脑切片高度相似。

1961年夏，兽医海德娄发现有些水貂患有传染性貂脑病，与患羊瘙痒症的羊脑的病理状况几乎一样。经过调查发现，患病原因有可能是动物饲料中混有牲畜内脏，这其中就可能包括患羊瘙痒症的病羊。后来加德赛克将库鲁症成功地传染给猩猩，因此推测这可能是一种传染性的病毒，然而这种致病原并不能被紫外线照射杀灭，这种病毒被暂时被称为慢病毒。后来证明，上述诸多疾病的真正罪魁祸首，不是通常意义上的病毒，而是所谓的朊病毒，即蛋白质病毒，朊就是蛋白质的旧称（prion）。科学家认识到有一种病毒是直接以蛋白质形式存在的，这就是朊病毒。由于对朊病毒的研究，加德赛克获1976年度诺贝尔生理学或医学奖。

2. 疯牛病的流行情况和对人类的危害

与CJD相类似的疾病，还有发生在牛群中的疯牛病，它们都是由类似病原体所引起的脑神经退化性疾病。疯牛病是一种人畜共患病，又称牛海绵状脑病（Bovine-spongiform encephalopathy，简称BSE）。该病以大脑灰质出现海绵状病变为主要特征，表现为亚急性、渐进性和致死性神经系统变性。目前尚无有效的治疗方法，死亡率几近100%。该病于1985年4月首先发现于英国并于1986年11月命名为BSE。疯牛病不仅在英国广泛流行，而且在全球呈蔓延趋势。由于BSE又称疯牛病，最初采用病理学方法诊断，是一种严重的人畜共患病，也是世界各国口岸动植物检疫部门重点防范的传人家畜传染病之一，一旦发生，所造成的直接和间接经济损失将无法估量。

BSE病例数不断增加，至1997年8月，英国已累计确诊超过16万头牛患上疯牛病。欧洲其他国家也不断发现BSE并呈现迅速蔓延和增长趋势。2003年5月，加拿大发现北美大陆首例疯牛病，美国政府立即宣布禁止从加拿大进口牛肉及其制品。加拿大是世界第三大牛肉出口国，每年牛肉出口额约30亿美元。在加拿大牛肉出口贸易中，美国市场占了80%。因此，疯牛病对加拿大养牛业和肉食品加工业造成了沉重的打击。2003年12月，美国华盛顿州发生了首例疯牛病。美国牛肉业的总产值当时估计约1750亿美元，它支撑了100多万个企业、农场和饲养场以及以牛肉汉堡为主打食品的麦当劳等快餐业，故疯牛病对美国的影响更大，疯牛病导致美国牛肉业至少数十亿美元的巨额损失。

疯牛病对人类的危害不仅仅是造成经济上的巨大损失，包括宰杀、焚烧感染的牛羊，消毒环境，处理有可能污染的饲料及动物源的加工产品，以及影响外贸（如许多国家禁止购买英国及欧盟的牛和饲料等）等，更为严重的是，食用 BSE 病牛的肉可导致人患上新型的变异型克-雅氏病（nvCJD），此病当时是 100% 死亡的不治之症。1999 年 12 月，英国政府已证实朊病毒可以由牛传播给人并引起人的新型变异克-雅氏病，这种变异可造成致命性神经变性。病人最初表现为冷漠、进行性共济失调、记忆受损、阵发性痉挛，大多在一年内死于全身感染。从 1995 年到 2000 年，英国已经确诊的 nvCJD 病例有 80 余例，截至 2003 年年底，全球累计已有至少 137 人死于 nvCJD，其中多数集中在英国。2004 年 6 月，美国佛罗里达州一名妇女也因感染这种新型克雅氏病去世，成为死于疯牛病的第一位美国人。

因为机体对 BSE 的感染不产生保护性的免疫应答反应，所以免疫接种不是预防 BSE 的理想方法。我国目前没有 BSE 病例，为预防 BSE 病传入我国，农业部要求严格禁止使用同种动物源性蛋白饲料喂养同种动物；禁止擅自经营和使用欧盟成员国家生产的动物性饲料产品，对有使用 BSE 病国家的反刍动物饲料或有羊瘙痒病国家的羊肉骨粉者，必须立即就地销毁饲料并依法追究当事人责任。我国禁止个人和非主管单位擅自研究 BSE 病，对使用病原或用病原料做动物实验，或引进相关生物性研究材料等都做了明确的规定。

（1）禁止从欧盟国家等疫区进口动物性饲料产品：规定将肉骨粉等动物饲料作为法定检疫检验的产品，并凭农业部颁发的"进口饲料登记许可证"接受报检。对已办理有关进口检疫审批手续的动物性饲料，必须有出口国家官方出具的入境检疫证书以证明其来源的动物品种。凡不符合规定的或没有办理有关进口检疫审批手续的动物性饲料和产品一律作退回处理。

（2）加强对 BSE 的监测：指定农业部动物检疫所为全国 BSE 检测中心。规定全国各地必须对本地区所有进口牛（包括胚胎）及其后代喂饲过进口反刍动物性饲料的牛进行全面的追踪调查，并把调查结果报给国家畜牧兽医局。如发现牛表现类似 BSE 症状且经鉴别排除其他疾病时应立即上报监测部门予以确诊。

（3）建立完善的健康记录档案：有关单位对进口牛（包括胚胎）和后代均应建立完善的健康记录档案以备查。

(二) 案例分析

以典型的人畜共患疾病——疯牛病为案例，围绕疯牛病的起源、流行以及对人类的危害，通过案例讨论让学生了解食品安全的重要性，培养学生分析问题和解决问题的能力，让学生意识到严重的人畜共患疾病对国家贸易和经济以及患者健康带来的巨大危害，强调以预防为首要的公共卫生的重要性。同时，通过案例讨论和案例介绍，让学生体会流行病学调查和实验室诊断对食源性疾病诊断的重要性。虽然疯牛病主要发生在英国，通过讨论的形式探讨我国在疯牛病预防方面的优势和潜在的风险，让学生领会医学领域的发现、创新突破对人类健康的促进作用，培养学生辩证思考能力、创新精神、爱国情怀和社会责任感。

(三) 课堂讨论

(1) 疯牛病的病原体是什么？通过什么途径传播？

疯牛病由朊病毒（prion）引起，可复制，但无病毒形态和核酸，能抵抗蛋白酶的作用，消毒剂或消毒措施无作用。朊病毒的传播途径：食用动物肉骨粉饲料、牛羊骨粉汤或医源性感染。

(2) 疯牛病的主要临床表现有哪些？如何处理病畜？

BSE之前，人类已发现的海绵状脑病克-雅病（CJD）是一种以大脑灰质出现海绵状病变为主要特征的致命性神经变性，伴有严重的神经精神系统症状和体征，病死率为100%，人食用被疯牛病病毒污染的牛肉可感染，常见的临床症状为：冷漠、进行性共济失调、记忆受损、阵发性痉挛，多在一年内死于全身感染。对病畜采取无出血方式扑杀，焚化并深埋处理，不得直接掩埋，病畜接触过的物品尽可能焚烧。

二、细菌性食物中毒的案例分析：一起酒店聚餐引起的副溶血性弧菌食物中毒事件

(一) 案例内容

副溶血性弧菌是一种嗜盐生长的革兰氏阴性弧菌，是沿海地区细菌性食物中毒的主要病原菌。2017年7月2日，杭州市民朱某在酒店举办婚

礼晚宴（66 桌 660 人）。同天晚上，市民唐某也在该酒店为儿子举办周岁宴（5 桌 50 人）。两场宴席分别在该酒店不同楼层举办，时间均为晚上 6 点左右。2017 年 7 月 3 日，余杭区疾病预防控制中心接到报告，在同一酒店内，两场不同宴席的就餐者陆续发生腹痛、腹泻、呕吐等症状，疑似食物中毒。疾病预防控制中心调查人员接报后开展现场（医院和就餐场所）调查。

1. 流行病学调查：定义病例、调查患者主要症状及出现时间，初步确定潜伏期

（1）采用《食物中毒事故个案调查登记表》，对医院就诊病例和对照人群进行调查。

（2）病例患者的定义为 2017 年 7 月 2 日晚上在该酒店参加喜宴或周岁宴的客人中腹泻≥3 次/24 h 并伴有腹痛和呕吐等症状者。共发现 26 名符合定义的病例。

（3）调查结果：医院共接治 26 名病例，首例患者沈某出现呕吐（>3 次/24 h）、腹痛、腹泻（>10 次/24 h）症状，无发热，在医院输液治疗后，明显好转。该病例发病前无类似病例接触史和其他聚餐史，仅参加该酒店的喜宴。血常规显示，白细胞和中性粒细胞升高、淋巴细胞降低。医院接治的 26 名病例均以多次水样便、腹泻、腹痛、恶心和呕吐为主要症状，少数发热，病例的主要临床表现见表 22-1。血常规检查结果显示，全部病例白细胞数升高（>10.0×10^9/L，最高达到 26.3×10^9/L）、中性粒细胞比例升高（最高为 93.1%）、淋巴细胞数降低，少数病例的粪便检查有隐血和白细胞。

表 22-1　26 名病例临床症状分布

临床症状或体征	人数/人	占比/%
腹泻	26	100.0
腹痛	24	92.3
恶心	13	50.0
呕吐	12	46.2
发热	2	7.7

（4）流行病学分析。时间分布：7月3日0点开始出现首例病例，发病高峰集中在6：00—12：00，共有24名病例，7月3日16点以后无新病例出现，潜伏期中位数为12 h。流行病曲线提示为短时间内点源暴露。空间分布和人群分布：男性15人、女性11人，年龄在11～72岁之间。参加喜宴后发病18人，参加周岁宴后发病8人，总罹患率为3.7%（26/710）。

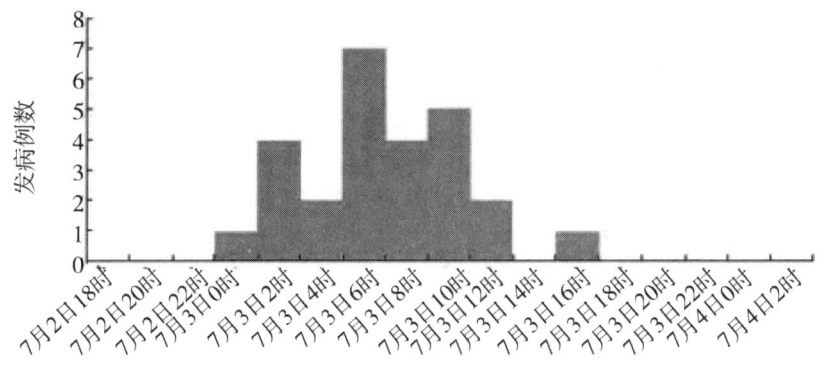

图22－1　发病时间分布

（5）确定可疑餐次和可疑的污染食物。

对医院就诊的病例和参加两场宴席的人员进行访谈：发现至少15名病例只参加了喜宴的晚宴，未参加午宴，而参加周岁宴（晚宴）的所有病例仅在酒店聚餐，无其他共同聚餐史。初步确定酒店晚宴为可疑餐次。

调查参加晚宴的病例和非病例进食菜肴种类和进食量：分析比较两场宴席中进食不同菜肴的客人的罹患率，搜索可疑污染食物。

调查结果：根据酒店提供的菜单发现，喜宴和周岁宴有8个冷菜和13个热菜相同。由于酒店未按规定对就餐食品进行留样，调查人员无法采集到可疑食品。经统计分析，病例与未发病者的就餐食品差异无统计学意义（$P>0.05$），从流行病学角度不能确定污染的食品。

对该酒店当晚服务两场宴席的从业人员进行调查和采样：发现包括16名厨师在内的所有涉及人员均无发病症状。

2．实验室检测

现场采集的26份病例肛拭子中10份检出副溶血性弧菌，16份厨师肛拭子中3份检出副溶血性弧菌，血清型均为O3：K6。运用脉冲场凝胶电泳（PFGE）技术进行分子分型，13株副溶血性弧菌经过酶切和PFGE

电泳后获得同一种 PFGE 条带，如图 22-2 所示。

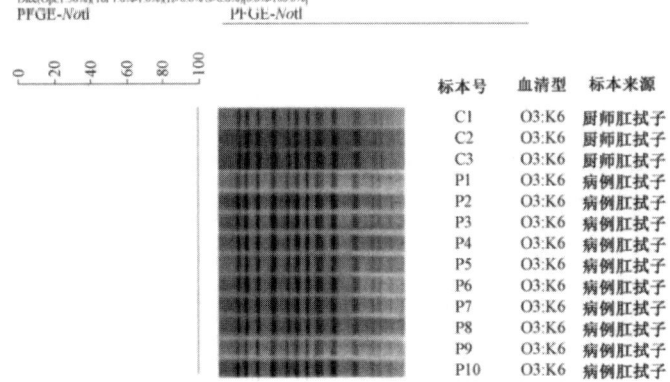

图 22-2　13 株副溶血性弧菌 PFGE 电泳图谱

3. 结论

依据《食品安全事故流行病学调查技术指南》（2012 年版）和《副溶血性弧菌食物中毒诊断标准及处理原则（WS/T 81—1996）》，综合流行病学、食品卫生学和 PFGE 技术，判断这是一起因共同进食 7 月 2 日晚餐引起的副溶血性弧菌食物中毒事件。

（二）课堂讨论

通过对一起酒店宴席而引起的副溶血性弧菌的食物中毒调查，让学生意识到食品安全的重要性，了解食物中毒调查的程序、致病原因的判断和鉴别诊断，以及针对性的预防措施。引导学生讨论：

（1）副溶血性弧菌食物中毒的症状特点有哪些？潜伏期多长？中毒机制如何？主要存在于何种食物中？

副溶血性弧菌是一种嗜盐性弧菌，主要存在于鱼、虾、蟹、贝等水产品中，在常温下能大量繁殖，被该菌污染的食品即便经过加热处理，也有可能导致食用者中毒。中毒机制为混合型食物中毒，即大量的活菌及耐热型溶血毒素共同作用于肠道，潜伏期为 14～20 h。

（2）如何确定该起事件为副溶血性弧菌污染导致的食物中毒？

结合流行病学调查和实验室检测综合判断。本次事件中的 26 名病例临床症状相似，潜伏期较短。经流行病学调查，两场宴席菜品重叠较多，宴席的地点和时间一致，潜伏期的中位数为 12 h，为短时间内点源暴露。未参加宴席或参加宴席少吃宴席菜品的人不发病，未发现人与人之间的传染，排除传染病暴发的可能，确定为一起食物中毒事件。实验室检测结果显示：检出的 13 株副溶血性弧菌的血清型均为 O3：K6，是国际上副溶血性弧菌流行的优势血清型。采用 PFGE 技术，对 13 株副溶血性弧菌进行分子分型，得到同一种指纹图谱。

（3）该起食物中毒事件的诊断方面有哪些优势和不足？

优势：PFGE 技术在本次事件处理中弥补了流行病学溯源的不足，根据 TENOVER 等的同源性判断标准，PFGE 电泳条带的数量和位置完全相同则为同一型别菌株。试验结果表明，13 株副溶血性弧菌来源于同一亲代，从分子分型水平上证明这两场宴席的就餐者发病与厨师携带的副溶血性弧菌密切相关，不排除厨师污染食品的可能。两场宴席的部分就餐者食用了被副溶血性弧菌污染的某个菜肴，导致集体发病。

不足：由于事发酒店没有按规定对就餐食品进行留样且第一现场没有完整保存，索取可疑食品难度较大，调查时间滞后。同时，病例对食物的回忆偏倚较大，无症状者对调查的依从性差，流行病学调查分析难以深入开展，无法采集到导致食物中毒的污染食品，在食物中毒传播路径的食品环节未能分离出副溶血性弧菌，无法形成完整的证据链。

（4）如何预防食物中毒？

夏秋季节气温较高，适宜致病菌的繁殖，是各类细菌性食物中毒的高发时间。食品在制作、运输和储存过程中容易受到致病菌的污染，虽然被污染的食品感官性状暂时良好，尚未腐败变质，但食品的卫生质量和食用的安全性已经下降，所以不能单纯以食品感官性状的好坏来判断食品是否能安全食用。食品安全监管部门应督促餐饮企业建立环境卫生管理制度，落实餐饮从业者的健康管理制度，加强对餐饮企业的监督管理。餐饮企业应在食品安全监管部门的监督指导下，对餐饮企业的厨师、服务员和主要管理人员进行相应的健康教育宣教，防止此类事故的再次发生。

三、真菌性食物中毒案例分析：一起椰毒假单胞菌酵米面亚种污染导致的黑木耳中毒事件

（一）案例内容

1. 事件经过

2019年8月28日，深圳市某患者进食已浸泡3天的黑木耳后出现恶心、腹泻、排墨绿色稀水样便，每数分钟排一次大便，自服"益生菌"治疗。29日，患者腹泻减轻，但恶心、呕吐加重，呕吐次数增加，伴乏力、口干，遂就诊。血常规检查：总胆红素92.05 μmol/L（正常参考值5.13～22.24 μmol/L）；谷丙转氨酶2671 U/L（正常参考值0～40 U/L）；谷草转氨酶2246 U/L（正常参考值0～40 U/L）；乳酸脱氢酶3330 U/L（正常参考值≤252 U/L）；羟丁酸脱氢酶1367 U/L（正常参考值90～182 U/L），以急性肝功能损害为主要特点，流行病学调查确定黑木耳为高危暴露食品。

2. 样品收集

经调查，患者曾采摘一大袋黑木耳并晒干，取部分干木耳泡发3天。泡发好的黑木耳未全部烹饪，采集剩余湿木耳样品以及患者入院后的血液和尿液样品进行检测。患者中毒5天后进行了肝移植，对置换下来的坏死肝脏也进行米酵菌酸（bongkrekic acid, BA）检测。患者中毒9天后，跟踪监测，采集患者血液；干、湿木耳用于后续菌的分离和培养。

3. 实验室检测结果

患者血、尿及食物样品中含有高浓度BA。其中，湿木耳中BA含量高达1.25 mg/g，血清中BA含量高达450.8 ng/mL，尿液中BA含量为7.04 ng/mL，上述结果反馈为调查和临床抢救迅速指明了方向。此外，坏死肝脏提取液中BA含量达79 ng/mL。中毒9天后，跟踪监测患者血液，BA浓度下降至137.7 ng/mL。湿木耳中可分离出唐菖蒲伯克霍尔德氏菌（burkholderia gladioli）菌株，也被称为"椰毒假单胞菌酵米面亚种"，它是一种广泛存在的细菌，其中部分菌株产米酵菌酸和毒黄素（检出率为1.1%）。干湿木耳中分离的菌株培养后菌悬液中BA含量分别为7387 ng/mL和6977 ng/mL。继续培养5d，BA含量下降分别为1018 ng/mL和907 ng/

mL，确证木耳中唐菖蒲伯克霍尔德氏菌产毒是本次中毒事件的根源。

4. 推测米酵菌酸的体内过程

残留食材（泡发木耳）中 BA 含量为 1.25 mg/g，患者自述进食半碗黑木耳，实验室模拟称质量，半碗湿木耳（未烹调）的质量约 50 g，推测 BA 摄入量达 60 mg（BA 热稳定，不易被烹饪破坏）。患者身体质量约 60 kg，以 4000 mL 血量计，血清中 BA 浓度为 450.8 ng/mL，血中 BA 总量约为 1.8 mg，只占摄入量（60 mg）的 3%。同时，BA 的清除速率并不迅速，进食 51 h 后，血清中 BA 浓度为 450.8 ng/mL，进食 218 h 后，血中 BA 仍有 137.7 ng/mL。因此，推测 BA 具有相当大的表观分布容积，BA 摄入后，广泛分布于人体器官。以往调查多名 BA 中毒患者也出现肝、肾、脑等多器官衰竭，印证了 BA 分布的广泛性。此外，进食 51 h 后，尿中 BA 浓度（7.04 ng/mL）仅为血中 BA 浓度（450.8 ng/mL）的 1.56%，提示 BA 极少以原型排泄，因此，应急检测中尿液不是理想的样本。

5. 椰毒假单胞菌酵米面亚种和 BA 中毒的病原学和流行病学

椰毒假单胞菌酵米面亚种的外毒素 - 米酵菌酸（BA），是一种热稳定、高不饱和的三羧酸脂肪酸。米酵菌酸是谷类在椰毒假单胞菌酵米面亚种发酵作用下产生的一种线粒体毒素，其主要的靶器官是肝脏、大脑和肾脏，症状主要包括腹痛、呕吐、腹泻、乏力、烦躁、休克、多器官功能衰竭、弥漫性细胞功能障碍和死亡。

米酵菌酸致死率高，1975 年以来，在印度尼西亚，食用米酵菌酸污染的酵椰饼（发酵椰奶制品）已导致近 3000 例中毒，平均死亡率为 60%。20 世纪中叶以来，中国累计报告 BA 中毒人数超过 9000 人，仅玉米制品就导致了 1000 多例患者死亡。1953—1994 年，我国学者在 16 个省份发现由 BA 引起的中毒事件 545 起，中毒人数 3352 人，死亡 1401 人，平均病死率高达 41.8%。1990—2006 年，广西壮族自治区由于食用酵米面导致 BA 中毒 121 人，其中死亡 76 人，病死率高达 62.8%。自 2018 年广东省首次接报 BA 中毒病例以来，截至 2020 年 8 月，共接报 22 例米酵菌酸中毒病例，其中死亡 9 例，病死率达 41%。深圳多起 BA 中毒病例中，尚无 BA 中毒抢救成功的案例。米酵菌酸中毒患者病情凶险，一般很快转入 ICU 进行抢救，给患者家庭、医疗机构和社会带来巨大压力。

（二）课堂讨论

通过该案例，让学生了解椰毒假单胞菌酵米面亚种的中毒机制、主要症状、诊断和预后，加强学生对食品安全隐患的重视。引导学生讨论以下问题。

（1）椰毒假单胞菌酵米面亚种主要污染的食品有哪些？危险性如何？

近年来，由米酵菌酸引起的群体性食物中毒事件频发，米酵菌酸中毒致死率高，可污染食物种类众多，如椰奶制品、玉米制品（酵米面）、黏米制品（河粉）、醋凉粉、小米或高粱米面制品（臭米面）、马铃薯粉条、甘薯淀粉、木耳和银耳等，都能被污染而产生米酵菌酸，米酵菌酸中毒潜伏期短、病死率高、无特效解毒药物，已经引起社会高度关注，被列入"2020年食品安全与健康十大热点"。

（2）结合本案例，对于椰毒假单胞菌酵米面亚种食物中毒事故应如何开展调查和实验室检测？

本次调查先以液质技术为手段，迅速确诊患者为米酵菌酸中毒，并协助临床抢救患者。同时，采用生化鉴定和质谱（MALDI-TOFMS）方法确证，并从干木耳和湿木耳中分离出唐菖蒲伯克霍尔德氏菌。细菌培养后用液质技术检测菌株在实验室条件下所产的米酵菌酸，证明均为产毒株。

唐菖蒲伯克霍尔德氏菌可污染食物的种类众多，该菌在土壤和植物等自然环境中普遍存在，该菌存在产高含量BA的菌株，是导致暴发的主要机制。BA的产生对培养基组分、pH、温度、培养时间等要求较高，菌株会随着实验室条件下保存时间的延长，产毒能力逐渐衰退，容易导致动物实验给药剂量过低（0.06 mg/kg），毒力测定实验中小鼠发病但不致死。唐菖蒲伯克霍尔德氏菌产毒的暴发机制仍需要深入研究，BA的毒代动力学、临床抢救措施有效性、多组学研究等仍有待进一步研究证实。

四、细菌性食物中毒案例分析——2006年美国"毒菠菜"事件始末(大肠杆菌食物中毒)

(一)案例内容

1. 始料未及：小小菠菜竟能致命

2006年9月11日，美国疾病控制与预防中心（Centers for Disease Control and Prevention，CDC）接到紧急消息：威斯康星州暴发食源性疾病。经调查确定疾病暴发的根源是袋装菠菜中的O157:H7大肠杆菌，此次事件波及美国26个州及加拿大部分地区，共造成204人发病，其中104人住院，31人患溶血性尿毒症综合征（heomlytic uremic syndrome，HUS），3人不幸死亡。这起食源性疾病引起了美国社会各界的强烈关注，媒体对此事件的最新动态和社会反应进行了密集报道，它是一起典型的微生物污染引发的食品安全事件。这次食物中毒事件是由O157:H7大肠杆菌引起的，根源是袋装菠菜。面对病例数量急剧增加的状况，2006年9月14日，美国食品药品监督管理局发布了菠菜禁食令，呼吁民众暂时不要吃袋装菠菜；第二天，又将禁食范围扩大到全部新鲜菠菜。自此，各商店迅速将袋装菠菜下架。

2. 2006年美国毒菠菜事件的主要过程

美国是蔬菜生产大国，蔬菜种植面积达130万公顷，美国菠菜的主要产地为加利福尼亚州和得克萨斯州。2005年，全美国菠菜大约74%产自加州。美国人喜欢用菠菜加上水果、干果和其他蔬菜，做成爽口的沙拉。正是由于美国消费者在食用菠菜时多数未经过熟制处理才导致此次严重的食品安全事件，该事件同时暴露出美国联邦食品药品监督管理局对于食品安全监督措施的不到位。

截至2006年10月6日下午1时，"毒菠菜"已造成美国26个州199人感染O157:H7亚型大肠杆菌，其中102人（51%）住院，31人（16%）发生溶血性尿毒症综合征（HUS），3人不幸死亡。所有感染者中，151例（71%）为女性、22例（11%）为5岁以下儿童。发生HUS的患者中，29%为18岁以下的青少年或儿童，8%为18～59岁组，14%为60以上老年组。发病者可以明确回忆发病时间，80%在8月19日至9

月 5 日这段时间内，发病高峰期为 8 月 30 日至 9 月 1 日（30% 发病者）。

10 月 27 日美国负责调查毒菠菜事件的人员表示，该事件的罪魁祸首可能是野猪。据他们分析，野猪或将致命细菌传播到加利福尼亚州的菠菜田里，引发"毒菠菜"事件，调查人员将怀疑的目标锁定在一个农场，这个农场的菠菜田都被栅栏围着，但野猪常常拱倒栅栏，钻进田里吃菠菜。调查人员从一头野猪、溪水还有农场的牛身上采集样本，结果发现，从野猪身上采集的样本呈阳性，与被怀疑引发"毒菠菜"事件的 E 型大肠杆菌的菌株是相同的。

3. 美国毒菠菜事件的调查

疫情发生后，从事发地区、州到负责全美卫生与食品安全的最高责任部门及时向公众发出警告，防止疫情进一步扩大。美国食品药品监督管理局和疾病预防控制中心对大肠杆菌感染发出预警后，根据各自分工开展疫情的防治工作。

（1）通过疫情线索加紧确定病源。

部分患者还保留着标有公司名和标签号的袋装菠菜，还记得"自然选择"食品公司是提供袋装菠菜的厂商之一，这为 FDA 的调查工作带来很大的便利。FDA 和 CDC 的联合调查很快就查明了袋装菠菜是致病元凶，并查明了病毒是由于灌溉及加工菠菜的水源受污染导致的。"自然选择"食品公司总共为 30 家企业提供菠菜产品，其中为 Dole 公司提供的袋装嫩菠菜就是引发此次疾病的罪魁祸首。"自然选择"食品公司的数据显示，受污染的袋装嫩菠菜来源于 4 家农场。最后，FDA 把调查范围缩小到其中一家，并确定污染源是该农场的土地。

据加州食品紧急事件应对小组介绍，2006 年的种植季节之前该地区的种植者并没有采用第三方认证的形式来确保其操作与 FDA 要求一致，而且农场及其周围地区存在着潜在风险，包括灌溉水源容易被家畜（牛）及野生动物（野猪）粪便污染。水质标准参照的是环境保护协会的生活用水标准，该标准中要求检测的普通大肠杆菌量只能作为水质的排泄物污染程度或卫生状况指标，并不能提供 O157：H7 大肠杆菌的含量。调查人员在农场的河水、家畜粪便及野猪粪便的样本里均检测出致病的 O157：H7 大肠杆菌。虽然 FDA 快速察觉到疾病的暴发并迅速进行追溯调查，但当其追溯到受污染的农场时，"毒菠菜"的收割与加工工作已经进行将近一个月。

(2) 召回涉嫌带毒农产品。

2006年9月15日也就是在FDA确定病源为菠菜的第二天,"自然选择"农产品公司就主动召回保质期限在10月1日前的所有含菠菜的产品,包括外销到加拿大、墨西哥的免洗包装菠菜,并检查其下属各农场的污染情况,暂停菠菜生产。到16日,美国所有超市都撤下了货架上的袋装菠菜,一些超市甚至下架了所有新鲜菠菜。

(3) 加大食物中毒防治宣传。

美国食品药品监督管理局以及疾病预防控制中心不断通过网站及其他途径发出警告,让各州民众近期不要吃菠菜,相关部门还采取了一些补救措施,如加强菠菜包装标示,加强对其他蔬菜生产厂商和农场的监管等。"毒菠菜"事件中,媒体的倾力配合也起到了积极作用。自食品药品监督管理局9月15日发布第一则疫情通告开始,美国各大媒体就迅速反应。政府与媒体共同合作,这种良性互动对这起突发公共卫生事件的平稳解决起到了重要的作用。

(4) 2006年美国"毒菠菜"事件的影响。

虽然仅因为一家公司的受污染菠菜而导致疾病暴发,但整个菠菜行业都受到巨大影响,菠菜产品消费需求急剧下降。加州是美国第一大农产品生产与出口基地,其生产的优质蔬菜和水果畅销美国各地,也很受世界许多国家消费者的青睐,素有"世界沙拉盘"的美誉。"毒菠菜"事件被披露后,美国各大超市的袋装菠菜纷纷下架,普通民众对菠菜"敬而远之",大量成品菠菜被销毁,种植菠菜的农场、经营蔬菜的商店以及餐厅的收入都受到严重影响。据统计,"毒菠菜"事件给加州菠菜种植业造成的经济损失高达5000万至1亿美元。

(5) 认识O157:H7大肠杆菌。

大肠杆菌(E. coli)是一种在人和温血动物肠道内常见的细菌。大多数大肠杆菌菌株无害,但一些菌株可引起严重的食源性疾病,它主要通过被污染的食物感染人类。O157:H7大肠杆菌是与公共卫生有关的最重要的出血性大肠杆菌的血清类型,散在病例和暴发中也经常涉及其他血清类型。O157:H7主要通过受污染的食物,例如未经烹调或烹煮不透的绞碎肉制品、原料奶等向人类传播。受粪便污染的水和其他食物以及食物制备期间的交叉污染(如肉制品、受污染的砧板和其他厨房用具)也会导致人体感染。受O157:H7大肠杆菌污染的常见食物包括未煎透的汉堡包、风干肠、未经高温消毒的新鲜苹果酒、酸奶、奶酪和牛奶等。越来越多的暴发与食用水果和蔬菜（芽苗菜、生菜、凉拌卷心菜沙拉）有关，污染可能是由于种植或处理期间的某一阶段接触到家畜或野生动物的粪便。研究显示，从水源（池塘、溪水）、井和水槽中分离出的肠出血性大肠杆菌在粪便和水槽污垢中能够存活数月之久。

（二）课堂讨论

从介绍2006年美国"毒菠菜"事件发生的始末入手，分析其导致的食品安全问题，并进一步从多角度引导学生讨论该事件对中国当前食品安全的启示有哪些？

美国"毒菠菜"事件对中国当前食品安全的启示：①需要加强食品安全监测，提升食品安全检验检测水平，规范食品召回监督管理制度。②需要强化食品安全突发事件和重大事故应急体系建设，全面加大食品安全重大事故的督查督办力度，建立食品安全重大事故回访督察制度和食品安全重大事故责任追究制度。③严厉打击生产经营假冒伪劣食品的行为，重点开展高风险食品安全专项整治。④不断完善可追溯系统，建立"从农田到餐桌"全过程的全国统一的食品认证追溯体系，制订与国际接轨的准入程序。⑤各地方政府可以同当地的大学或者研究机构合作，及时提供更符合本地的食品安全标准；在探讨如何发挥市场主体遵守规范的积极性方面，可以进行更多更深入的研究，制定出适合当地的食品安全政策和方案。

五、细菌性食物中毒案例分析——美国"哈密瓜李斯特菌污染"事件

（一）案例内容

1. 事件概况

2011年10月26日，美国疾病预防控制中心宣布，最近几个月在美国爆发的"哈密瓜李斯特菌污染"事件，造成的死亡人数已经上升到28人，其中一名怀孕妇女因染病导致流产。这是美国自1998年以来致死人数最多的一次食源性疾病疫情。据悉，这次事件爆发以来，美国26个州

已有133人受到感染，老年人受此次疫情的影响最严重，其中133名染病者大多数超过60岁，他们的平均年龄是77岁，最年长的96岁，最小的则不足1岁。死亡的28人的平均年龄则高达84岁。截至2012年8月，共147人感染，33人死亡。

2. 事件原因

这次大规模"李斯特菌感染"事件的源头是位于美国科罗拉多州的延森农场。美国联邦食品药品监督管理局和科罗拉多州官员在调查该农场后发现，该农场卫生设施极差，卫生措施严重缺乏，其包装设备被检测出李斯特菌，在包装车间内也检测到李斯特菌大量传播。原因可能是其运送烂哈密瓜到附近养牛场的卡车车轮上沾染了牛粪，而牛群是李斯特菌携带者，牛粪再污染了农场的包装设备。

李斯特菌是革兰氏阳性的无芽孢杆菌。引起食物中毒的主要是单核细胞增生李斯特菌。李斯特菌分布广泛，繁殖力强，在低温条件下仍能生长是该菌的特征，侵袭型李斯特菌的潜伏期可长达2～6周，一旦感染，轻则出现发烧、肌肉疼痛、恶心和腹泻等，重则出现头痛、颈部僵硬、身体失衡和痉挛等症状。它能引起孕妇"流感样"症状，导致死胎、早产和菌血病，还可导致成年人脑膜炎、败血症和心内膜炎。单核细胞增生李斯特菌比常见的沙门氏菌和某些大肠杆菌更为致命。健康人感染李斯特菌后通常病情轻微，但老年人以及免疫系统虚弱者的病情通常较重。在美国，李斯特菌常污染的食品包括加工肉类和奶酪，而新鲜农产品受污染比较罕见，因此，此次疫情引起卫生部门的密切关注。

美国疾病预防控制中心表示，由于李斯特菌感染者可能在被感染两个月后才出现症状，因此确诊的感染者数量可能会持续增多。由于李斯特菌生命力强，能在低温环境甚至冰箱中存活，美国疾病预防控制中心提醒民众，一旦发现家中有受污染的哈密瓜，应立即扔掉，清理并消毒存放区域。1998年，美国也曾经爆发过一次李斯特菌大规模感染，当时有21人因食用受这种病菌感染的热狗等肉类熟食而死亡。墨西哥1985年也爆发过奶酪李斯特菌感染，共造成18名成人和10名新生婴儿死亡，还引起20例流产共142人患病。

3. 媒体反应：内容充分、公开透明

这是美国25年来最大的食源性疾病事件，因此受到媒体和公众的广泛关注。在此次事件中，CDC和FDA等机构均在官网上提供了详细的信息,不仅包括事件结果,还包括详细的应对过程和决策依据等。CDC 为此次事件在官网上开设了 11 个板块的专页报道,包括基本概念解释、事件爆发情况、食源性疾病监测情况、统计数据、易感人群、预防措施、污染源、疾病诊断、疾病治疗、教育资源、相关出版物等。CDC 还在官网提供了此次事件的新闻发布会录音和文字记录。FDA 除了发布预警信息和召回信息等相关内容外,在官网提供了相应检验报告和对延森农场的环境评估报告,最大限度保持公开透明。从 2011 年 9 月 12 日起,CDC 在官网上共发布信息 14 次,在事件爆发的初期(9 月 12—14 日),信息发布频率更是达到每天一次。频繁更新信息一方面提高了信息的准确性,另一方面随调查深入不断地发现了更多的患者。

(二)课堂讨论

(1)李斯特菌有哪些特点?

李斯特菌是革兰氏阳性无芽孢杆菌,在自然界分布广泛,引起食物中毒的主要是单核细胞增生李斯特菌;产生李斯特菌溶血素 O 的 β-溶血素,有耐低温、耐盐、耐碱的特点,5 ℃ 的低温仍能生长是该菌的特征,并且该菌在 10%~20% 的盐溶液中仍能生长,但不耐酸;对杀菌剂有较强抵抗力。侵袭型李斯特菌是最致命的食源性疾病原体之一,主要以食物为传染媒介,具有很高的致死率,能够导致 20%~50% 的感染者死亡。同时,侵袭型李斯特菌的潜伏期可达 2~6 周,患者被感染后可能很长一段时间才会出现症状。

(2)李斯特菌食物中毒的流行病学特点有哪些?

1)有季节性:夏秋季发病高。

2)中毒食品包括乳和乳制品及肉类、水产品、蔬菜和水果,在冰箱保存时间过长的乳肉制品中尤为多见。

3)易感人群为身体虚弱和免疫力低的人群。

4)食品中李斯特菌的来源:牛乳中的李斯特菌主要来自粪便,牛乳消毒后污染率仍可达 21%;肉制品污染率达到 30%;冰糕和雪糕中李斯特菌的检出率达到 17.39%。因低温生长繁殖,故冰箱冷藏不能抑制其繁殖。

(3)李斯特菌的中毒机制是什么?

主要为感染型,大量活菌入侵肠道所致;也可产生外毒素溶血素 O。

(4) 我们从这个事件中可以学习到什么？

该事件波及范围广、死亡率高，再加上食源性疾病调查耗时长、存在较多不确定性等特征，给风险交流工作带来了很大的挑战。美国 CDC 和 FDA 在公众健康相关机构的共同努力下，仅用了几天的时间就完成了污染源的确定和全国警告的发布，及时挽救了很多人的生命。在紧急事件中如何有效地开展应对和交流，让公众迅速知情、有效引导公众做出正确行为的同时，不引起不必要的恐慌情绪，对于任何一个国家来说都是一大难题，亟须总结经验，为我国应对食源性疾病事件和开展风险交流工作提供借鉴。

六、细菌性食物中毒之沙门氏菌食物中毒及食品安全管理——2009 年美国"花生酱事件"

（一）案例内容

2009 年，一起由花生酱引发的公共卫生安全事件，令美国食品药品监督管理局颜面大失，走下神坛，甚至面临被拆分的命运。

1. 问题花生酱猛于虎

"癌症没有夺走她的生命，但花生酱做到了。"明尼苏达州居民阿尔默的母亲于 2008 年年底去世，其家人 2009 年 1 月被告知，她是因感染了沙门氏菌而去世，愤怒的家人把相关公司告上了法庭。调查发现，美国花生公司布莱克利工厂明知其生产的花生酱和花生糊已被沙门氏菌污染，仍然对外销售，引发这次"花生酱事件"。自 2009 年 1 月以来，美国已有 2068 种产品因花生酱受污染而被召回，44 个州发生沙门氏菌疫情，造成 636 人感染，至少 9 人死亡。一时间，美国民众谈花生酱色变，即便没有使用问题花生酱的"清白"公司也受到了连累。

"花生酱事件"发生后，铺天盖地的批评、指责和压力都涌向美国主要食品监管机构——食品药品监督管理局（FDA）。由于监管职责太多，人力不足，FDA 经常授权各州的某些部门代行其职。FDA 最后一次检查布莱克利工厂是在 2001 年，直到 2006 年经佐治亚州报告才知道该工厂生产花生酱。FDA 调查沙门氏菌疫情锁定布莱克利工厂后，到现场才发现厂房设计和构造存在缺陷，易受污染，屋顶漏水，通风不足，储存成品的冷藏箱四壁发霉，厂房内还有不少蟑螂尸体，并检测出 4 种沙门氏菌。更让美国民众难以接受的是，2008 年 4 月，FDA 曾在海关截留一批布莱克利工厂生产的出口花生酱，这批花生酱因含有"腐烂、肮脏的"物质而遭加拿大政府退回，但当时 FDA 并未对这批问题产品进行抽检。

2. 食品安全迎来新挑战

工业化革命以来，人类实现了大批量的食品生产，同时也带来了新问题。现代化生产流程中任何一个环节出现漏洞，往往会因大批量生产演变成一场灾难。近些年来，卫生、社会和经济各方面都涌现出了新的影响食品安全的因素，比如人和动物在使用抗生素药物治疗之后，经自然选择后存活的病原菌株产生了抗药性，造成新的"超级病菌"。此外，大量动植物的全球化贸易和运输也给各国的食品安全带来了新挑战。"花生酱事件"后，FDA 在巨大压力之下着手创新监管体制，加大监管力度，在 10 多个国家设立办公室，强化"源头监管"思维。

（二）课堂讨论

（1）沙门氏菌食物中毒的中毒机制是什么，发病的主要原因有哪些？

沙门氏菌食物中毒的机制是以感染型为主的，发病原因主要为致病菌的污染，包括牲畜生前感染和宰后污染，在运输、储藏、销售等过程中受到致病菌污染，因储藏方式不当导致致病菌大量生长繁殖或产生毒素，烹调加工不当如食物未经烧熟、煮透而未杀灭病原菌或毒素、煮熟后被带菌的食具或从业人员再次污染。

（2）沙门氏菌食物中毒的流行病学特点有哪些？

沙门氏菌食物中毒发病率较高，占总食物中毒的 40%～60%；发病率的高低受活菌数量（2×10^5 CFU/g）、菌型（猪霍乱的致病力最强，其次为鼠伤寒和鸭沙门菌）和个体易感性（幼儿、体弱老人和疾病病人）等因素的影响。流行特点以夏、秋季节多见，5—10 月高发，占到全年总发病人数和中毒起数的 80%；发病点多面广，暴发与散发并存，以青壮年多发，农民工人为主。

（3）引发沙门氏菌食物中毒的主要食品和污染途径有哪些？

引发沙门氏菌食物中毒的主要食品和污染途径主要为动物性食品，特别是畜肉类及其制品，其次为禽肉、蛋类、乳类及其制品；植物性食物相对较少。食品中沙门氏菌的来源主要为肉类食物，健康动物带菌率为 2%

~15%，病猪带菌率超过70%，家畜、家禽的生前感染（原发和继发）和宰后污染；乳中沙门氏菌污染：患沙门氏菌病奶牛的乳中可能带菌或牛奶受到污染；蛋类也容易受到沙门氏菌的污染，平均带菌率30%~40%；熟肉制品也易受到沙门氏菌的污染；带菌的容器、工具或从业人员等。

（4）发生沙门氏菌食物中毒后需要采取哪些防治措施？

沙门氏菌食物中毒的防治措施包括：

1）防止污染食品：加强卫生监督、检验和管理；防止肉类食品在各个环节被污染。

2）控制细菌生长和繁殖：低温储存、尽快食用缩短储存时间；彻底杀灭病原菌，加热杀灭病原菌是关键措施，但要达到有效的温度；如肉块重量不应超过1 kg，持续煮沸2.5~3小时，或应使肉块的深部温度至少达到80 ℃，并持续12分钟，使肉中心部位变为灰色而无血水，杀菌并灭活毒素。熟肉制品再次加热后才能食用；蛋类如整蛋洗净后，带壳煮或蒸，煮沸8~10分钟以上。

七、细菌性食物中毒——一起肉毒杆菌引起食物中毒事件的调查和分析

（一）案例内容

1. 基本情况

2006年10月6日，青海省疾病预防控制中心接到囊谦县疾控中心报告，该县吉尼赛乡拉翁村一家11人在9月22日至10月2日分别进食自家贮藏的风干牛肉后发生中毒，卫生监督及疾控中心人员赶赴现场进行了调查。9月22日上午9时，3人在家就餐，同日17:20出现首例病人，24日又有7人出现中毒症状，先后在村卫生院治疗。村卫生院医生对10名病人进行了救治，8人经使用E型肉毒抗毒素治疗后痊愈出院，2人因病情加重治疗无效死亡。

2. 流行病学调查

（1）患者进餐情况和中毒症状调查。

该家庭自22日起有11人先后进食了风干牛肉，直接削食的有2人，平均食后9小时后出现中毒症状，进食风干牛肉煮面片的9人中有8人相

继出现中毒症状，1人无症状。11人年龄在15～58岁，其中女性7名，男性4名，均有风干牛肉的进餐史。中毒症状出现的早晚、轻重与进食风干肉数量多少有关。11名进食风干肉者中有10人发病，除有恶心、腹痛、腹泻等腹部不适等一般症状外，还出现视物不清、眼睑下垂、声音嘶哑、吞咽及呼吸困难等肉毒中毒的典型症状。

（2）可疑中毒食物调查。

引起中毒的风干牛肉系该家庭于去年秋后屠宰贮藏的牛肉。屠宰后牛肉用塑料布包严，放置于土坯与草垛筑的箱体内过冬，随后家人又将此肉挂置在灶房顶部风干食用。

（3）实验室检验。

现场采集患者食剩的风干牛肉样品1份立即送细菌科检验。小白鼠腹腔注射法做肉毒毒素定型试验，试验小白鼠出现竖毛、呼吸困难、"蜂腰"、四肢麻痹、烦躁等表现，呼吸困难逐渐加重数小时内死亡，检样经研碎浸泡处理后取其上清液，检测出E型肉毒毒素。

（4）治疗经过。

住院患者及时做皮肤过敏试验后，静脉点滴E型肉毒抗毒素（3000～5000 IU/c）治疗，病情好转后出院。中毒10人，病死率为20%。

（二）课堂讨论

流行病学调查是食源性疾病诊断和防治的基础，基于这些调查和研究提出合理的防治对策和措施，并评价效果。以肉毒杆菌引起的食物中毒为案例，围绕中毒事件调查和分析设置案例讨论题目，通过案例讨论让学生了解食物中毒诊断和防治的重要性，掌握食物中毒调查的一般程序和方法。引导学生思考和回顾肉毒杆菌食物中毒的机制、临床表现、中毒食品以及防治措施。

（1）肉毒杆菌食物中毒的机制是什么？

肉毒杆菌分泌的肉毒素中毒是属于神经型食物中毒，常因进食被肉毒杆菌污染的腌肉、制作不良的罐头食品以及食用豆瓣酱、臭豆腐及不新鲜的鱼、猪肉、猪肝等而发病。

（2）如何诊断肉毒杆菌中毒？

患者肉毒杆菌中毒的临床症状明显，有进食被肉毒杆菌污染肉食的用餐史，用抗毒素救治患者有效，在现场采集的患者食剩风干牛肉样品中测定出肉毒毒素，按照《食物中毒诊断及技术处理原则（GB14938—1994）》，此次中毒为牧民进食被肉毒杆菌及其毒素污染的风干牛肉而引起的细菌性食物中毒事件。在本次中毒事件中，1人未出现症状，与其进食风干牛肉的数量较少有关。

(3) 肉毒杆菌中毒的流行病学特点有哪些？

肉毒杆菌中毒发生以牧区为主，春季居多，这与青海省牧民每年春季常食用上年冬季贮存的牛羊肉有关。冬季来临时牧民屠宰、保存牛羊肉食不当，导致肉类被土壤环境中的肉毒杆菌污染。藏族牧民有直接生食未经高温煮熟风干牛羊肉的习俗，易引起肉毒杆菌中毒事件。

(4) 如何预防和治疗肉毒杆菌中毒？

越冬风干牛羊肉高温煮熟后再食用，是预防肉毒杆菌中毒发生的关键措施。因此，各级卫生监督、疾病控制人员每年春季要做好应对肉毒杆菌中毒事件的准备，深入牧区加大对牧民群众食品卫生知识的宣传力度。肉毒抗毒素目前是治疗肉毒中毒的特效生物制剂，及时对中毒者适量使用，是挽救其生命的重要治疗方法。若暂不能确定中毒型别，则可用A、E型混合使用，一般在发病12小时内应用效果较好。抗毒素是医治肉毒杆菌中毒唯一有特效的治疗手段，只要还有机会就应该给予注射多价抗毒素，以尽可能增加挽救患者生命的机会。

肉毒杆菌中毒的患者常常死于呼吸困难和呼吸衰竭。因此，对肉毒杆菌中毒表现的恶心、呕吐以及眼内外肌瘫痪所致的视力模糊、复视、眼睑下垂和咽肌瘫痪所致的呼吸困难等典型临床表现要充分认识和了解，及早对患者做出诊断。肉毒杆菌中毒多发生在交通不便的偏远山区，增加了对中毒者的抢救难度，基层卫生部门适时储备一定数量的肉毒抗毒素可避免中毒发生时措手不及，有助于对肉毒杆菌中毒事件的快速应急处置。

我国发生的肉毒杆菌中毒事件中有相当一部分由植物性食品引起，以自制豆制品和不合格的罐头食品多见，因此对加工成熟的食品应加强食品卫生监督检查；禁止出售与食用变质的食品。同时，加大卫生宣传教育的力度，告诫人们在自行酿制食品时应注意做好消毒防腐工作以避免食物中毒的发生。

参考文献

[1] 陈思,钟凯,郭丽霞,等. 美国哈密瓜遭李斯特菌污染事件风险交流案例分析 [J]. 中国健康教育,2015,31 (4),421-424.

[2] 李明强,徐云龙,林燕,等. 一起酒店聚餐引起的副溶血性弧菌食物中毒事件分析 [J]. 中国食品卫生杂志,2019,31 (3):281-283.

[3] 理查德·罗德斯. 致命的盛宴 [M]. 汪仲,张定绮,译. 北京:中国青年出版社,2000.

[4] 马亦林. 传染病学 [M]. 4 版. 上海:上海科学技术出版社,2005.

[5] 沈莹,刘军,黄兆勇,等. 1990-2006 年广西酵米面食物中毒流行病学分析 [J]. 中国热带医学,2007,7 (5):814-815.

[6] 徐苗苗,刘静雯. 副溶血性弧菌 Vibrio parahaemolyticus O3:K6 大流行克隆的溯源 [J] 微生物学通报,2014,41 (10):2112-2121.

[7] 杨春,薛卫红. 肉毒中毒 7 例抢救体会 [J] 中华医学研究杂志,2004,4 (4):347.

[8] 张立实. 疯牛病的流行情况和研究进展 [J]. 现代预防医学,2006,33 (12):2501-2503.

[9] 中华人民共和国卫生部. GB14938-94 食物中毒诊断标准及技术处理总则 [S]. 1994.

[10] 中华人民共和国卫生部. 副溶血性弧菌食物中毒诊断标准及处理原则:WS/T81-1996 [S]. 北京:中国标准出版社,1996.

[11] 中华人民共和国卫生部. 卫生部办公厅关于印发《食品安全事故流行病学调查技术指南（2012 年版）》的通知:卫办监督发〔2012〕74 号 [A/OL]. http:www. gov. cn/gzdt/2012-06/11/content_2158058. html.

[12] 朱海荣,黄红艳,薛萍,等. 一起食用豆瓣酱引起肉毒中毒的调查 [J]. 解放军预防医学杂志,1998,16 (6):464.

[13] ANWARM, KASPERA, STECKAR, et al. Bongkrekic acid - a review of a lesser-known mitochondrialtoxin [J]. Journal of Medical Toxicology,2017,13 (2):173-179.

[14] CDC. Time line of events:multistate outbreak of Listeriosis linked to

whole Cantaloupes from Jensen Farms, Colorado [EB/OL]. http://www.cdc.gov/listeria/outbreaks/cantaloupesjensen-farms/110211/timeline.html.

[15] COLCHESTER A C F, COLCHESTER N T A. The origin of bovine spongiform encephalopathy: the human prion disease hypothesis [J]. Lancet, 2005, 366 (9488): 856-861.

[16] LI J H, ZHOU L, LONG C Y, et al. An investigation of bongkrekic acid poisoning caused by consumption of a nonfermented rice noodle product without noticeable signs of spoilage [J]. Journal of Food Protection, 2019, 82 (10): 1650-1654.

[17] MENG Z, LI Z, JIN J, et al. Studies on fermented corn flour poisoning in rural areas of China. I. epidemiology, clinical manifestations, and pathology [J]. Biomedical and environmental Sciences, 1988, 1 (1): 101-104.

[18] SHI R J, LONG C Y, DAI Y D, et al. Bongkrekic acid poisoning: severe liver function damage combined with multiple organ failure caused by eating spoiled food [J]. Legal Medicine, 2019, 41: 101622

[19] Tauxe R. Deadly Listeria outbreak halted in record time [EB/OL]. http://www.cdc.gov/24-7/savinglives/listeria/.

[20] TENOVER F C, ARBEIT R D, GOERING R V, et al. Interpreting chromosomal DNA restriction patterns produced by pulsed-field gel electrophoresis: criteria for bacterial strain typing [J]. Journal of Clinical Microbiology, 1995, 33 (9): 2233-2239.

（刘兆敏）

第二十三章　食品安全性毒理学评价及风险评估

第一节　课程思政教学设计

一、案例教学适用范围

本案例适用于本科生和研究生"营养与食品卫生学""社区营养"等课程中食品安全性毒理学评价及风险评估相关章节的教学。

二、课程教学目标

1. **知识目标**
掌握食品安全毒理学评价和风险评估的方法及意义。
2. **能力目标**
(1) 具备提出问题、分析问题和解决问题的能力。
(2) 掌握文献检索、资料查询的基本方法。
3. **价值目标**
(1) 结合党史教育,引导学生树立正确的政治理想和政治道德,培养对党和国家、社会主义事业忠诚可靠的建设者和接班人。
(2) 使学生增强中国特色社会主义道路自信、理论自信、制度自信、文化自信,树立学生"筑牢使命担当,成卫公众健康"的理想信念。
(3) 增强学生的国家使命责任,激发学生的内在动力,将社会主义核心价值观内化为精神追求、外化为自觉行动。
(4) 增强学生对党和国家政策的认同感。

三、教学方法

本章课程适宜采用线上线下混合课程教学模式,学生提前自学慕课和讨论案例,线下理论课程授课可充分结合教师讲授、学生讲课、小组案例讨论等授课形式。教师提出问题,将课程教学的知识目标、能力目标和价值目标融入案例讨论。

第二节 课程思政案例及分析

食品安全无小事

(一)案例内容

案例1:2022年,黄冈市某商贸有限公司超市内销售欧利薇兰特级初榨橄榄油、砂糖橘和西红柿等食品,发布含有"抗衰老、降血压、降胆固醇、防癌防辐射、防动脉硬化""具有利气化痰、润肺清肠、补血健脾等功效"等内容的广告,涉及疾病治疗功能以及使用医疗用语。处理:该广告用语违反了《中华人民共和国广告法》第十七条的规定。依据《中华人民共和国广告法》第五十八条的规定,2022年4月,市场监管局对当事人作出行政处罚:责令停止发布违法广告,罚款0.5万元。

案例2:某商行在其网上店铺中发布含有"澳洲Thompsons汤普森奶蓟草精华保护肝脏胶囊60粒""排毒养颜、解酒护肝"等内容的普通食品广告。此外还发布了含有"澳洲Blackmore澳佳宝Folate天然叶酸片90粒备孕/孕期叶酸""提高备孕率,预防胎儿出生缺陷"等内容的保健食品广告。处理:该广告违反了《中华人民共和国广告法》第十八条第一款第(二)项和第二十八条第二款第(二)项规定。依据《中华人民共和国广告法》第五十五条第一款,市场监管局于2022年4月对当事人作出行政处罚:责令停止发布违法广告,罚款1.2万元。

案例3:2021年12月,某市场监管局执法人员根据举报线索对某食品有限公司上海分公司进行执法检查。在该公司蛋糕冷藏区冰柜内发现已制作完成待销售的奶油生日蛋糕表面镶嵌有非食品原料金箔，同时在该公司厨房及仓库内发现"装饰箔"共 14 瓶。处理：根据我国食品安全法律法规及食品安全标准的规定，金（银）箔金（银）粉类物质不是食品添加剂，不能用于食品生产经营。2022 年 3 月，市场监管部门依法没收用于违法生产经营的非食品原料及所得 7689 元，罚款 10 万元。

案例 4：2022 年 1 月 18 日，某市高某某通过微信朋友圈对外销售减肥产品"女神牌"巧克力和奶片，产品无生产厂名、生产厂址等信息，无合法来源的证明材料。经鉴定，该减肥食品中含有西布曲明成分。当事人高某某以每盒 280 元的价格购进"女神牌"巧克力和奶片，又以每粒 108 元或每盒 420 元、550 元、598 元、698 元不等的价格对外销售，销售金额 8.28 万元。市场监管部门依法没收违法所得 8.3 万元、罚款 132.5 万元。

西布曲明是一种混合型的 5-羟色胺和去甲肾上腺素再摄取抑制剂。它通过阻断神经介质的再摄取达到抑制食欲的效果，同时增加脂肪组织对葡萄糖的利用，增加了能量消耗。该药物会对心脑血管、中枢神经等造成不可逆的伤害，严重时可导致死亡。早在 2010 年我国就停止了"西布曲明"制剂及原料药的生产、销售和使用。

（二）案例分析

世界卫生组织的数据显示，中国食品安全水平不断提高。2014—2017 年我国连续 4 年全国食品整体抽检合格率持续上升，由 94.7% 上升到 97.6%。欧盟食品饲料快速预警系统（Rapid Alert System for Food and Feed，RASFF）通报数据显示，2013—2017 年，我国出口食品预警通报占欧盟通报总量的比例逐年下降，从 14.31% 下降到 8.57%，下降趋势显著。此外，英国经济学人智库（Economist Intelligence Unit，EIU）发表的全球食品安全指数显示，2014—2017 年中国食品安全排 42～45 名，在全球 118 个国家中，位居上游，远远高于我国人均国民收入（Gross National Income，GNI）世界第 93 位的排名。我国社会经济快速发展，几十年的发展跨越发达国家几百年的发展历程。但当前农业现代化、工业化、信息化、网络化交织的特殊时代背景，使得我国食品安全问题较其他国家更加突出和集中，食品安全呈现新旧风险并存、多重矛盾交织的复杂特征。食品安全事件频频出现，监管部门都采取了有力措施进行管控。

（三）课堂讨论

针对英国有关患疯牛病牛肉的食用安全性的风险交流进行讨论。

对于牛肉，目前我们关注的是其品质和价格，而不是安全和风险。但如果把时间倒退20年，情况可能恰恰相反。1990年，不断增多的疯牛病病例使得人们逐渐减少了牛肉的消费。疯牛病危机始于1984年，英国东南部萨里郡（Surrey）一位名叫皮特·斯丹特（Peter Stent）的农场主发现农场中一头患有怪病的荷兰黑白花乳牛死了。在患病的两个月中，这头牛精神错乱、行动失调、体重下降，像疯了一样。皮特从没有见过和听过这种怪病，他把病情上报到了牲畜卫生主管部门，即国家兽医局（State Veterinary Service）。这头编号为133的乳牛，后来被确诊为第一个疯牛病病例。

面对这突如其来的怪病，英国国家兽医局所属中央兽医实验室（Central Veterinary Laboratory）的科学家们，面对一系列涉及风险管理政策制定的问题："这是一种什么病？""如何传播？""会传染给人吗？""食用牛类食品有安全风险吗？"等。英国农业部和下属国家兽医局的高层们，因担心公布疫情会造成社会恐慌，秘密展开了研究和调查，所有相关信息只在内部有限的范围内传递，严禁外泄。农业部的科学家们在1987年10月，才第一次以学术文章的形式，对外公布了疯牛病疫情。文章发表在英国兽医学会（British Veterinary Association）下属的《Veterinry Record》杂志上，此时距农业部确定疯牛病已过去近1年的时间，距第一例病例报告过去近3年的时间。

1988年年初，疯牛病疫情依然不断发展，英国农业部需要尽快着手制定围绕牲畜和公众的风险管理政策，此时决策可以利用的风险信息如下：①疯牛病与痒病（Scrapie）相似，后者已被确认主要在羊群中传播，不会传染给人类和某些动物种群（例如猫），但科学家不确定二者在病原体、传播途径和宿主范围方面是否相同，特别是没有任何科学依据可以说明疯牛病是否会传染给人群；②动物性蛋白饲料（含有牛肉和牛骨成分）被认为是疯牛病的传播媒介，对其他传播途径暂不确定（例如母子垂直传播）；③疯牛病是一种渐进性、无法治愈的脑病，病原体是朊病毒（Prion），一种没有核酸的侵染性蛋白质，潜伏期一般在3～5年，在症状出现前，没有任何疾病筛查方法，这意味着无法判断一头没有症状的牛是否已经感染了病原体；④朊病毒检测方法灵敏度有限，无法确切地判断病原体在牛体内的分布，此时只能判断牛脑、脊髓、淋巴系统等有限的组织、器官会富集朊病毒，不确定牛肉和牛骨是否含有病原体；⑤不能用朊病毒做人体临床实验，科学家无法通过试验判断疯牛病是否会传染给人群，只能在人群中用流行病学观察法，默默地寻找因食用被感染牛类食物而患有疑似脑病的病例。

概括来讲，疯牛病与痒病有相似性，可基于此制定牛群患病风险控制措施；但疯牛病对人体健康风险如何，科学事实无法回答。基于上述风险信息，英国农业大臣做出的风险管控决策是：①自1988年6月，禁止向反刍类牲畜（例如牛羊）喂养任何动物性蛋白饲料，农场主有六个月缓冲期，对此做出调整；②1988年7月，规定疯牛病病例必须上报，并且屠宰患病牲畜，政府按市场价格补贴50%（1990年调整为100%）；③1989年11月，颁布食用牛特殊内脏法规（Bovine Specified Offal Regulation），禁止牛脑、牛脊骨、脾脏、小肠进入人群食物链（不包括可能含有病原体但具有较高经济价值的肝脏）。上述三项政策的一个关键科学基础是疯牛病和痒病一样，不会传染给人群。即疯牛病对公众健康的风险"可以忽略"，食用牛肉绝对安全。

但是，新的科学事实正在出现，公众的恐慌也在扩大。1988年12月，试验证明疯牛病病原体不能传染仓鼠，仓鼠是痒病朊病毒的宿主，结果显示，疯牛病与痒病的病原体和传染对象并不一致。1990年5月，发现疯牛病可以传染给猫，猫不会感染痒病，又一次提示疯牛病和痒病的不同，以及疯牛病有传播给人群的可能。1992年，确诊疯牛病病例数达到历史最高峰，全年共计确诊3.4万例。1993—1994年，陆续收到年轻人患有人患疯牛病报告。1995年5月21日，19岁少年史蒂芬·丘吉尔成为首例人患疯牛病死亡病例，当年另有三人死于该病。1996年3月8日，CJD Unit向英国政府递交了10例人患疯牛病的研究监测报告。直到1996年3月25日，欧盟紧急宣布禁止英国牛肉在全球范围内出口。

疯牛病从开始出现到引起全球恐慌，与不恰当的风险交流脱不了干系。缺乏风险交流策略的农业部在9年间的主张始终是"英国牛肉绝对安全"。面对欧盟其他国家的政府和民众的关切，英国的政治家们所采取的策略是坚决地否定，并且将他国的反应解释为对英国的偏见和无科学理性。

2000年4月，英国剥离了农业部和卫生部的食品安全监管职能，成立了全新的食品标准局。该机构在成立伊始,便确立了三项核心原则,以避免类似疯牛病的系统性食品安全事件再次发生。

原则1:公众健康第一。吸取疯牛病危机教训,避免政治因素对食品安全决策的影响,食品标准局被归属为非部长政府部门,只需对法律和议会负责。

原则2:开放透明。成立伊始,食品标准局便规定所有食品安全政策必须在公开的委员会会议上讨论和通过,相关会议对公众开放,并且通过网络向公众直播,决策过程全部透明。

原则3:独立发声。食品标准局可以独立地向外发布有关食品安全的政策和意见,无须获得首相或者内阁部长的同意。

虽然这三项原则并非完全为风险交流而确立,却意味着英国政府在风险交流方面,已经将公众、行业、专家、媒体等所有利益相关方视为合作伙伴,以对话交流代替单一方向的宣传。

从此危机中,我们也看到,专家在危机管理中起着非常重要的作用。现代社会正变得日益复杂,科学和技术的飞速发展,给人类也带来更多的不解之谜。危机管理者在应对不确定性时,需要更多具备相关领域专业知识的专家。

参考文献

[1] 陈福今,唐铁汉. 公共危机管理 [M]. 北京:人民出版社,2006.

[2] 人民日报. 2017年总体抽检合格率为97.6% 食品安全状况稳中向好 [EB/OL]. http://www.gov.cn/shuju/2018-01/24/content_5259877.htm.

[3] 统计局:2016年中国人均国民总收入8 260美元,世界排名第93位 [EB/OL]. http://www.xinhuanet.com/finance/2017—10/10/c_129717943.htm.

[4] RASFF. RASFF notification on China [EB/OL]. https://webgate.ec.europa.eu/rasff-window/portal/?event=search ResultList.

[5] The Economist Intelligence Unit. Global food safety index from 2013 to 2017 [EB/OL]. https://foodsecurityindex.eiu.com.

(杨丽丽)

第二十四章　食品安全监督管理

第一节　课程思政教学设计

一、案例教学适用范围

本案例适用于本科生和研究生"营养与食品卫生学""社区营养与食品安全"等课程中食品安全监督管理相关章节的教学。

二、课程教学目标

1. **知识目标**
（1）掌握食品安全标准的概念、性质（政策法规性、科学技术性、强制性、社会性和经济性）和意义。
（2）熟悉食品中有毒有害物质限量标准的制定方法。

2. **能力目标**
通过案例讨论，让学生能够阐述食品中化学元素限量标准制定的具体步骤，以及相关指标的计算。

3. **价值目标**
通过案例教学，让学生了解我国食品安全监督管理体系的建立过程及食品安全标准的制定、修订和完善过程。了解党和国家对食品安全工作的重视和努力。树立学生的"四个自信"，培养学生的爱国情怀和社会责任感。

三、教学方法

本章课程教学可通过教师讲授和小组案例讨论为主的授课形式进行。教师讲授相关背景，引出思政案例，让学生掌握食品安全标准的概念、性质（政策法规性、科学技术性、强制性、社会性和经济性）和意义等相关知识点。通过茶叶中稀土限量的食品安全风险评估过程，让学生体会食品中化学元素限量标准制定的具体步骤，以及相关指标的计算。通过让学生讨论和发表对思政案例的看法，树立学生的"四个自信"，激发学生的爱国情怀和社会责任感。

第二节 课程思政案例及分析

取消茶叶中稀土限量：食品安全标准兼具"科学技术性"及"社会性和经济性"

（一）案例内容

2017年3月17日，原国家卫生和计划生育委员会（简称"国家卫计委"）与国家食品药品监督管理总局发布了《食品安全国家标准 食品中污染物限量（GB 2762—2017）》。该标准于2017年9月17日起实施。在这一版标准的前言中，列出了其与上一版本GB 2762—2012的数条主要变化。位列第一的，是"删除了稀土限量要求"。而这距离1991年原国家卫生部发布植物性食品中稀土限量标准已过去26年。GB 2762—2017的实施，标志着长达十几年的"稀土限量去留"之争正式落下帷幕。这次调整引起公众的广泛关注，一定程度上消除了不少消费者和相关生产企业的疑虑与困扰，特别是茶叶消费者与生产企业，有茶叶业内人士称为"科学的回归"。但同时，也有部分公众对此次调整不理解。为何该标准中字数不多的一则变化，会造成这么大的影响呢？

食品安全，关系着广大人民群众的生命安全和切身利益，直接影响社会和经济的稳定与发展。建立和完善食品安全监督管理，是推进国家治理体系和治理能力现代化的重要环节之一。在食品安全国家标准中引入和删除"稀土限量要求"，正是我国在过去数十年建立和不断完善食品安全监督管理的缩影。

1. **食品稀土限量的初衷：保障人民身体健康**

稀土元素，是指镧系元素和钪、钇共 17 种金属元素的总称。我国是世界上的稀土大国，拥有丰富的稀土矿藏资源，这些稀土矿藏资源主要分布在内蒙古、江西、广东、福建等省自治区。稀土元素有着"工业黄金"之称，在国防工业、电子、半导体与芯片、石油化工等工业领域有着非常重要的应用价值。同时，早期一些研究实践表明，适量施加稀土可以增强植物光合作用，提高叶绿素含量，促进叶片生长。因而，我国农林业自 20 世纪 70 年代起，在一定范围内试验推广农用稀土（混合稀土硝酸盐）肥料，以增加农林产品产量。

随着稀土肥料的试验推广，进入 20 世纪 80 年代，国内研究人员开始关注稀土对人、畜、其他生物及环境的影响（包括对人、畜的毒副作用）。动物实验和人群流行病学调查提示，稀土元素可能对动物与人在血液、神经、生殖、免疫等方面有毒副作用。同一时期，全国稀土农用研究和示范协作网，根据国家科委、国家经委的要求，在 1980—1984 年期间也曾组织过十余项有关农用稀土毒理性研究，并于 1984 年 10 月主持召开全国农用稀土毒理研究成果评审会，认为农用稀土"经口毒性属低毒类""11 项短期致突变筛选试验绝大部分获阴性结果，致畸和生殖试验未发现明显异常"。随后一些其他研究还是表明稀土元素可能对人和动物有各种毒副作用。受当时研究技术手段等条件限制，稀土元素对人和动物毒副作用缺乏可靠的定量结果。

出于对人民群众身体健康的慎重考虑，国家卫生部在 1991 年 6 月 7 日出台了《植物性食品中稀土限量卫生标准（GB 13107—1991）》，对谷类粮食、果蔬、绿豆、茶叶等食品提出了稀土限量标准和检验方法，其中要求茶叶的稀土限量指标（注：系以稀土氧化物总量计）为 ≤2.0 mg/kg。

在 GB 13107—1991 发布以后的十余年内，由于各种原因，食品中的稀土限量要求并未能引起广大消费者和大部分食品生产企业的注意。进入新世纪初，伴随着我国经济发展水平的进一步提升，人民群众逐步增加对食品安全的重视。为了保证人民群众切身利益，响应时代发展与群众需求，国家从多方面对食品安全监管体制进行了改革，组建了国家食品药品监管局，同时积极完善食品安全法律法规和部门规章以及相关标准。在2005年，原国家卫生部将GB 13107—1991等多个国家标准整合为一个标准：《食品中污染物限量（GB 2762—2005）》。随后食品中的稀土残留问题逐渐走入公众的视野。随着2009年《中华人民共和国食品安全法》（简称《食品安全法》）的正式实施，我国食品标准的整顿和修订也开始走上规范化和标准化的轨道。

2. 稀土限量对我国茶产业的不利影响：推动对稀土指标修订的科学研究

食品污染物监测结果显示，茶叶中稀土元素残留超过GB 2762—2005标准规定的现象较为普遍。稀土限量要求极大地制约了茶产业的发展，特别是在南方产茶区，其土壤中稀土含量本身偏高。实际上，在GB 2762—2005发布之前，国家茶叶质量监督检验中心（简称"国家茶检中心"）就曾向国家有关部门反映稀土限量标准可能对茶产业发展带来的不利影响以及制定稀土限量指标缺少科学依据等问题，并请求在《食品中污染物限量（征求意见稿）》中删除稀土限量要求。这一请求并未成功，相关部门的回复是，除非确有科学证据证明稀土限量的不合理性，否则《食品中污染物限量》将不会修改。随着GB 2762—2005的正式发布实施，其稀土限量标准就必须被执行。

在随后的实施过程中，争议的焦点主要落在茶叶中稀土检验方法。在GB 2762—2005指定的《植物性食品中稀土的测定（GB/T 5009.94—2003）》的基础上，相关部门先后发布了《茶叶中稀土元素的测定 电感耦合等离子体发射光谱法和电感耦合等离子体质谱法（GB/T 23199—2008）》，《茶叶中稀土元素的测定 电感耦合等离子体质谱法（GB/T 22290—2008）》，《食品安全国家标准 植物性食品中稀土元素的测定（GB 5009.94—2012）》。

尽管检验方法有所调整，茶叶中稀土元素含量超过GB 2762—2005规定的问题始终存在。为了减少茶叶稀土超标问题给茶产业带来的不利影响，国家茶检中心在起草国家规范《产品质量监督抽查实施规范 茶叶

（CCGF 107—2008）》时，将稀土列入 B 类项目[①]；接着又进一步向有关部门提出了"三不原则"[②]。基于以上原因，茶叶稀土超标的详细情况一直鲜为人知。情况在 2011 年 11 月发生了重大变化。该月，国家质检总局出于加强企业监管和对消费者负责的考虑，依法公布了《乌龙茶产品质量国家监督结果》，包含从 7 个省市抽取的 58 批次乌龙茶产品的抽查结果，显示其中有 19 种产品的稀土总量超标，其中包括多个知名品牌。这一结果的发布，立即引发众多媒体的关注和报道，并借助移动互联网时代信息的快速传播，引起茶叶消费者和社会公众的高度关注，该事件被称为"稀土门"。之后，全国各地相关部门加大了对茶叶稀土的抽查力度，茶叶稀土超标事件也随之频频见诸媒体报道。这给整个茶产业的健康发展带来了一定的负面影响。中茶院、国家茶检中心、中国茶叶流通协会等单位从茶产业发展角度考虑，针对部分茶类稀土超标问题，多次向相关部门提出修订国家相关标准的建议，并建议尽快开展稀土安全性评估。

3. 解决稀土限量问题的关键：基于科学数据的食品安全风险评估

对于有毒性阈值的食品污染物，是否制定限量标准主要看膳食暴露量与健康指导值的比较。膳食暴露评估是将食品中的化学物浓度与个体食物消费量数据进行整合计算，而危害评估（TDI）则基于食品的最大无作用剂量（NOAEL）和不确定系数 Ufs，当暴露量≥TDI 时则需要制定限量标准来进行管理。每日容许摄入量（acceptable daily intake，ADI）：是以体重表达的每日容许摄入量，以此量终生摄入无可测量的健康危险性（mg/kg，以 60 kg 计）。根据联合国粮食及农业组织食品法典委员会（CAC）程序手册中关于污染物限量制定原则的规定，任何污染物的贡献率不到 ADI 的 5％，就不需要制定限量标准。然而，当年包括 CAC、澳大利亚和新西兰、日本、美国等均未有食品中稀土元素限量的先例，因此稀土元素的健康参考值，国际上无迹可寻。

国家有关部门高度重视稀土超标问题及其对茶叶行业发展的不利影响，依据基础研究和风险评估结果，对稀土限量标准的修订进行了研究。在 2010 年国家卫计委组织修订 GB 2762—2005 征求意见时，提出我国居

---

① 规定 A 类项目不合格为严重不合格，B 类项目不合格为一般不合格。
② 不把稀土作为茶叶质量监管的重点；不处罚茶叶稀土超标不严重的企业；不曝光稀土超标不严重的茶叶产品。

民膳食稀土元素暴露水平很低,建议取消稀土限量要求。然而,有专家发表不同意见,认为当时我国稀土风险评估和科学依据还不够完善。如果取消稀土限量标准,可能导致农业生产中滥用稀土肥料,造成农产品蓄积稀土元素,增加食品安全风险。专家建议待进一步开展稀土基础研究后,重新评估稀土的健康影响,再确定是否取消稀土限量。是时恰逢公众对茶叶稀土超标问题高度关注,为审慎处理稀土限量问题,经食品安全国家标准审评委员会主任会议审议,决定新修订的 GB 2762—2012 中暂不取消稀土限量指标。

随后,国家卫计委委托相关机构开展稀土安全风险评估工作,并赴福建等茶叶产地开展调研,听取意见。与此同时,国家食药总局作为我国食品监管部门,也高度重视植物性食品的稀土问题,积极开展调研,认真收集相关技术资料和数据。2013 年,国家食品安全风险评估中心优先启动《中国居民膳食稀土元素暴露风险评估》,重点开展了茶叶稀土的评估。农业部茶叶质量安全风险评估实验室与国家食品安全风险评估中心合作,对全国主要产茶省和主要茶类的稀土含量及稀土在茶汤中的浸出率等开展研究。另外,我国学者对稀土元素的 ADI 进行了研究,提出最严格的 ADI 值为 0.07 mg/kg(目前已报道的 3 个数值分别为 0.24、0.102、0.07)。以卫生部门常用的人均约 63 kg 体重计,得出 ADI 为 4.41 mg/d。经过一系列的调查和实验,在国家食品安全风险评估委员会陈君石院士的组织领导下,项目组完成了《中国居民膳食稀土元素暴露风险评估》报告。

根据中国居民膳食稀土元素暴露风险评估,在代表性稀土元素镧、铈、钇的大鼠 90 天经口灌胃试验中,除了高剂量镧影响动物体重增重和进食量外,未发现镧、铈、钇具有明显的亚慢性毒性。从食物中目前的稀土元素含量水平来看,除了茶叶、食用菌、藻类中的稀土元素含量相对较高外,其他各类常见食物中的稀土元素含量处于较低水平。无论是一般人群还是潜在高暴露人群(如长期饮用紧压茶的成年人、稀土矿区居民),平均每日从膳食中摄入的稀土元素均未超过镧(代表总稀土元素)临时每日允许摄入量的 5%,可以认为目前稀土元素的膳食暴露量不会对健康构成潜在危害。

中国工程院院士陈宗懋认为,根据安全性风险评估结果,通过饮茶摄入人体的稀土量对人体是安全的。他给出这样一组数据:按国际上最大的茶叶饮用量每天 13 g 计,茶叶中稀土量按调查的最高值 13.95 mg/kg 计,茶叶在泡茶时的浸出率按实验的最高值 62% 计算,那么计算出人体通过饮茶摄入的稀土量(也就是暴露量)仅为 ADI 值的 2.55%。而如果稀土的摄入量按平均值 3.57 mg/kg 计算的话,那么每个人平均摄入的稀土量仅为 ADI 值的 0.65%。陈宗懋指出,稀土的安全评估结果表明最高也不超过 2.55%,因此属于可定可不定的范围,"(稀土元素限量)标准的撤销不会影响消费者的健康"。

经过一系列基于科学数据的食品安全风险评估,国家食品安全风险评估专家委员会第十次全体会议审议通过了《膳食稀土元素暴露评估项目技术报告》。该报告为修订我国食品中稀土限量标准提供了重要技术依据。第一届食品安全国家标准审评委员会污染物分委员会第七次会议审议了植物性食品中稀土限量的去留问题,会议同意从污染物限量标准中取消稀土限量。GB 2762—2017 的实施,标志着长达十几年的"稀土限量去留"之争正式落下帷幕,也体现了我国在过去数十年建立和不断完善食品安全监督管理的进程。

(二) 案例分析

食品安全关系人民群众的身体健康和生命安全,是重大的民生问题,中国政府高度重视食品安全。党的十八大以来,以习近平同志为核心的党中央坚持以人民为中心的发展思想,从党和国家事业发展全局、实现中华民族伟大复兴中国梦的战略高度,把食品安全工作放在"五位一体"总体布局和"四个全面"战略布局中统筹谋划部署,在体制机制、法律法规、产业规划、监督管理等方面采取了一系列重大举措。中国食品安全监督管理工作遵循"用最严谨的标准、最严格的监管、最严厉的处罚、最严肃的问责,确保广大人民群众'舌尖上的安全'"要求,取得了积极进展。

《食品中污染物限量》标准是食品安全基础标准,对保障食品安全、规范食品生产经营、维护公众健康具有重要意义。食品安全标准制定的目的首先是保障人民健康。在此基础上,食品安全标准具有"科学技术性"及"社会性和经济性"的性质。标准是科学技术的产物,只有基于科学技术发展制定的"最严谨的标准",才能起到对食品安全监督管理的技术支撑作用。在茶叶稀土含量的去留之争中,国家相关部门既坚持《食品安全法》的立法宗旨,以保障公众健康为基础,突出安全性要求;也坚持以风险评估为基础,遵循 CAC 食品中污染物标准制定原则,结合污染物监测和暴露评估,确定污染物及其在相关食品中的限量,确保科学性。同时坚持标准工作的公开透明和各领域专家广泛参与,科学合理设置污染物指标及限量。

食品安全标准亦具有"社会性和经济性"。食品安全标准的实施,可有效控制食品中与健康相关的质量要素,防止食源性疾病的发生,保障消费者健康,从而促进食品产业发展,产生明显的社会效益。食品安全标准的经济效益包括直接效益和间接效益两方面。在此案例中,及时根据科学依据修订食品安全标准,"确保广大人民群众'舌尖上的安全'",同时也保障了茶产业的健康发展,促进国民经济的健康发展。

参考文献

[1] 李明思. 新茶叶稀土限量标准松紧度引发业界争议 [J]. 广东茶业, 2012 (6): 43 - 44.

[2] 新华社. 中共中央国务院关于深化改革加强食品安全工作的意见: 二〇一九年五月九日 [N]. 人民日报, 2019 - 05 - 21 (6).

[3] 余超, 周洪伟, 何洁仪, 等. 不同冲泡条件下普洱茶稀土元素析出水平及其影响因素分析 [J]. 中国公共卫生, 2018, 34 (11): 1527 - 1531.

[4] 郑国建. 科学的回归: 我国将取消植物性食品中的稀土限量 [J]. 稀土信息, 2017 (6): 8 - 11.

[5] 周玉静. 我国市售茶叶中稀土元素的特征及其暴露风险评估 [D]. 华中科技大学, 2020.

[6] 中华人民共和国国家卫生健康委员会.《食品中污染物限量》(GB2762 - 2012) 问答 [EB/OL]. http://www.nhc.gov.cn/wjw/zcjd/201304/e7b0c0e77f754c5aa2d3708acef0415e.shtml.

[7] 中华人民共和国国家卫生健康委员会. 对十二届全国人大五次会议第 2692 号建议的答复 [EB/OL]. http://www.nhc.gov.cn/wjw/jiany/201712/8ee5273a4c0a4cd88dc89c648ed7d13b.shtml.

(朱惠莲)